LEO XIV.

-Tareas, objetivos y expectativas.

LEO XIV.

- Tareas, objetivos y expectativas.

Este volumen se publica también en Inglés (ISBN 978-3-8192-4848-1).

En la serie de libros de teología se han publicado DEUS EX MACHINA:

- DEUS EX MACHINA - O: Sobre el cuestionamiento de la vida (Parte I). ISBN 978-3-7583-4022-2.
- Regreso del Papa - Una quintaesencia de la caridad (Parte II). ISBN 978-3-7693-5795-0
- La fe es como bailar - (Glauben ist wie Tanzen) - Movidos por la fe para crecer como cristianos. Libro de formación para desarrollar las aptitudes religiosas (Parte III). ISBN 978-3-8192-9630-7.
- Seré una mujer obispo - The Basics of Sermons on Happiness and other religious policy field analyses (Parte IV). ISBN 978-3-8192-2914-5.

Pie de imprenta

Circe, Eureka: **LEO XIV - Tareas, objetivos y expectativas.**
Hamburgo, 2025.
ISBN 978-3-7693-9953-0

Verlag: BoD · Books on Demand GmbH, Überseering 33, 22297 Hamburg,
bod@bod.de
Druck: Libri Plureos GmbH, Friedensallee 273, 22763 Hamburg
© 2025 Eureca Circe en documentación y traducción con IA.
Referencias bibliográficas en la Biblioteca Nacional de Alemania:
https://portal.dnb.de

Eureka Circe es editora y comisaria de la serie de libros "DEUS EX MACHINA.

La serie incluye: "DEUS EX MACHINA - Or: On questioning life" (Parte I), "Homecoming from the Pope - A quintessence of charity" (Parte II), "Glauben ist wie Tanzen - Vom Glauben bewegt als Christ:in wachsen. Libro de formación para desarrollar habilidades religiosas" (Parte III), y "¡Seré una mujer obispo! - Los fundamentos de los sermones sobre la felicidad y otros análisis de campo de la política religiosa" (Parte IV).

Con la obra "DEUS EX MACHINA", la comisaria se compromete a documentar y, en su caso, debatir los textos de la inteligencia artificial en un contexto religioso y teológico. Su tesis: "La inteligencia artificial (IA) representa un profundo punto de inflexión porque cambia fundamentalmente la relación entre los seres humanos, el conocimiento y el acceso al mundo, no sólo desde el punto de vista técnico, sino también cultural, epistemológico y social. Abre un nuevo acceso al conocimiento y conduce a su multiplicación y democratización: Los sistemas de IA hacen que la información esté disponible en un umbral bajo - a menudo sin lectura tradicional o conocimiento previo en profundidad. Esto cambia fundamentalmente la forma en que pensamos, aprendemos y comprendemos, y al mismo tiempo promueve una nueva forma de individualización del pensamiento, que también puede ejemplificarse con la creencia espiritual. Y lo que es más, las máquinas generan ahora significados -textos, imágenes, argumentos- allí donde antes sólo era necesaria la pericia humana. Esto tiene consecuencias a largo plazo para la educación, la ciencia, la política y la religión".

"Dios os ama a todos. El mal no vencerá".

Justo al principio, LEÓN XIV saludó al mundo con un "La paz sea con todos vosotros" y subrayó que este saludo de paz debía llegar a "todas las naciones y a todos los pueblos". Haciéndose eco del Papa Francisco, León XIV subrayó que el amor de Dios es *"incondicional para todas las personas"*. Literalmente aseguró: *"Dios os ama a todos. El mal no vencerá"*. Estas palabras *incluyen* implícitamente *a todas las* personas -incluidas las queer-, ya que no se hace ninguna excepción ante Dios y ahora también ante el Vaticano. La formulación universal deja claro que nadie está excluido de recibir el amor divino.

"Ser llamado 'despierto' en un mundo que duerme por el sufrimiento
no es un insulto, es un Evangelio. ... Sed despiertos. Sé amoroso.
Despierta".

Por último, en los primeros días del pontificado de LEO XIV, también surgió una cita muy difundida en las redes sociales atribuida al Papa León XIV. En ella, primero agradece a todos las oraciones y el amor al comienzo de su ministerio y luego formula un apasionado llamamiento que reinterpreta positivamente el término *"despierto"* en un sentido cristiano. Un extracto de esta cita que circula dice así: *"Que me llamen 'despierto' en un mundo que duerme en el sufrimiento no es un insulto: es el Evangelio. ... Sed despiertos. Sé amoroso. Sé despierto"*. Estas drásticas palabras, que incluyen *"Despierto significa ser despertado por la compasión... No construiremos el reino [de Dios] con muros, sino con amor... Estad despiertos. Ama. Sé despierto"*, se compartió miles de veces en Facebook, Instagram y otros medios. Aunque la supuesta cita "woke" - "woke" viene de "awake", que significa "estar despierto", "estar alerta" ante la injusticia social y la discriminación- refleja el tono social y compasivo que muchos creen que tenía León XIV, no es una de las declaraciones confirmadas del Papa. Por ello, el Vaticano aún no ha publicado ningún comunicado oficial sobre esta cita, y otros también han dejado claro que no hay pruebas de esta afirmación, sino que sólo podría tratarse de una expectativa del nuevo pontificado.

Contenido

Introducción: *Quod formandum esset*
"Lo que hay que formar..:
Tareas, objetivos y expectativas
- El nuevo Papa LEO XIV.

En tiempos turbulentos, se necesitan orientación, claridad y visiones valientes. Con la elección de Robert Francis Prevost como Papa León XIV en mayo de 2025, la Iglesia católica se encuentra de nuevo en un momento decisivo de su historia. León XIV asume un legado difícil pero inspirador: Tras la era de Francisco, caracterizada por fuertes impulsos pastorales, una clara opción por los pobres y el intento de tender puentes entre tradición y modernidad, el nuevo papa se enfrenta a la tarea de salvaguardar estos logros y, al mismo tiempo, allanar nuevos caminos que permitan a la Iglesia tener un futuro sostenible.

Este libro pretende ser algo más que un primer retrato de León XIV. Más bien se concibe a sí mismo como un acompañante que guía a los lectores a través de los retos, potenciales y expectativas del nuevo pontificado. La atención se centra en las tareas, objetivos y expectativas que el propio León XIV formuló y ya hizo visibles en sus primeros actos oficiales, así como en las esperanzas, expectativas y exigencias que la sociedad, el público, los periodistas, los teólogos y, por último pero no por ello menos importante, los fieles depositaron en él como tareas y necesidades. Surge así la imagen completa de un Papa que no teme abordar temas candentes y busca siempre el diálogo, tanto dentro de la Iglesia como con la sociedad en su conjunto.

León XIV aporta a su cargo una amplia gama de cualidades personales: La dedicación misionera de sus largos años en Perú, las habilidades diplomáticas de su época como cabeza de una orden religiosa mundial, la profundidad académica de un abogado canónico y un profundo arraigo espiritual en la tradición agustiniana. Todos estos aspectos confluyen para hacer de él un líder a la vez visionario y pragmático. Los presentes capítulos abarcan un arco que va desde su biografía hasta sus acentos teológicos y espirituales, pasando por cuestiones de reforma concretas, necesarias, urgentes e ineludibles, en las que las claras expectativas de los fieles y las apremiantes realidades sociales exigen respuestas convincentes.

No hay que rehuir ninguna de las grandes preguntas: ¿Cómo abordará León XIV las cuestiones centrales de la reforma, como la ordenación de mujeres, el papel de los laicos, la inclusión de las personas LGBTQIA+, por ejemplo en la celebración sacramental de sus matrimonios, o el celibato obligatorio? ¿Qué medidas toma para prevenir los abusos sexuales y de poder? ¿Cómo gestiona el equilibrio entre la tradición y la necesaria modernización, en una Iglesia cada vez más diversa, digital y globalizada?

También se tratan en profundidad y con transparencia las cuestiones de la responsabilidad ecológica, la ética sexual inclusiva, la transparencia financiera y las estructuras sinodales de toma de decisiones. En la sección final del libro, también se aventura una perspectiva sobre los posibles escenarios para el desarrollo a largo plazo de la Iglesia bajo León XIV, con conceptos como la iglesia en red, el liderazgo participativo, la transformación digital, el reconocimiento de las parejas del mismo sexo y la protección contra el abuso de poder a la cabeza de la agenda.

Este volumen pretende ofrecer a todos los interesados -tanto católicos como lectores comprometidos socialmente- una visión fundamentada y apasionante del mundo del pensamiento católico, de las experiencias y objetivos, así como de la personalidad de León XIV. Pretende informar, inspirar y animar a los lectores a desempeñar un papel activo y crítico en la configuración del futuro de la Iglesia.

Que la lectura de este libro te aporte muchas ideas y reflexiones y, al mismo tiempo, refuerce tu propio compromiso con una Iglesia viva, (de género) justa, inclusiva y auténtica.

Esperamos que disfrute de la lectura de cada uno de los capítulos y le deseamos mucha reflexión y perspicacia.

Eureka Circe, a principios de mayo de 2025.

🖐️ *Capítulo 1:*
Introducción y datos biográficos básicos - LEO XIV.

Robert Francis Prevost, actual Papa León XIV, tiene una vida inusualmente variada. Nacido en Chicago en 1955 en el seno de una familia profundamente católica, desarrolló un estrecho vínculo con su fe a una edad temprana. De adolescente, asistió a un seminario católico y sintió la llamada a la vida religiosa. A los 22 años, Prevost ingresó en la orden agustiniana (Orden de San Agustín). Allí no sólo encontró un hogar espiritual, sino también la base de su vocación misionera. Los agustinos, influidos por el espíritu de su padre religioso Agustín, conceden gran valor a la comunidad y al servicio a los demás, valores que Prevost también interiorizó desde el principio. Tras completar su noviciado y estudiar teología, emitió sus votos solemnes en 1981 y fue ordenado sacerdote en Roma un año después. Su interés por una educación sólida se hizo patente muy pronto: En la Universidad Pontificia *Santo Tomás de Aquino* de Roma (el Angelicum), Prevost se doctoró en Derecho Canónico en 1987. Su tesis *se titulaba "El papel del prior local en la Orden de San Agustín"*, un tema que indica hasta qué punto le interesaban las cuestiones del liderazgo comunitario y la organización de la vida religiosa. Este examen académico de la vida cotidiana de la orden le fue de gran utilidad más tarde en sus funciones de liderazgo.

Trabajo misionero en Perú y compromiso social

Tras sus estudios, Robert Prevost se sintió atraído por la Iglesia mundial: siguió su llamada como misionero y fue a Perú a mediados de los años ochenta. En la prelatura territorial de Chulucanas, una región rural pobre del norte de Perú, trabajó activamente en la pastoral como joven religioso sacerdote de 1985 a 1987. Esta época le marcó profundamente. El P. Prevost vivió con sencillez con la gente del lugar y compartió sus preocupaciones y esperanzas. Se comprometió especialmente con las comunidades desfavorecidas: Hizo campaña por la justicia social y estuvo al lado de la gente en situaciones de emergencia . Compañeros de Perú describen al actual Papa como *"práctico y enérgico"*, un hombre que no dudaba en echar una mano cuando se necesitaba ayuda. Durante las graves inundaciones de 2017, por ejemplo, organizó labores de socorro y ayudó personalmente a garantizar que se atendiera a las víctimas. Cuando muchas personas carecían de oxígeno durante la pandemia del COVID-19, el obispo Prevost inició campañas de solidaridad y financió la construcción de una planta de oxígeno para salvar vidas. Los emigrantes y otros grupos marginados también encontraron en él un defensor comprometido. Estos hechos prácticos muestran la sincera preocupación de Prevost: una Iglesia que **está ahí para los pobres** y responde a las necesidades concretas de la gente.

Sus años en Perú -primero como simple misionero y más tarde en un puesto directivo- también formaron a Robert Prevost cultural y espiritualmente. Nunca se vio allí como un americano extranjero, sino como un *"hermano en la fe"* que adoptó la lengua y la cultura de la gente. Esta humilde cercanía a la población latinoamericana creó una confianza mutua. Prevost aprendió a hablar español con fluidez y se sintió tan unido a Perú que incluso obtuvo la nacionalidad peruana en 2015. Su estancia en Perú le formó espiritual, teológica y culturalmente, subraya un sacerdote peruano que lo vivió allí. Estos antecedentes explican por qué el Papa León XIV es considerado hoy un constructor de puentes entre culturas y mentalidades diferentes.

Carrera académica y promoción en la Orden

Paralelamente a su labor pastoral práctica, Prevost siempre siguió una carrera académica y organizativa dentro de la Iglesia. Tras completar su tesis doctoral sobre el papel del superior religioso local, puso directamente en práctica lo que había aprendido: A finales de los años ochenta y noventa, asumió tareas en la formación de futuros sacerdotes y religiosos en Perú. Dirigió un centro de formación para jóvenes sacerdotes agustinos de diversas partes del país e impartió asignaturas como derecho canónico, patrística y teología moral en el seminario de Trujillo. **La buena educación del clero** era una de sus preocupaciones particulares; según sus propias palabras, *"la* *formación del clero [...] y el compromiso con la justicia social estaban cerca de su corazón".* Prevost demostró desde muy pronto dotes de liderazgo: Ya en 1988, se convirtió en prior (superior) de su orden en Perú y, más tarde, en superior provincial, es decir, jefe de los agustinos en todo Perú. En estos cargos, promovió un liderazgo eclesiástico *sinodal* e inclusivo en el que sacerdotes, religiosos y laicos deliberan y toman decisiones juntos. Este modelo de liderazgo cooperativo se convertiría en un sello distintivo de su estilo de liderazgo.

Su fructífera labor en Perú no pasó desapercibida en la Orden. En 1998, Robert Prevost regresó a su provincia natal de Chicago y asumió allí el cargo de Prior Provincial. Pero pocos años después, los agustinos le llamaron para dirigirles en todo el mundo: de 2001 a 2013, Prevost ejerció como **Prior General de la Orden Agustiniana**. En Roma, dirigió una de las órdenes católicas más tradicionales, con miembros en todos los continentes. Durante este tiempo, viajó a muchos países, visitó monasterios agustinos en Europa, África, Asia y América y conoció la diversidad global de la Iglesia. Con dominio de varios idiomas (inglés, español, italiano y portugués), Prevost utilizó sus habilidades lingüísticas y su apertura cultural para tender puentes entre las distintas comunidades. Su estilo de liderazgo como Prior General fue descrito como equilibrado y orientado al diálogo, cualidades tan demandadas en el orden multicultural como lo son hoy en la iglesia universal.

Hitos de su carrera (selección):

En su currículum figuran los siguientes hitos clave:

- 1977: Ingresa en la orden agustiniana, inicio de su compromiso misionero de por vida.

- 1985-1998: Trabajo misionero en Perú: pastor, formador y profesor en regiones desfavorecidas.

- 1987: Doctorado con la tesis "El papel del prior local en la Orden Agustiniana", muestra de su interés por la estructura eclesiástica y las cuestiones de liderazgo.

- 2001-2013: Prior General de la Orden Agustiniana - liderazgo mundial, reformas y renovación de la Orden.

- 2014-2023: Obispo de Chiclayo (Perú) - Compromiso con los programas sociales y la expansión de la iglesia local.

- 2023: Prefecto del Dicasterio para los Obispos - fue responsable del nombramiento de obispos y promovió la orientación sinodal de la Iglesia.

- Septiembre de 2023: Cardenal - Apreciación de su papel clave en el liderazgo de la Iglesia.

- Mayo de 2025: Elección como Papa León XIV - continuación de su enfoque en la misión, la justicia y la renovación.

Estas etapas vitales demuestran por sí solas que León XIV entendió toda su obra bajo los principios rectores **de misión, justicia y renovación**. Sus décadas de actividad en América Latina le convirtieron en un firme defensor de las causas sociales. Al mismo tiempo, se formó en la tradición agustiniana, centrada en la comunidad, la educación y la vida espiritual.

De obispo a Papa: al servicio de la Iglesia universal

Tras más de una década al frente de su orden, llegó una nueva llamada: en 2014, el papa Francisco nombró a Robert Prevost administrador apostólico -y poco después obispo- de la diócesis de **Chiclayo**, en el norte de Perú. Prevost regresaba así al país que se había convertido en su segundo hogar, pero ahora como pastor titular de una diócesis con cerca de tres millones de católicos. En Chiclayo, se hizo cargo de una diócesis dominada hasta entonces por fuerzas muy conservadoras y la dirigió con mano suave en una dirección más abierta y dialogante. Lo más destacable fue la forma en que unió a los diversos grupos eclesiásticos, desde las comunidades de base hasta los movimientos conservadores. "*Construyó puentes entre los distintos movimientos eclesiales*", afirma un observador sobre la labor de Prevost como obispo. Los fieles lo veían como un pastor cercano a la gente, que a menudo iba personalmente a los barrios (distritos de la ciudad) para hablar con la gente y conocer la realidad de sus vidas. **La justicia social** siguió siendo una preocupación central de su ministerio episcopal: Prevost defendió a los pobres, los indígenas y los inmigrantes, y reforzó la labor de Cáritas en su diócesis. También asumió responsabilidades en el seno de la Conferencia Episcopal Peruana - a veces como su vicepresidente - donde alzó su voz en particular por las necesidades de los más vulnerables.

Su carácter integrador y su experiencia hicieron que Prevost atrajera cada vez más atención en el Vaticano. En enero de 2023, el Papa Francisco lo trajo finalmente a Roma y le confió la dirección de una de las autoridades más importantes de la Curia: Prevost se convirtió en Prefecto del **Dicasterio para los Obispos**, responsable del nombramiento de obispos en todo el mundo. En este cargo, demostró una vez más sus dotes diplomáticas. Por ejemplo, medió entre las autoridades vaticanas y los obispos alemanes en el conflicto sobre el "camino sinodal" en Alemania e intentó rebajar las tensiones mediante el diálogo. La prensa internacional lo elogió como un diplomático pragmático que tenía principios claros, pero que también sabía escuchar. En septiembre de 2023, Robert Prevost fue elevado a cardenal por Francisco. Esto le convirtió oficialmente en uno de los asesores más cercanos del Papa y en uno de los electores papales en el siguiente cónclave.

El próximo cónclave no se hizo esperar: Tras la muerte del Papa Francisco a principios de 2025, los cardenales se reunieron en la Capilla Sixtina para elegir un nuevo jefe de la Iglesia. Robert Prevost era considerado por muchos como un *candidato intermedio*. Gracias a su experiencia internacional, su espiritualidad religiosa y su capacidad para atraer a distintos sectores de la Iglesia, se le consideraba un puente entre las fuerzas conservadoras y progresistas. De hecho, los cardenales se pusieron de acuerdo sobre él con sorprendente rapidez: el 8 de mayo de 2025, eligieron **Papa** a Robert Francis Prevost en la cuarta votación. Tomó el nombre de **León XIV**, una elección deliberada que recordaba al Papa León XIII y su compromiso con la doctrina social de la Iglesia. León XIV fue el primer estadounidense en ocupar la Cátedra de Pedro, que también se había convertido en un *"sudamericano de corazón"* tras décadas en América Latina. Cientos de miles de personas le aclamaron en la Plaza de San Pedro cuando apareció esa tarde en la logia de la Basílica de San Pedro y pronunció la bendición *Urbi et Orbi*. En su primer discurso como Papa, León XIV pidió que **se construyeran puentes y se instaurara la paz**, un lema que recorrió como un hilo conductor toda su vida.

En su primer discurso como Papa, León XIV también hizo hincapié en la unidad, la paz y la inclusión: "Todos pertenecen a la Iglesia", clamó a la multitud -y, por tanto, no pudo excluir a las personas queer y a otros grupos de clientela y destinatarios de la Iglesia católica, por ejemplo-, e hizo un llamamiento global a la misericordia. Esta actitud -la apertura a todas las personas manteniendo al mismo tiempo una clara identidad eclesial de caridad- refleja los valores definitorios de que caracterizan la carrera de Prevost y su futuro pontificado.

En general, el Papa León XIV puede aportar toda su diversa experiencia como Robert Prevost a su nuevo cargo: Sus **raíces biográficas** -de rector de iglesia en Chicago a misionero agustino en Perú, de religioso general en Roma a obispo en la costa norte peruana- le dan una amplia comprensión de las necesidades y esperanzas de la gente en todo el mundo. León XIV encarna una Iglesia *"cercana a la gente"* y conocedora de las preocupaciones de los pobres. Es un hombre de tradición y al mismo tiempo un defensor de la renovación en el espíritu del Concilio Vaticano II. Su pasión misionera, su compromiso con la justicia social y su estilo de liderazgo orientado al diálogo dan una idea del énfasis que le gustaría poner como Papa. En los siguientes capítulos de este libro profundizaremos en **sus tareas, objetivos y expectativas**, pero la vida de LEO XIV es ya un testimonio vivo de los valores que defiende: fe, justicia, inclusión y comunidad, así como la incansable voluntad de tender puentes entre las personas.

🐾 Capítulo 2:
Orientación teológica y espiritual

Tras su rápida elección como nuevo jefe de la Iglesia Católica Romana en 2025, el Papa León XIV ya ha dejado claros los acentos teológicos y espirituales que le gustaría marcar. Como primer americano en sentarse en la Cátedra de Pedro y también primer Papa de la Orden de los Agustinos (OSA), León XIV aporta un carácter único a su pontificado. Desde su carisma religioso y sus muchos años de trabajo misionero en América Latina hasta su cercanía espiritual a la trayectoria de su predecesor Francisco, los principios básicos de León XIV son claros. Los observadores lo describen unánimemente como un **"hombre de centro"**, un Papa equilibrado y espiritualmente inspirado que evita los extremos ideológicos y, en su lugar, tiende puentes entre los bandos. Sus primeras apariciones y discursos como Papa subrayan este perfil: el **saludo a la paz** y **la inclusión de todos** fueron lo primero, seguido de llamamientos a la justicia y la unidad. En conjunto, la imagen que emerge es la de un pastor humilde, de gran profundidad intelectual y carisma afectuoso, firmemente arraigado en la oración. A continuación se examinarán con más detalle las influencias espirituales y la vida de oración de León XIV, su compromiso con la justicia social, su postura teológica básica entre tradición y reforma y los principios rectores de su pontificado.

Huellas espirituales y vida de oración

Las raíces espirituales de León XIV se hunden en la tradición de su orden. **Como agustino**, siguió la Regla de San Agustín de Hipona, una de las más antiguas de la Iglesia occidental. Tras estudiar matemáticas, filosofía y teología, ingresó muy joven en la orden agustiniana y pasó décadas en la comunidad de los frailes. Esta influencia puede verse aún hoy en su escudo y lema: el escudo papal **de León XIV** contiene símbolos del emblema agustiniano, que recuerdan la dramática conversión del padre de la Iglesia Agustín. Debajo del escudo figura el lema latino *"In Illo uno unum"* - **"En aquel que es uno, nosotros somos** uno", una cita inclusiva de San Agustín. Este lema, que León XIV ha mantenido inalterado durante años, expresa su visión de una Iglesia inclusiva como unidad en Cristo. Refleja una **comprensión** profundamente **comunitaria y diversa y pluralista de la Iglesia**: los fieles deben ser uno en el Uno, una referencia a la unión de todos en Dios.

También destaca **la espiritualidad mariana** del nuevo Papa. En su escudo figuran símbolos marianos, lo que sugiere una especial devoción a la Madre de Dios. Como religioso, León XIV conocía los ritmos fijos de la vida de oración: desde la Liturgia de las Horas hasta el rosario comunitario y la celebración de la Eucaristía, su jornada siempre había estado estructurada por la oración. Compañeros cercanos destacan su profunda piedad y concentración interior. El cardenal filipino Luis Tagle, que conoce al Papa desde hace muchos años, describe a León XIV **como un hombre de oración y prudencia**: escuchaba pacientemente, reflexionaba y rezaba con atención antes de tomar decisiones. En los encuentros, irradiaba un calor tranquilo y cordial, **"caracterizado por la oración y la experiencia misionera"**. Esta mezcla de contemplación y servicio activo caracterizó las décadas de trabajo de Prevost como pastor y formador en Perú. Según Tagle, allí adquirió una *"experiencia misionera"* que le enseñó a combinar la cercanía a la gente con una profunda confianza en la guía de Dios.

Como **religioso**, León XIV también aportó la experiencia espiritual de la vida comunitaria al cargo de Papa. La Presidenta del Comité Central de los Católicos Alemanes, Irme Stetter-Karp, ve en ello un gran tesoro: "Ningún Papa puede gobernar solo hoy - la experiencia de la vida comunitaria cristiana y la responsabilidad espiritual compartida ayudan a dirigir colegialmente. León XIV, que dirigió a los agustinos de todo el mundo durante muchos años, encarnó esta *"vita communis"* al más alto nivel. Su **humildad** y **actitud de servicio** son características de ello. Ya como obispo, advertía que los obispos no debían ser "princesitas" en sus propios tronos, sino que ante todo debían servir humildemente al pueblo y estar cerca de él . Esta actitud de servicio sencillo hunde sus raíces en su vida espiritual: Al igual que su modelo Agustín, León XIV reconoce que la verdadera grandeza de un líder eclesiástico consiste en servir a Dios y al prójimo, no en el esplendor externo.

Aunque León XIV vistió ropajes tradicionales como la capa roja (**mozetta**) y una estola bordada en oro en su primera aparición como Papa, esto es menos indicativo de ostentación que de **arraigo a la tradición**. Al mismo tiempo, llevó personalmente un estilo de vida modesto. De su espiritualidad religiosa trae consigo el principio de *"vivir sencillamente para servir a los demás"*. Por tanto, no es de extrañar que el Papa León XIV -como señalan los observadores- combinara la formación intelectual con la profundidad espiritual sin alardear de ello. Combinó la curiosidad intelectual y el espíritu de oración, lo que dio a su pontificado una sólida base espiritual.

Por último, León XIV siguió los pasos espirituales de su predecesor, pero a su manera. Después de un jesuita (Francisco), ahora hay un agustino a la cabeza de la Iglesia - **no es casualidad** para el cardenal Tagle. *"Agustín e Ignacio fueron ambos buscadores [...] hasta que encontraron en Jesús lo que sus corazones anhelaban. Sus escuelas están enraizadas en la gracia de Dios. León XIV continuará el espíritu ignaciano de su predecesor a su manera agustiniana"*, dijo Tagle. Esta hermosa comparación lo demuestra: León XIV entiende su ministerio en profunda continuidad con el curso espiritual anterior, pero modelado por la espiritualidad de San Agustín - con un enfoque en la relación interior con Dios, la comunidad de creyentes y la humilde peregrinación del pueblo de Dios. En su primer discurso, el propio León XIV citó a San Agustín: *"Somos peregrinos en camino hacia un verdadero hogar"*. Estas palabras sugieren que el nuevo Papa tiene en mente una **Iglesia peregrina que se está reuniendo** - una comunidad que está humildemente en camino, guiada por la oración, buscando siempre su hogar definitivo con Dios.

Compromiso con la justicia social y la caridad

Poco después de su elección, León XIV dejó claro que quería continuar el camino emprendido por el Papa Francisco en materia de **justicia social** y caridad. En su primer discurso desde el balcón de la basílica de San Pedro, subrayó expresamente su compromiso con la **paz y la justicia** en el mundo. De hecho, ya tenía fama de ser un comprometido constructor de puentes entre ricos y pobres. Su religioso general Alejandro Moral Antón lo elogió como alguien que *"ama a todos, tanto a los pobres como a los ricos"* y se centró inmediatamente en cuestiones como la justicia y la paz. Este amor universal puede apreciarse en la biografía de León XIV: Nacido en Estados Unidos, pasó muchos años como misionero y más tarde como obispo en **Perú**, donde trabajó sobre todo en las regiones más pobres. Allí conoció de primera mano las penurias sociales de la gente y se comprometió a ayudar a los más vulnerables. Por ejemplo, ayudó y defendió a los refugiados de una Venezuela en crisis. Este corazón por los emigrantes y los necesitados también caracteriza su visión como Papa: los observadores incluso interpretan su elección como Papa como una señal en tiempos de movimientos migratorios globales - el compromiso de Prevost con los refugiados podría entenderse como una crítica silenciosa a una política de aislamiento de corazón duro.

Otro eje es la **defensa de la justicia social en el sentido de la doctrina social católica**. Muchos ven el hecho de que el nuevo Papa se haya dado a sí mismo el nombre de *León XIV* como un programa deliberado. Irme Stetter-Karp, por ejemplo, señala que **León XIII** es considerado **el padre de la ética social católica**. León XIII, que escribió la primera encíclica *social Rerum Novarum* en 1891, fue el primer Papa que defendió los derechos de los trabajadores y exigió salarios justos. Al elegir este nombre, el nuevo Papa se inscribe claramente en esta tradición: León XIV quiere una Iglesia que esté claramente del lado de los desfavorecidos, que defienda **los derechos de los trabajadores, el equilibrio social y la dignidad de todo ser humano**. Su labor hasta la fecha lo confirma: se le considera con los pies en la tierra y atento a las reivindicaciones sociales. Su experiencia internacional (no sólo en Estados Unidos y Europa, sino también en el Sur global de América Latina) le ha sensibilizado ante las preocupaciones tanto del Norte como del Sur. En su actuación, León XIV trató **de conectar el Norte y el Sur**: como primer Papa de América del Norte con influencia latinoamericana, tendió un puente entre los continentes, que también benefició a las cuestiones sociales globales.

Además de la clásica cuestión social, León XIV estaba firmemente comprometido con la **protección de la creación** y la justicia ecológica. El Papa Francisco marcó pautas en la cuestión climática con su encíclica *Laudato Si'* - León XIV dejó claro que quería continuar por este camino. Como cardenal en 2024, advirtió que era hora de *"pasar de las palabras a los hechos"* en la lucha contra el cambio climático. Hizo hincapié en que la **autoridad** otorgada por Dios **"sobre la naturaleza" no debe** ejercerse **de forma tiránica**, sino que es necesaria una *"relación de reciprocidad"* con el medio ambiente. Estas palabras tan claras muestran que León XIV adoptó un **enfoque holístico**: para él, la justicia social y la responsabilidad medioambiental van unidas, ya que los pobres en particular sufren la degradación medioambiental y el cambio climático. En consecuencia, pide a la Iglesia que actúe con decisión contra la destrucción del medio ambiente y promueva un modo de vida más sencillo y sostenible. Comparte con su predecesor esta preocupación por un replanteamiento ecológico y -los observadores eclesiásticos coinciden en ello- es probable que la convierta en un sello distintivo de su pontificado.

León XIV también dejó su impronta en el ámbito de la **caridad** concreta, es decir, la caridad organizada. Es muy apreciado por las organizaciones de ayuda de la Iglesia, sobre todo en América Latina. La organización católica de ayuda *Adveniat* se congratuló expresamente de su elección y lo describió como un *"pastor abierto y popular"* que comprende las preocupaciones de los pobres. De hecho, durante su estancia en Perú, el nuevo Papa trabajó estrechamente con comunidades de base y proyectos sociales, ya fuera en iniciativas educativas, programas de salud o atención pastoral entre la gente corriente. Su capacidad para llegar a la gente de los márgenes le distingue. **"Es una persona equilibrada, espiritual y cercana a todos"**, subraya con aprobación su cohermano agustino Alejandro Moral Antón. Esta cercanía se manifiesta, por ejemplo, en el hecho de que León XIV siempre se mostró accesible, incluso como alto eclesiástico, y dedicó tiempo a escuchar las preocupaciones de la gente. Es de esperar que como Papa incluya cada vez más **en su agenda** temas como la **lucha contra la pobreza, la ayuda a los refugiados y la promoción de la paz**. El cardenal Reinhard Marx expresó su esperanza de que León XIV proporcione un fuerte impulso social y ético en favor de la paz que tenga repercusiones más allá de la Iglesia. Ya está dando señales de que la Iglesia bajo su liderazgo será una **Iglesia de constructores de puentes** que esté al lado de la gente y trabaje por la justicia y la paz en todo el mundo.

Actitud teológica básica: entre la tradición y la reforma

Teológicamente, León XIV es considerado un espíritu moderado y equilibrador. Encarnaba una actitud básica que no veía la **tradición y la reforma** como contradictorias, sino como un campo de acción en el que era importante navegar sabiamente. En algunas cuestiones se muestra progresista y abierto, mientras que en otras hace hincapié en la continuidad con las enseñanzas de la Iglesia, un enfoque totalmente en línea con el de *los "reformadores moderados"*. Los observadores de Estados Unidos ya le han caracterizado de esta manera: *Prevost es considerado diplomático y pragmático. Al igual que Francisco, mantiene puntos de vista más progresistas en algunas cuestiones y más conservadores en otras.* Esta **mezcla de amplitud de miras y adhesión a los principios** caracteriza su perfil teológico.

Por un lado, León XIV se mantuvo firme en el terreno de la tradición y la dogmática de la Iglesia. Dejó claro que ciertas **líneas doctrinales eran difícilmente negociables** para él. Por ejemplo, **hace una docena de años seguía rechazando la ordenación sacerdotal de las mujeres**, pues opinaba que éstas ya ejercían ministerios centrales en la Iglesia incluso sin ordenación. En este punto, sigue la línea de sus predecesores Juan Pablo II y Benedicto XVI. También se muestra comedido a la hora de introducir cambios de gran calado, como el celibato obligatorio o cuestiones de moral sexual eclesiástica. En un principio, su elección moderó las expectativas de los grupos reformistas progresistas: La teóloga Jacqueline Straub, por ejemplo, se mostró decepcionada y opinó que León XIV *"desgraciadamente no cambiaría mucho dentro de la Iglesia"* en lo que se refiere, por ejemplo, al tratamiento de los divorciados vueltos a casar o de las personas LGBTQIA+. Tales valoraciones indican que León XIV actuó **con firmeza y cautela** en cuestiones doctrinales controvertidas, en lugar de atreverse a hacer algo revolucionario o quizá necesario e igualitario. Su formación como doctor en derecho canónico sugiere que sólo abordaría las reformas en el marco de unos sólidos fundamentos teológicos y jurídicos, pero también que querría **anclarlas de forma permanente**. Por ejemplo, los expertos esperan que transforme el proceso sinodal iniciado por Francisco en estructuras concretas y jurídicamente seguras. Esto demuestra su aprecio por las reformas ordenadas que se basan en el magisterio en lugar de socavarlo.

Por otra parte, León XIV no es en absoluto un mero conservacionista. Se le considera un **"constructor de puentes" entre las fuerzas conservadoras y progresistas**, que quiere que se le mida por sus resultados y que, como cardenal, ya consiguió mantener unidas las distintas corrientes. Como cardenal en Roma, fue apreciado por representantes eclesiásticos de todos los campos por su estilo diplomático, pragmático y al mismo tiempo modesto. Su carrera personal refleja esta actitud intermedia: muchos años de estrecha colaboración con el Papa Francisco le han formado en muchos aspectos, por ejemplo en lo que se refiere a la apertura pastoral. Al mismo tiempo, permanece claramente enraizado teológicamente en las enseñanzas de la Iglesia. Este acto de equilibrio -apertura en la atención pastoral, presencia en la doctrina- podría llegar a ser característico de su pontificado . León XIV se inscribe así en la llamada "línea pastoral": el mensaje de la Iglesia debe traducirse a la actualidad y aplicarse *misericordiosamente* sin abandonar la sustancia de la fe.

Una palabra clave central de su teología es **la sinodalidad**. León XIV lo subrayó desde el principio: *"Queremos ser una Iglesia sinodal en camino"*. Con ello se basaba en la visión de la Iglesia de su predecesor, basada en una mayor participación, diálogo y escucha conjunta del Espíritu Santo. En su primer mensaje, reconoció claramente esta apertura y envió la señal de que la Iglesia católica debe ser *un pueblo de Dios que peregrina unido*. Esta convicción teológica fundamental - que la Iglesia encuentra su camino **escuchando y discerniendo** juntos- combina la tradición (el espíritu del Concilio de los Apóstoles y del Concilio Vaticano II) con el progreso (nuevas formas de participación de los fieles). León XIV parece decidido no sólo a continuar educadamente el proceso sinodal iniciado, sino también a llenarlo de vida y énfasis y a poner en práctica los resultados. Al mismo tiempo, señaló a las fuerzas más conservadoras que la sinodalidad no significaba arbitrariedad: dejó claro que se podía mantener la unidad en las cuestiones esenciales de la fe, fiel a su lema *"En Aquel que es uno, nosotros somos uno"*. Este lema puede leerse como un programa teológico: Diversidad y unidad se unen en Cristo. De este modo, el Papa quiere desempeñar un **papel integrador**, tanto en el interior de la

Iglesia como en el exterior, para reunir culturas, mentalidades y estilos de piedad diferentes y diversos. Su biografía internacional y su multilingüismo le avalan; se le atribuye sensibilidad intercultural y una visión global, pero pluralista, de la Iglesia.

El enfoque teológico de León XIV se caracteriza también por su **disposición a escuchar**. Su capacidad para escuchar otras opiniones y voces ya se puso de relieve en las primeras reacciones. Paul Zulehner, un renombrado teólogo, elogió al nuevo Papa como un *hombre* teológicamente profundo y *"espiritualmente inspirado"* que no era ideológicamente obstinado. Este elogio demuestra que León XIV no basaba sus decisiones en la política eclesiástica o en preferencias personales, sino que buscaba sentir la voluntad de Dios a través de la oración y la conversación. Su forma de actuar en su importante función de prefecto para el nombramiento de obispos ya lo demostraba: se le consideraba alguien que **sopesaba cuidadosamente** y tenía en cuenta diversas voces antes de presentar propuestas de personal al Papa. Incluso llevó a cabo una pequeña revolución en este cargo al nombrar por primera vez a mujeres en el comité asesor para el nombramiento de obispos, un paso que rompía con los procedimientos tradicionales pero que se ajustaba al mandato del Papa Francisco sin estridencias. Este ejemplo es emblemático del enfoque de León: prudentes pasos reformistas en línea con la doctrina para hacer la iglesia más contemporánea y participativa.

En conjunto, León XIV puede considerarse **un "Papa de centro y de cooperación inclusiva"**. No buscaba ni una ruptura brusca con la tradición ni un simple *"todo sigue igual"*, sino más bien un camino de **renovación continua**. Los cambios deben crecer orgánicamente y estar bien fundamentados teológicamente. Al mismo tiempo, no teme **poner acentos audaces** allí donde los considera necesarios, por ejemplo en la reforma de la curia o el fortalecimiento del laicado. Por tanto, su postura teológica básica podría describirse como *conservadora en principio, orientada a la reforma en la aplicación*. El objetivo parece ser mantener la autenticidad de la Iglesia y, al mismo tiempo, permitir **el "aggiornamento"**, es decir, la renovación en el presente.

Principios rectores espirituales y éticos de su pontificado

De todos estos aspectos se desprenden claros principios rectores en los que el Papa León XIV basó su pontificado. Un primer principio rector es la ya mencionada **unidad en Cristo**. Su lema *"In Illo uno unum"* lo expresa en pocas palabras: En Cristo, que es uno, todos deben ser uno. Este principio de unidad impregna su visión tanto a nivel espiritual como ético. Espiritualmente, significa que la Iglesia debe encontrar siempre el camino de vuelta al centro, a Cristo: en la oración, en la enseñanza, en los sacramentos. Éticamente, significa que las divisiones y las injusticias deben ser superadas para que la **comunidad de la familia humana** se fortalezca. León XIV veía a la Iglesia como un instrumento de unidad en un mundo dividido: debía unir a las personas, tender puentes y actuar como un *"sacramento de unidad"*.

Estrechamente ligado a esto está el principio de los **constructores de puentes**. Ya en su toma de posesión, León XIV prometió una Iglesia *"que construye puentes"*, entre naciones, culturas, clases sociales y también dentro de sus propias filas. Este modelo de construcción de puentes se refleja tanto en sus habilidades diplomáticas como en su enfoque personal. Se ha comprometido a **promover el diálogo y la reconciliación** dondequiera que haya un conflicto. En un mundo marcado por las guerras, la polarización, la separación y la desigualdad, el Papa quiere reforzar el papel reconciliador de la Iglesia. Su primer mensaje a la ciudad y al mundo fue significativo: *"¡La paz sea con todos vosotros!"* - un llamamiento que se entendió como una señal programática ante las guerras y crisis continuas. Para León XIV, el trabajo por la paz no era, por tanto, un espectáculo político secundario, sino una preocupación espiritual y ética fundamental. De este modo, se basó en el legado de su homónimo León XIII, que ya era considerado el **"Papa de la Paz"** y ayudó a resolver conflictos internacionales.

Otro principio rector es la **opción por los pobres** y desfavorecidos. León XIV dejó claro en repetidas ocasiones que la **iglesia de los pobres** debía seguir siendo un objetivo central, en continuidad con Juan XXIII, Francisco y muchos otros. Su propia carrera -desde simple misionero en comunidades pobres hasta el papado- sugiere que veía el papado como un servicio a los últimos. Su hermano John Prevost lo expresó en pocas palabras: León XIV continuaría el camino del Papa Francisco *"y defendería a los desfavorecidos y a los pobres"*. Este ethos de la caridad se refleja en muchas de sus declaraciones y gestos hasta la fecha: el nuevo Papa busca activamente la cercanía a los marginados, ya sea a través de encuentros, de la intercesión en discursos o de decisiones estructurales (como la ya mencionada implicación de laicos y mujeres en procesos de responsabilidad). Para él, **la caridad** -entendida como amor activo- no es sólo un campo de acción de la Iglesia, sino una expresión de su esencia. Por ello, subraya también el carácter sagrado de toda vida humana y el deber de la Iglesia de ser defensora de los débiles, desde los niños no nacidos hasta los ancianos, los enfermos o los refugiados.

Uno de los principios rectores de León XIV que no debe subestimarse es la **humildad y la voluntad de servicio en el liderazgo**. Tras su elección, él mismo se describió humildemente como un *"peregrino"* en camino con los fieles. Esta imagen muestra que no veía el cargo de Papa como una posición terrenal de poder, sino como un ministerio espiritual. Su concepción de la autoridad se define esencialmente por el ejemplo de Cristo, que lavó los pies a sus discípulos. Por eso se cita a menudo a León XIV con la admonición de que los obispos -y más aún los papas- deben **acercarse a** la gente **con autenticidad y humildad** y *"sufrir con ellos"* en lugar de actuar como gobernantes. Esta actitud debería caracterizar su estilo de liderazgo: colegial, de escucha, de servicio. Genera confianza, tanto entre los obispos de todo el mundo (muchos de los cuales ya le conocen por su trabajo en la Congregación de Obispos) como entre el pueblo de Dios, que puede percibir si un pastor comparte realmente sus alegrías y esperanzas, penas y temores.

León XIV también demuestra que concede gran importancia a **la credibilidad** y la **transparencia**. Pertenece a una generación de dirigentes eclesiásticos muy conscientes de la crisis de credibilidad de la Iglesia, por ejemplo debido a los escándalos de abusos sexuales o de abuso de poder. En Perú, no se privó de tomar medidas contra influyentes redes conservadoras, como la escandalosa orden *de Sodalicio*, lo que denota valentía y lealtad a los principios. Tales experiencias podrían apuntalar su máxima de que la autoridad espiritual sólo perdura a través de la integridad moral y afrontando honestamente los fracasos. Por tanto, es de esperar que **la reevaluación y la prevención** sigan siendo importantes en la agenda de su pontificado, junto con un estilo de vida sencillo y creíble en el espíritu de *"pobreza de espíritu"*, como ejemplifica Francisco.

Al fin y al cabo, uno de los principios rectores de León XIV era la **apertura de su fe al mundo**. Como lo describió Regina Polak, se veía a sí mismo como *un "hombre de mundo"*: menos carismático y extravertido que su predecesor, pero universalmente accesible y sostenible en su misión. Su perfil internacional (políglota, intercultural) se pone aquí de manifiesto. Es evidente que León XIV quería encontrar un **enfoque universal** que llegara a personas de distintos orígenes. Esto ya era evidente en el hecho de que su primera bendición *Urbi et Orbi* ("a la ciudad y al mundo") se introdujera con un simple y general deseo de paz - no un extravagante manifiesto teológico, sino un mensaje comprensible para todas las personas de buena voluntad. Resuena con el deseo de presentar a la Iglesia como *madre y maestra de todos los pueblos*, que habla a los corazones con un lenguaje sencillo y se sitúa de forma creíble del lado de la humanidad.

En resumen, **León XIV** presenta así una imagen holística de un papa que está espiritualmente enraizado en la tradición agustiniana, teológicamente busca el centro y pastoralmente se centra en los márgenes. Su **orientación espiritual** -caracterizada por la oración, el sentido de comunidad y la confianza en la gracia de Dios- da profundidad y dirección a su trabajo. **Su orientación teológica** - caracterizada por la lealtad a la doctrina y una voluntad simultánea de reforma- le muestra como un guardián de la tradición que quiere llevarla creativamente hacia el futuro. Y su **orientación ética**, visible en su defensa de la justicia, la inclusión, la paz y la integridad de la creación, indica la dirección que probablemente tomaría su pontificado: hacia una Iglesia defensora de los débiles, que **construye puentes** y da *señales de esperanza* en el mundo. León XIV une en su persona y en su programa muchos hilos de la historia reciente de la Iglesia: las enseñanzas sociales de León XIII, el espíritu pastoral del Concilio Vaticano II, el legado espiritual de grandes religiosos y los nuevos comienzos del presente. Con su **talante equilibrado, espiritual y orientado a las personas**, existe la esperanza justificada de que pueda -y deba- conducir a la Iglesia católica de forma creíble hacia el futuro y marcar nuevos impulsos para la fe y la sociedad. La Iglesia universal puede esperar con impaciencia ver cómo León XIV dará vida a estas directrices en los próximos años y logrará resultados documentados, como los necesarios cambios en el derecho canónico: los signos de un prometedor nuevo comienzo son ya claramente visibles.

🕊️ *Capítulo 3:*
Continuidad y diferencias sobre el Papa Francisco

El Papa León XIV asume un difícil legado: su predecesor, el Papa Francisco, dio forma a la Iglesia católica durante más de una década con un nuevo estilo y un enfoque centrado en la misericordia, la cercanía y el espíritu de reforma. Francisco -el primer Papa de América Latina y jesuita- siguió **una teología de la misericordia** que a menudo dejaba de lado el rigor dogmático en favor de la compasión pastoral. Hizo hincapié en una *"Iglesia como hospital de campaña"*, que debe servir principalmente a los heridos y marginados.

Línea teológica y pastoral en comparación

Su enfoque pastoral se caracterizó por la **cercanía** personal **a los fieles**: Francisco buscaba el contacto directo, utilizaba un lenguaje sencillo y rompía con muchos protocolos tradicionales para estar cerca de la gente. Este talante humano y humilde se reflejó, por ejemplo, en el hecho de que a menudo pronunciara discursos improvisados y enviara señales de invitación a grupos de católicos (por ejemplo, en formulaciones como *"¿Quién soy yo para juzgar?"* en relación con las personas LGBTQIA+ queer). Francisco también hizo hincapié en la apertura de su teología: subrayó la **importancia del discernimiento de conciencia y el discernimiento espiritual** -un enfoque que se deriva de su herencia jesuita- y situó temas como la justicia social, la protección del medio ambiente y los pobres en el centro de su enseñanza (por ejemplo, en las encíclicas *Laudato Si'* sobre la responsabilidad por la creación y *Fratelli Tutti* sobre la fraternidad). En general, Francisco ha sido visto como un pontífice que ha abierto nuevos caminos para percibir el *"olor de las ovejas"* -es decir, las preocupaciones de los fieles sencillos-, aunque haya tenido que aceptar críticas conservadoras.

¿Cómo encaja aquí el Papa León XIV? Los primeros indicios apuntan a que continuará el rumbo de Francisco en muchos aspectos, pero con su propio acento. León XIV no sólo es el **primer estadounidense en el trono papal** y un religioso (agustino) que trabajó en **América Latina** durante mucho tiempo. Su biografía internacional (EE.UU., Perú, Vaticano) configuró claramente su comprensión de la Iglesia universal. Teológica y pastoralmente, se dice que está muy cerca de Francisco: se le considera un *"reformador moderado"* que comparte muchas de las preocupaciones del difunto pontífice. León XIV se mostró así rotundamente humilde y tuvo gestos cercanos a la gente. En su primer discurso como Papa, por ejemplo, saludó a los fieles de su antigua diócesis peruana en **español**, lo que hizo que el público se levantara y prestara atención: por primera vez, no se oyó el italiano (ni el latín) en esta tradicional ceremonia de bendición en la logia de la basílica de San Pedro. Este detalle indica que León XIV tiene en cuenta el **multilingüismo y la diversidad global** de la Iglesia y -como Francisco- rompe conscientemente con las convenciones en favor de la cercanía a la gente. Georg Bätzing, presidente de la Conferencia Episcopal Alemana, describe **a León XIV como "reservado y amable"**, pero al mismo tiempo dispuesto a hablar claro cuando hace falta. En este caso, se perfila un Papa que comparte la cordialidad de Francisco, pero que podría ser más diplomático y reacio a los conflictos. De hecho, Prevost es descrito como **pragmático y diplomático**: Medió entre bastidores entre los obispos alemanes reformistas y el Vaticano en 2023, por ejemplo, cuando la *Vía Sinodal* alemana encontró resistencia en Roma. Este papel de mediador encaja con su imagen de *hombre intermedio* que quiere mantener unidos a los diferentes bandos eclesiásticos. Francisco, por el contrario, no ha rehuido decisiones polarizadoras -como sus duras críticas a los abusos curiales o su iniciativa de restringir la liturgia tradicional- que le han granjeado tanto apoyos como una importante oposición. Es probable que León XIV procediera aquí con más cautela: Su propia elección fue vista como un **compromiso y una señal de unidad** en el dividido Colegio Cardenalicio. En general, puede decirse que**, teológicamente**, ambos Papas se mantienen en línea con la doctrina católica, pero hay pequeñas diferencias en su **estilo pastoral**: Francisco como "outsider" carismático y apóstol de la misericordia, León XIV como constructor de puentes orientado al consenso y ciudadano del mundo. Sin embargo, las verdaderas continuidades y diferencias son particularmente evidentes en su enfoque de las cuestiones específicas de la reforma.

Diferencias a la hora de abordar cuestiones clave de la reforma

Tanto Francisco como León XIV se enfrentan a cuestiones de reforma igualmente urgentes que han sido objeto de polémicos debates en el seno de la Iglesia durante años, y que no han progresado. Se trata, sobre todo, del **fortalecimiento de las estructuras sinodales**, el **papel de la mujer en ministerios eclesiásticos como el papado**, el trato a **las personas LGBTQIA+** (es decir, la cuestión del reconocimiento eclesial, sacramental y la inclusión de creyentes homosexuales, bisexuales, trans* y queer) y el celibato obligatorio para los sacerdotes. Francisco ha iniciado debates en todas estas áreas - aunque en diversos grados- y León XIV debe decidir ahora cómo retomar estos impulsos de renovación o, si es necesario, ajustarlos de una manera nueva y mejor. Una mirada más atenta a las posturas de ambos muestra tanto **continuidad** como **diferencias** de matiz.

Sinodalidad: participación de los fieles

La sinodalidad -es decir, una estructura de toma de decisiones de la Iglesia más sinodal, consultiva y que incluya a los fieles- ha sido un sello distintivo del pontificado de Francisco. El predecesor de León XIV subrayó repetidamente que la Iglesia debe convertirse en "una **Iglesia de participación**", en la que clérigos y laicos escuchen juntos al Espíritu Santo. En concreto, Francisco convocó numerosos sínodos y amplió su influencia: Recientemente, por ejemplo, las mujeres y los no clérigos pudieron votar por primera vez en el Sínodo Mundial de 2023 en Roma. Francisco incluso inició un **proceso sinodal** mundial de varios años de duración, que implicaba a toda la Iglesia en un diálogo sobre cuestiones apremiantes y que culminaría en dos asambleas en 2023 y 2024. Poco antes de su muerte, sentó las bases de otra gran asamblea eclesial en 2028 para continuar este camino de participación. León XIV dio claramente a entender que deseaba continuar esta trayectoria sinodal. Se le considera un firme defensor de una Iglesia más transparente y a la escucha: ya como cardenal, subrayó la necesidad **de incluir más las voces de los fieles y de cambiar el estilo jerárquico de liderazgo** en favor de una mayor escucha. Inmediatamente después de su elección, León XIV dejó claro que continuaría por la senda de la sinodalidad marcada por Francisco. Observadores como el padre Mauritius Wilde esperan incluso que León conduzca las consultas sinodales con el espíritu franciscano de escuchar, pero que al final **actúe con más decisión**: Como estadounidense, concede importancia a los resultados concretos. Este enfoque pragmático -*escuchar, incluir, luego* decidir- podría marcar una ligera diferencia de estilo. En principio, sin embargo, León XIV representa la **continuidad**: la apertura hacia consultas regulares con la Iglesia universal y una mayor codeterminación de los laicos es probable que siga avanzando bajo su mandato. El reto será implementar la sinodalidad de tal manera que una a la Iglesia en todo el mundo en lugar de crear nuevas divisiones. Aquí es donde entran en juego las dotes diplomáticas de León, que ya ha demostrado. Tendrá que dominar el equilibrio **entre** el llamamiento a una auténtica participación -por ejemplo, de las bases eclesiásticas y los círculos progresistas- **y** la preocupación de algunos tradicionalistas de que los procesos sinodales puedan poner en peligro el orden jerárquico y la unidad de la fe.

Mujeres en cargos eclesiásticos: entre la igualdad y el dogma

Casi ningún otro tema simboliza tanto el retraso de la reforma como la cuestión de la **igualdad de derechos de las mujeres** en la Iglesia y en el oficio de papas. Con Francisco se han producido cambios cautelosos a este respecto: Es cierto que Francisco también mantuvo la **no admisión de mujeres a los** ministerios **ordenados** (sacerdocio y episcopado), tal y como sus predecesores lo habían definido magisterialmente. Sin embargo, promovió **la promoción de las mujeres en puestos de liderazgo eclesiástico**: nombró a mujeres para puestos de liderazgo en la Curia Romana y en órganos consultivos y abrió por primera vez a las mujeres ministerios oficiales (aunque no ordenados) como el de lector *y acólito*. Francisco también creó comisiones para investigar, por ejemplo, la cuestión histórica del diaconado de las mujeres (diáconos en la Iglesia primitiva). Estos pasos cautelosos mostraban su voluntad de **implicar más a** las mujeres, pero sin tocar todavía la prohibición de ordenar mujeres . León XIV siguió esta línea de reforma prudente, quizá con un poco más de moderación. **Hasta ahora, Robert Prevost, ahora León XIV, ha rechazado la ordenación de mujeres** e incluso lo ha insinuado: en el Sínodo Mundial de 2023, advirtió contra la *"clericalización de las mujeres"*, es decir, contra querer dar a las mujeres más influencia simplemente dándoles el sacerdocio. Esto no es una solución y más bien crearía nuevos problemas, subrayó - las mujeres ya tienen una variedad de papeles centrales en la iglesia. Sin embargo, dejó abiertas las soluciones que podrían considerarse en caso de escasez de personal clerical y las vías que podrían tomarse para aplicar la igualdad de derechos, por ejemplo, de acuerdo con la Ley Fundamental alemana. Esta declaración sugiere que León XIV **no** buscaba **ningún cambio a corto plazo** en la admisión de las mujeres al diaconado o al sacerdocio. Más bien, como predijeron los expertos, era probable que continuara con **actualizaciones pragmáticas**: Por ejemplo, podría nombrar a más mujeres para puestos de responsabilidad y consolidar las aperturas ya iniciadas (derecho de voto de las mujeres en los sínodos, dirección de autoridades por mujeres laicas, etc.). Esto supondría un cambio en el **Definiendum** sin adaptar al mismo tiempo **el Definiens** en consecuencia: Introducción en la práctica, sin adaptar la doctrina definitoria escrita - correspondería así a la posibilidad de ser simultáneamente creyentes (**credens**) sin participar activamente en la vida dominical de la iglesia (**practicans**) - una separación que es cada vez más la realidad de la vida de muchas personas, como el defecto de clérigos supuestamente heterosexuales que, sin embargo, saben tener sentimientos del mismo sexo. Georg Essen, catedrático de Teología en la HU de Berlín, por ejemplo, espera que Leo "potencie pragmáticamente" el papel de la mujer sin cambiar la prohibición fundamental de la ordenación. Un acto de equilibrio en el que el contenido no sigue a la forma. Por tanto, con toda probabilidad, este Papa no dará grandes saltos, como la ordenación de mujeres al sacerdocio, si se mantiene en el estatus mental de su cargo cardenalicio y no está a la altura de su propia visión del Padre para todos con restricciones.

Por otra parte, crece la presión de los movimientos de base, especialmente en Europa: Grupos como la Katholische Frauengemeinschaft Deutschlands (kfd) e iniciativas como *Maria 2.0* llevan tiempo pidiendo que **se admita a las mujeres en todos los ministerios ordenados**. Esperan que León XIV "abra de par en par las puertas de la Iglesia a todas las personas". Por ejemplo, la iniciativa María 1.0, que espera que el nuevo Papa **se oponga a las falsas esperanzas de los conservadores poco realistas**. León XIV debe, pues, encontrar un término medio entre reformistas y tradicionalistas. **Hay continuidad en** la medida en que Francisco también tuvo que realizar este acto de equilibrio y finalmente se aferró al no a la ordenación de mujeres - pero el énfasis puede ser **diferente**: Francisco al menos dejó abierto el debate teológico (por ejemplo, sobre los diáconos), mientras que León XIV ya era más escéptico al respecto. Al final, el factor decisivo será si León XIV puede transmitir de forma creíble a las muchas mujeres comprometidas de la Iglesia que su contribución es prescindible si los **sacramentos** y el oficio de papas están reservados sólo a los hombres.

Inclusión LGBTQ: ¿acoger sin cambiar la enseñanza?

Hoy en día, mucha atención se centra en lo abierta que es la Iglesia hacia **las personas queer**, es decir, las personas con diferentes orientaciones sexuales e identidades de género. El Papa Francisco se ha caracterizado por un **tono** mucho **más dialogante y compasivo** en este ámbito, pero sin revisar fundamentalmente la doctrina tradicional (que clasifica los actos homosexuales como "desordenados", por ejemplo). Se hizo famosa su frase *"¿Quién soy yo para juzgar?"* respecto a un creyente con sentimientos homosexuales. Con Francisco, hubo tendencias aisladas hacia la apertura: animó a los pastores a no dar la espalda a las personas que aman a personas del mismo sexo y se pronunció a favor de la protección legal de las parejas del mismo sexo. En 2023, Francisco insinuó que **las bendiciones para parejas del mismo sexo** podrían ser posibles en determinadas circunstancias, incluso si otros ponían el **matrimonio sacramental de parejas queer** en la agenda para la plena igualdad e inclusión. Esta flexibilidad, al menos pastoral, fue vista por muchos como un paso hacia una mayor inclusión, aunque la enseñanza moral católica permaneció formalmente inalterada.

Las declaraciones anteriores de Robert Prevost indican que León XIV **debe implicarse más en el tema** que Francisco. Los católicos LGBTQIA+ expresaron su preocupación tras su elección y se refirieron a declaraciones anteriores del nuevo Papa. De hecho, Prevost había polemizado contra la introducción de temas de género en las lecciones escolares durante su etapa como obispo de Chiclayo (Perú) hace muchos años: *"La promoción de la ideología de género es confusa porque trata de crear géneros que no existen",* dijo entonces. Prevost fue aún más claro en 2012 en un sínodo de obispos en Roma: los medios de comunicación occidentales, dijo, estaban *"suscitando una enorme simpatía por creencias y prácticas que contradicen el Evangelio: por ejemplo, el aborto, los estilos de vida homosexuales, la eutanasia".*

La anterior equiparación del amor entre personas del mismo sexo con la eutanasia aparece hoy como un camino equivocado difícil de comprender y un error cometido por un joven de entonces. Se le puede achacar que en aquella época se socializó en el contexto de una provincia de Perú y carecía de las perspectivas y experiencias correspondientes. Sin embargo, hoy, como **Papa, se enfrenta a la tarea de ir más allá de las actitudes personales para tener un impacto institucional e integrador**, negociando posiciones en diálogo con los grupos de interés afectados, las asociaciones relacionadas con la Iglesia y los fieles y enfrentándose a sus preguntas críticas. En retrospectiva, esas primeras formulaciones, que tachan de inmorales ciertos estilos de vida en general, parecen mucho menos experimentadas que el tono conciliador de un funcionario experimentado como el Papa Francisco. Está claro que estas citas se hicieron hace varios años.

Queda por ver si León XIV puede y quiere matizar su postura como Papa - sus primeros discursos indicaban que quería comenzar su pontificado bajo la bandera de la reconciliación, la inclusión y la paz, lo que nos da esperanzas de que también se incluya a estos grupos de fieles. Quien así comienza su pontificado debe seguir con resultados, o como decimos en la lengua vernácula: quien dice A también debe actuar con y según B. La ceremonia del matrimonio sacramental es el símbolo de la **plena igualdad de las personas queer en la Iglesia católica**.

Por el momento, sin embargo, la **continuidad** es reconocible sobre todo en que León XIV - como Francisco antes que él - no pretende cambiar la enseñanza de la Iglesia sobre la moral sexual - incluso para los heterosexuales, los anticonceptivos o los divorciados: después de todo, todavía tiene unos días para una evaluación inicial de 100 o más días. Probablemente seguirá siendo cierto que el matrimonio es definido por la Iglesia como la unión entre un hombre y una mujer y que sigue excluida la ceremonia del matrimonio sacramental para las parejas del mismo sexo: por lo tanto, cabe preguntarse por qué el amor debe ser diferente o discriminar la orientación sexual. Sin embargo, León XIV, al igual que Francisco, se enfrenta a la tarea de encontrar **vías pastorales para que los creyentes LGBTQIA+ y las parejas matrimoniales queer** sean acogidos en la Iglesia en pie de igualdad. No rechaza fundamentalmente la tensión entre una bienvenida apreciativa y la preservación de la moral tradicional, pero requiere sensibilidad. León XIV podría continuar el diálogo con los grupos LGBTQIA+ iniciado por Francisco y dejar claro que toda persona - independientemente de su orientación sexual- es amada y respetada en la Iglesia, es decir, no está excluida sacramentalmente. Por lo tanto, sigue siendo una incógnita cómo León XIV responderá claramente a la acuciante cuestión del reconocimiento eclesiástico de las parejas homosexuales en algunos países, o si dejará una cierta **zona gris** pastoral como su predecesor.

Celibato obligatorio: el celibato a prueba

El celibato sacerdotal -el celibato obligatorio de los sacerdotes católicos en la Iglesia latina- ha sido objeto de debates de reforma durante décadas. Francisco ha mantenido la normativa vigente y, en general, no ha abolido el celibato obligatorio. Sin embargo, se ha mostrado abierto al debate: En el Sínodo Amazónico de 2019, por ejemplo, hizo debatir la ordenación de hombres casados probados (los llamados *viri probati*) para contrarrestar la extrema escasez de sacerdotes en zonas remotas. Este concepto se ha ampliado recientemente para incluir a *"homines probati"* y *"laici probati"* mediante el reclutamiento de miembros de la Iglesia católica anteriormente marginados, como las mujeres laicas.

Al final, Francisco decidió no permitir tal excepción en su carta postsinodal *Querida Amazonia*, para gran decepción de quienes esperaban un movimiento en este asunto. No obstante, Francisco subrayó repetidamente que el celibato **"no es un dogma"**, sino una disciplina eclesiástica. De este modo, dejó claro que la regla del celibato podría cambiarse en principio, aunque no a la ligera. Con el Papa León XIV, la cuestión se plantea ahora de nuevo: ¿mantendrá el statu quo sobre el celibato como sus predecesores, o hay indicios de cambio?

Como religioso, León XIV estaba personalmente comprometido con el ideal del celibato, pero desde su labor pastoral práctica era consciente de la necesidad de escasez de sacerdotes, especialmente de América Latina. Algunos eclesiásticos **consideran concebible** que se plantearan aperturas cautelosas bajo León XIV. El teólogo Thomas Söding, él mismo miembro del Comité Central de los Católicos Alemanes, dijo que *"no era imposible"* que León XIV pusiera en movimiento la cuestión del celibato, precisamente porque conocía la realidad pastoral y, como abogado canónico, sabía que el celibato no era un dogma irrevocable. Por supuesto, tal intención no ha sido confirmada. Más bien hay que tener en cuenta que León XIV procedía de un espectro eclesiástico estadounidense bastante conservador, donde el celibato es menos cuestionado que en Europa, por ejemplo. Sin embargo, la idea occidental y americana de la igualdad entre mujeres y hombres golpea con más fuerza al Papa de hoy.

Al igual que Francisco, León XIV probablemente **tendrá que sopesar las cosas con cuidado**: Por un lado, hay fuertes voces -incluso de destacados representantes de la Iglesia como el cardenal Reinhard Marx- que piden la abolición del celibato para permitir a los sacerdotes llevar una vida más "normal" y quizás también atraer más vocaciones. Por otra parte, el celibato representa una tradición espiritual secular estrechamente vinculada a la identidad del sacerdocio católico. Francisco decidió en última instancia no relajar todavía esta tradición, y León XIV podría actuar de forma similar por un sentido de unidad y debido a su socialización formativa. El historiador de la Iglesia Hubert

Wolf, por ejemplo, **no** espera **que León XIV haga ninguna reforma radical** con respecto a los sacerdotes casados. La continuidad significaría, por tanto, que el celibato obligatorio se mantendría por el momento. Sin embargo, León XIV tuvo que tomarse en serio la realidad: Faltan sacerdotes en muchas parroquias y, sobre todo, el escándalo de los abusos sexuales de sacerdotes varones contra niños y adolescentes ha vuelto a poner sobre el tapete el estilo de vida célibe (sin que se haya demostrado de forma concluyente una relación causal, pero debe y puede establecerse una proximidad a la violencia sexual en otras condiciones). Una posible **solución de compromiso** sería dar más espacio a las excepciones ya existentes - por ejemplo, utilizar más a los diáconos permanentes casados en la atención pastoral, o en casos especiales ordenar como sacerdotes a personas casadas con experiencia, como es habitual en las iglesias orientales unidas a Roma. Queda por ver si León XIV se atreverá a dar un paso así, pero es seguro que la cuestión seguirá en el orden del día y que, al menos, el nuevo Papa **deberá estudiarla más a fondo**, algo que todas las mujeres llevan tiempo pensando.

Los impulsos reformadores de Francisco y su posterior desarrollo bajo León XIV.

Si se examina toda la agenda del Papa Francisco, queda claro que se ha embarcado en una amplia reforma, desde la reforma de la Curia hasta el establecimiento de nuevas prioridades en la doctrina y el cambio de la imagen de la Iglesia. El Papa León XIV **heredó** en gran medida un **legado de renovación** y ha señalado su intención de continuar gran parte de él, pero también de marcar sus propios acentos en la agenda de reformas. Algunos impulsos centrales de la reforma *franciscana* y cómo los afrontó León XIV:

- **Reforma de la Curia y descentralización del poder:** Francisco reestructuró fundamentalmente la Curia Romana con la Constitución Apostólica *Praedicate Evangelium* (2022): se fusionaron las autoridades, los laicos (tanto mujeres como hombres) pueden ahora ocupar altos cargos y la misión de la Curia debe centrarse más en servir a la Iglesia universal. León XIV adoptó esta estructura administrativa reformada y ahora tenía que llenarla **de vida**. Como antiguo jefe de la Congregación de Obispos, conoce al dedillo el trabajo de la Curia y se le considera un organizador capaz. Se espera que continúe el rumbo de Francisco, por ejemplo, nombrando **a laicos competentes para puestos de liderazgo** y reforzando la cooperación entre el Vaticano y las conferencias episcopales locales. Su naturaleza diplomática podría ayudar a continuar la **descentralización** iniciada por Francisco de forma equilibrada, es decir, dar más autonomía a las iglesias locales sin poner en peligro la unidad.

- **Compromiso social y medioambiental:** Una de las señas de identidad del pontificado de Francisco ha sido su atención a los acuciantes **problemas sociales y medioambientales** de nuestro tiempo. Publicó la primera encíclica papal dedicada por entero al cambio climático y la protección del medio ambiente (*Laudato Si'*) y tomó partido por los pobres, los emigrantes y otros colectivos. León XIV mostró aquí explícitamente **su continuidad**. Ya como cardenal, expresó repetidamente, al igual que Francisco, la necesidad de una acción decisiva contra el cambio climático. La elección de su nombre también es digna de mención: **León** XIV se refiere deliberadamente al Papa **León XIII** (pontificado 1878-1903), que publicó la primera encíclica social de la Iglesia, *Rerum Novarum*, en 1891. Esta carta sentó las bases de la doctrina social católica y estaba dedicada a la situación de la clase obrera empobrecida. Al ponerse el nombre de este León XIII, Robert Prevost señala al menos una **continuidad programática en la doctrina social**, a saber, el compromiso con la justicia social, los derechos de los trabajadores y la opción por los pobres. Si no hay otro nuevo Novarum - nomen est omen: y si elige el nombre de León en esta tradición y con el conocimiento y las cuestiones urgentes de reforma, no debe seguir siendo una cáscara vacía como un servicio desatendido en la iglesia parroquial local. De hecho, León XIV ya está siendo descrito como **el "Papa más internacional"**, que conoce las preocupaciones de la gente corriente ("el corazón de la gente pequeña"), así como el mundo de la diplomacia. Por tanto, podemos esperar de él que continúe y renueve el compromiso de Francisco con la paz, la justicia y la preservación de la creación, más que el mínimo. Ya en sus primeras palabras como Papa, León XIV puso en el centro **la paz de todos**. En vista de las guerras y conflictos en todo el mundo, muchos creyentes lo ven como un posible *"Papa de la inclusión"* y *"Papa de la paz"*, que continúa los llamamientos a la paz y los intentos de integración de su predecesor. Aquí no hay diferencias, sino más bien un cierre de filas: Ambos papas reconocen que la credibilidad hoy en día también se mide por la postura de la Iglesia ante los retos humanitarios mundiales, ya sea la crisis climática, la desigualdad social, la igualdad de derechos, las mujeres y los hombres o la guerra y la paz.

- **Abusos sexuales y transparencia:** El **escándalo eclesiástico** mundial **de los abusos sexuales** es un tema triste y actual que ya ha preocupado intensamente a Francisco. Francisco dio una serie de pasos importantes para mejorar la investigación: por ejemplo, levantó el secreto papal en los procesos por abusos para que los expedientes internos de la Iglesia pudieran pasar a la justicia estatal y obligó al clero de todo el mundo a denunciar los casos sospechosos. Sin embargo, aún queda mucho por hacer bajo el mandato de Francisco: las asociaciones de víctimas critican su enfoque vacilante, y en muchos países sigue pendiente una investigación independiente de los delitos clericales. León XIV tendrá que **actuar con urgencia** para restablecer la confianza perdida. Tiene cierta experiencia: durante su estancia en Perú, Prevost apoyó a las víctimas de abusos y fue visto como alguien que se tomaba en serio sus preocupaciones. Sin embargo, también hay puntos criticables: Se le acusa de no haber tomado medidas coherentes en todos los casos como obispo en Chicago y Chiclayo, lo que él niega. El hecho es que León XIV puede construir sobre las estructuras creadas por Francisco (como las nuevas normas penales eclesiásticas y las comisiones). El nuevo Papa tiene la oportunidad de abordar la **"patata caliente" de** los abusos en de forma aún más decidida, por ejemplo exigiendo responsabilidades a los obispos varones que los han encubierto y promoviendo investigaciones transparentes en todo el mundo. Queda por ver hasta qué punto continuará y tal vez reforzará el impulso reformista de su predecesor: Francisco ha sentado las bases, pero la **cultura de tolerancia cero** debe aplicarse de forma coherente para ser creíble. León XIV ya ha señalado que la Iglesia debe seguir los pasos de Francisco; esto es especialmente cierto en este ámbito, que determina la integridad moral de la Iglesia.

En resumen, puede decirse que León XIV se pone claramente a la altura de Francisco en muchos aspectos de la reforma: **asume** sus preocupaciones centrales, como la sinodalidad, la justicia social, la protección del clima y una Iglesia pastoral de cercanía. Al mismo tiempo, establecerá sus propias **prioridades** -y tendrá que hacerlo con resultados concretos, eficaces y sostenibles- en términos de implementación: posiblemente de una manera más sobria, mediadora y con el ojo de un administrador experimentado. Precisamente porque Francisco esbozó visiones tan grandes, le corresponde ahora a León XIV traducir estas visiones en la realidad administrativa y cotidiana de la Iglesia. Es mucho lo que está en juego, al igual que los problemas: actuar puede significar hacer menos gestos mediáticos, pero asegurar las reformas administrativas en segundo plano y moderar los procesos de diálogo de forma orientada a los resultados. Como en un parlamento estatal: Sólo las enmiendas escritas a las leyes crean una nueva realidad-.

Nuevos retos y respuestas necesarias

Incluso si hay mucho que sugiere **una continuidad** aburrida, León XIV se enfrenta a una serie de desafíos nuevos o intensificados, algunos de los cuales ya eran virulentos bajo Francisco, pero que ahora exigen respuestas aún más urgentes. Los grupos cercanos a la Iglesia se lo están preguntando muy claramente. Lo que sigue es una visión general de las áreas problemáticas clave en las que el nuevo Papa tendrá que encontrar soluciones -sin anticipar cómo decidirá, es posible esbozar las **opciones** sobre la mesa y los **retos que se avecinan**:

- **Una Iglesia dividida:** La Iglesia católica universal está fragmentada en distintos bandos: las fuerzas **progresistas** exigen reformas (ministerios de la mujer, reconocimiento de la comunidad LGBTQIA+ , democracia en la Iglesia), mientras que los círculos **conservadores** piden una vuelta a la enseñanza tradicional sin una interpretación transformadora ni el reconocimiento de una realidad más nueva. Especialmente en la patria de León XIV, Estados Unidos, la Iglesia está *"profundamente dividida"* como reflejo de la polarización política. El nuevo Papa debe contrarrestar esta división. La opción es un **estilo de liderazgo inclusivo** que escuche a ambas partes y trate de enfatizar las preocupaciones comunes (por ejemplo, el compromiso con la vida, la justicia). El reto sigue siendo que los compromisos en cuestiones de fe son difíciles de alcanzar - León XIV debe, por tanto, sobre todo crear confianza en que la reforma y la fidelidad al núcleo de la fe no son mutuamente excluyentes.

- **Mujeres e igualdad de derechos:** La cuestión de la **igualdad entre hombres y mujeres** sigue ocupando un lugar preponderante. En la sociedad apenas se entiende que las mujeres estén excluidas de cargos importantes; esto contribuye al alejamiento de muchos creyentes en Europa Occidental. León XIV debe encontrar nuevas respuestas para que las mujeres reciban la misma participación y reconocimiento. Una opción (además de las funciones de liderazgo ya mencionadas) sería **la mejora teológica de sus ministerios**: Las mujeres podrían, por ejemplo, convertirse oficialmente en bautizadoras, predicadoras o líderes eclesiásticas, incluso sin la ordenación sacerdotal. Para dar el segundo paso sería necesario responder a la pregunta de por qué las mujeres no deben convertirse en papas, sino que se les otorgan ministerios a nivel popular. También sería concebible volver a tratar el tema **del diaconado para las mujeres**, una decisión que Francisco ha dejado abierta. El reto reside en lograr cambios sin provocar una ruptura con la tradición doctrinal anterior. León XIV tendrá que proceder con cautela pero con rapidez para tomarse en serio el llamamiento a la igualdad y evitar una **ruptura** con la **concepción del sacerdocio** de la Iglesia católica.

- **Tratar con personas LGBTQIA+:** En un momento en que muchos Estados reconocen el matrimonio y los derechos de las parejas del mismo sexo y en que la diversidad de identidades está socialmente aceptada, la Iglesia se ve presionada para comunicar su postura de forma convincente. León XIV debe decidir si dará forma y cómo a **las aperturas pastorales** para las personas LGBTQIA+. Las opciones serían, por ejemplo, un folleto oficial que permita **celebraciones sacramentales** pastorales para parejas del mismo sexo amorosas y comprometidas (como cada obispo quiera practicar), - ¿Puede ser un mandamiento de caridad no definir esto como una ceremonia de boda eclesiástica cuando incluso Dios ama a todos tal y como los ha creado? Otro añadido es la redacción de una carta pastoral sobre la valoración de las personas con orientación homosexual para reducir la discriminación dentro de la Iglesia. El reto es mantener **en armonía la Iglesia universal, la realidad social y el Magisterio:** En algunas culturas (especialmente en el Norte global) crece la presión por el reconocimiento, mientras que en otras (África, Asia) incluso una ligera apertura podría incorporar reflexiones. León XIV debe encontrar un rumbo que lleve consigo a la Iglesia universal - posiblemente resolviendo esta cuestión con más fuerza a nivel de las respectivas regiones (palabra clave: **diferenciación según los grupos culturales**). Independientemente de las soluciones estructurales, es de esperar que -al igual que Francisco- al menos deje claro en su tono que **toda persona, toda pareja casada es amada por Dios** y que la Iglesia no excluye a nadie. Esta es su visión de la Iglesia inclusiva.

- **Falta de sacerdotes y celibato: El declive** mundial **de las vocaciones sacerdotales** -sobre todo en Europa y América, pero también en partes de América Latina- está llegando a su punto álgido. Las parroquias se están fusionando, y las celebraciones eucarísticas sólo pueden tener lugar en contadas ocasiones en algunos lugares. Esto plantea la cuestión de si el celibato obligatorio sigue estando en consonancia con los tiempos o si la Iglesia debe tomar caminos alternativos y abolirlo. León XIV tendrá que encontrar soluciones a la escasez de sacerdotes, según muchas voces. Además de una pastoral vocacional más intensa, existe la opción de **ampliar las condiciones de admisión** al sacerdocio: por ejemplo, ordenar sacerdotes a diáconos casados seleccionados o a padres probados en casos excepcionales. Esta opción se defendió abiertamente en el Camino Sinodal alemán y en otros lugares. El problema es que una flexibilización del celibato sería vista en círculos conservadores como una transformación de una tradición sagrada, con la que tendrían que estar de acuerdo desde el punto de vista de su visión del mundo. Tampoco está claro si permitir sacerdotes casados aumentaría significativamente el número de vocaciones. León XIV tuvo que sopesar entre **la preservación de una forma de vida espiritual e impuesta** y la necesidad pragmática de atención pastoral. Enfoques alternativos -por ejemplo, una mayor implicación de los párrocos laicos o nuevos modelos de liderazgo parroquial en los que se releve a los sacerdotes- también podrían ser parte de la respuesta. Sin embargo, ir por este camino demuestra que la gente está cosiendo al límite y no está dispuesta a cambiar con la esperanza de los más viejos o más conservadores de que pueda satisfacer las expectativas de los más jóvenes o más progresistas - aunque esto no tiene por qué coincidir.
- **Crisis de confianza por el escándalo de abusos**: Una de las principales razones de la enorme pérdida de credibilidad de la Iglesia son los escándalos de abusos sexuales y su

inadecuada gestión del pasado. La sociedad espera que el Papa actúe con **tolerancia cero** y máxima transparencia. León XIV se enfrenta a la tarea de establecer normas globalmente vinculantes para tratar el pasado. Los pasos necesarios podrían incluir: la creación de comisiones de investigación independientes en cada conferencia episcopal, una actuación más decidida contra los obispos encubridores (hasta la destitución del cargo) y una cooperación más estrecha con las autoridades estatales. Francisco ha abierto puertas importantes (abolición del secreto papal, nuevas normas canónicas), pero la implementación está ahora en manos de León XIV. El reto será llevar a la **Iglesia mundial** -con sistemas jurídicos y mentalidades muy diferentes- por un camino coherente y mostrar a las víctimas que la Iglesia ha aprendido de sus errores. Aquí no hay lugar para el encubrimiento; el pontificado de León XIV tendrá que medirse por si consigue recuperar la confianza perdida poco a poco a través de medidas.

- **Expectativas políticas sociales y globales:** Además de las cuestiones de reforma dentro de la Iglesia, León XIV se enfrentó a grandes **expectativas políticas y sociales globales.** Mucha gente, incluso fuera de la Iglesia, esperaba una brújula moral fuerte en un mundo en crisis. La paz, como se ha dicho, es un tema central: Se espera que León XIV se haga un nombre como **pacificador** y continúe sus esfuerzos de mediación, por ejemplo en el conflicto de Ucrania u otras guerras. Su voz también podría tener peso en la **economía mundial y en la política social** cuando se trate de combatir la pobreza, la migración o la justicia global. El reto para el nuevo Papa es llevar **la fe y la ética al discurso público** sin dejarse apoderar por los actores políticos. Como primer Papa procedente de Estados Unidos, León XIV tiene un papel especial que desempeñar aquí: Conoce la potencia mundial occidental por experiencia propia y podría -se especula- representar un contrapunto a las tendencias al aislamiento y la división. Al mismo tiempo, debía tener cuidado de mantener una perspectiva global y no ser visto simplemente como el "Papa americano". León XIV tiene la oportunidad de continuar la **apertura franciscana al mundo** (Francisco tendió la mano tanto a los poderosos como a los marginados) y de tender nuevos puentes con su biografía cosmopolita.

En resumen, el Papa León XIV se enfrenta al equilibrio de encarnar la **continuidad y la renovación** a partes iguales. En muchos aspectos, sigue los pasos de Francisco: a ambos les une un corazón abierto a los marginados, un sentido de la justicia y la voluntad de acercar la Iglesia a los fieles. Las diferencias son más evidentes en el estilo y el énfasis: León XIV actúa de forma más diplomática y moderada: un *"reformador moderado"* que quiere reformas, pero sin publicidad mediática ni ruptura con la tradición. En los próximos años se verá si logra abordar con decisión los problemas pendientes de la Iglesia, desde la cuestión de la mujer hasta los abusos. Lo que es seguro es que **las realidades sociales** exigen respuestas, porque todo el mundo tiene preguntas. León XIV no podrá utilizar como vara de medir las preferencias personales, sino el bien de toda la Iglesia y de sus fieles. La historia nos enseña que cada Papa es diferente. Pero la tensión entre continuidad y cambio determinará si León XIV puede guiar a la Iglesia con credibilidad hacia el futuro. El mundo mira a este nuevo pontífice con grandes expectativas -como *reformador, cosmopolita y* pragmático- y en su labor, las **líneas de Francisco** tendrán que ser continuadas y desarrolladas de nuevas maneras.

🤟 *Capítulo 4:*
Cualidades personales y estilo de liderazgo

Cuando León XIV pronunció la bendición "Urbi et Orbi" en la logia de la basílica de San Pedro la tarde de su elección e incluso dirigió unas palabras en español a su antigua diócesis, unas monjas a miles de kilómetros de distancia rompieron a llorar. Estas religiosas de Chiclayo (Perú) habían reconocido a su antiguo obispo, **un pastor "cercano a la gente",** como relató la hermana Karina González Risco. De hecho, el nuevo Papa ya se consideraba **cercano a los pastores y a los humildes** de Perú: cabalgaba durante horas a lomos de una mula por caminos de tierra para llegar a aldeas remotas, **"utilizaba los medios de transporte de la gente",** como relató la monja; así quería *"ser uno de los nuestros".* Su estrecha relación con la gente sencilla y los pobres le valió incluso el apodo **de "Santo del Norte",** como se le conocía en Perú. *"Tenía tiempo para todos",* recuerda un sacerdote agustino de Perú, *"era alguien que te recogía por el camino".* Este espíritu de **cercanía y humanidad** sigue caracterizando hoy a León XIV.

Carácter y valores personales

Robert Francis Prevost es de Chicago, pero Perú se ha convertido en su segundo hogar. El joven sacerdote agustino llegó a América Latina como misionero en 1985 y se enamoró del país y de su gente. **Con su carácter abierto y su carisma**, se ganó rápidamente el acceso: *"Tenía un aura que hablaba a la gente. La gente acudía a él",* recuerda un antiguo monaguillo del joven Padre Prevost. A pesar de las barreras lingüísticas iniciales, Prevost se esforzó por vivir, aprender e incluso jugar con los lugareños: organizaba deportes y excursiones para los jóvenes con el fin de alejarlos de la delincuencia. Mostró **valor y lealtad** en tiempos peligrosos: Cuando el terror de *Sendero Luminoso* sacudió Perú en los años 80 y los misioneros se vieron amenazados de muerte, **Prevost se quedó firmemente con la gente** en lugar de huir a un lugar seguro . *"Lo que les hizo quedarse fue la gente"*, dice un sacerdote sobre Prevost y sus hermanos y hermanas de . Este **sentimiento de solidaridad** con los fieles del lugar recorre toda la vida de Prevost.

La modestia, la dedicación y el sentido de la justicia fueron algunos de los valores que definieron a León XIV. Durante su tiempo como Obispo de Chiclayo, vivió la *opción por los pobres* en el espíritu del Papa Francisco: *"Muchos son pobres. El obispo Prevost vivió la opción por los pobres en el espíritu del Papa Francisco y siempre estuvo ahí para todos, incluso para los más pobres"*, informa Jürgen Huber, experto alemán en la Iglesia peruana. Prevost no dudó en alzar la voz contra los agravios sociales - *"una y otra vez, el obispo se dirigió a los políticos con palabras admonitorias"*, dice Huber. La **protección del medio ambiente y del clima** también le preocupaban: su diócesis sufrió los efectos de las inundaciones provocadas *por El Niño*, y Prevost organizó la ayuda a las víctimas y denunció el abandono de las infraestructuras públicas. Este enfoque práctico le granjeó una gran estima: *"caía bien a todo el mundo"*, recuerda la hermana González Risco. Incluso cuando ya había sido nombrado alto funcionario de la curia en Roma en 2023, **Prevost se quedó con su gente en Perú hasta el final** para hacer frente a las consecuencias de las fuertes lluvias. *"Quiso ayudar hasta el final, incluso cuando ya había sido nombrado para Roma"*, dice la monja sobre aquella época. Este sentido del deber y la **empatía por los que sufren** son cualidades que ahora también caracterizan a León XIV en el cargo de Papa.

Estilo de dirección y competencia de liderazgo

León XIV traía consigo una impresionante experiencia en puestos de responsabilidad, desde la dirección de la orden hasta la administración de la Curia. Prevost fue elegido dos veces **Prior General de la Orden Agustiniana** y se puso así a la cabeza de una orden mundial con una tradición centenaria. En este papel, aprendió **a dirigir internacional y colegialmente**, en constante intercambio con hermanos y hermanas de diferentes culturas. Los agustinos -al igual que los jesuitas, de cuyas filas procedía su predecesor Francisco- cultivan un espíritu comunitario: la fe se comparte y se decide en común. Se puede ver esta impronta en León XIV. Se le considera un hombre **de equipo** que sabe escuchar y se centra en el equilibrio más que en la intervención autoritaria. **Su talante ganador** genera confianza, cualidades que también se pusieron de manifiesto en el cónclave: Los observadores consideran que el hecho de que los cardenales se pusieran de acuerdo sobre Prevost como nuevo Papa con una rapidez inusitada es un signo del gran apoyo y confianza de que goza entre los líderes eclesiásticos.

Prevost ha demostrado su valía no solo en la comunidad espiritual, sino también como **administrador y gestor**. *"Es un hombre religioso... y en última instancia es un gestor"*, comentó el experto vaticanista Tilmann Kleinjung tras la elección, ya que el Papa Francisco había traído a Prevost a Roma en 2023 y le había *confiado uno de los cargos más importantes del Vaticano: el Dicasterio para los Obispos, el departamento de personal* de la Iglesia universal. Como prefecto del Dicasterio para los Obispos, el cardenal Prevost era responsable de la selección de nuevos obispos en todo el mundo, una tarea de enorme responsabilidad que requiere habilidades diplomáticas, conocimiento de la naturaleza humana y decisión. Sus colegas dan fe de su gran sensibilidad en este campo: *"Como jefe de la autoridad episcopal en el Vaticano, el cardenal Prevost goza de gran confianza dentro de la Iglesia católica"*, afirma con aprobación un obispo austriaco. Prevost está considerado como alguien capaz de **reformar las estructuras de forma meditada** y que, al mismo tiempo, busca el encuentro personal. Como prefecto, por ejemplo, supervisó una pequeña revolución cuando se concedió por primera vez a las mujeres el derecho de voto en la selección de obispos, una iniciativa del Papa Francisco que Prevost puso en práctica.

El estilo de liderazgo dinámico de Prevost también fue evidente a nivel diocesano. En Chiclayo, donde se convirtió en obispo en 2015, **trajo un soplo de aire fresco a una iglesia local rígida**. *"Chiclayo solía ser una diócesis del Opus Dei, muy conservadora y clerical"*, explica Jürgen Huber. Pero bajo el liderazgo de Prevost, **la iglesia local se abrió**: *"Hoy hay allí muchos laicos activos y comprometidos..."*. Todo esto es lo que *el obispo Prevost ha sembrado allí*. En particular, puso nuevos acentos en la formación de sacerdotes. Muchos de los jóvenes sacerdotes que se formaron durante su época eran **abiertos y sinodales**, algo que Huber atribuye explícitamente a la influencia de Prevost: *"Esto se debe a la forma en que el obispo Prevost estableció y organizó su seminario"*. En lugar de promover el elitismo clerical, los agustinos bajo Prevost hacían hincapié en **la educación y la humildad**, continúa Huber. Prevost practicó con éxito esta forma cooperativa de entender el liderazgo basada en el Evangelio y en el mundo actual en Perú, y parece que se ha trasladado sin problemas a su pontificado. Muchos observadores ven su elección como una **señal de equilibrio y unidad** en la Iglesia: *"Su elección es vista como un compromiso - y al mismo tiempo como una señal de unidad"*, escribió una revista sobre León XIV, *"Prevost combina orígenes americanos, influencia latinoamericana y experiencia romana"*. No encaja en ningún encasillamiento sencillo y sabe tender puentes. O como dijo *Stern*: *"No es un liberal. Pero tampoco es un cabeza de hormigón... El Papa León XIV no encaja en ningún casillero"*. Es precisamente esta **capacidad de encontrar el equilibrio** -de no actuar ni rigurosamente duro ni ultraliberalmente- lo que define su estilo de liderazgo y da a muchos la esperanza de que será capaz de guiar a la Iglesia en tiempos turbulentos.

Capacidad de comunicación e impacto exterior

Ya en los primeros días de su pontificado, León XIV demostró que era **un maestro de la comunicación**, no de las palabras pomposas, sino de los gestos y diálogos sencillos. El nuevo Papa **hablaba varios idiomas** con fluidez: Además del inglés y el español, sus dos "lenguas maternas", también habla italiano y probablemente algo de francés. Sus modales son a la vez urbanos y cercanos a la gente. Durante la primera bendición en la Basílica de San Pedro, saludó a la multitud en varios idiomas y se centró en un núcleo simple pero central del mensaje: *"Dios nos ama, Dios ama a todos"*, gritó a la gente en la plaza. Se hacía eco así inequívocamente del legado de su predecesor Francisco, que siempre situó en el centro **la misericordia de Dios**. León XIV también rindió homenaje a Francisco en cuanto al contenido, pero lo hizo a **su manera, de corazón**.

Poco después de su elección, demostró **sentido del humor y humanidad en su trato con los medios de comunicación**. En su primera audiencia con los cerca de 3.000 periodistas presentes en el Vaticano, provocó risas y aplausos cuando bromeó en inglés: *"Dicen que no importa si la gente aplaude al principio. Si todavía están despiertos al final de mi discurso y quieren aplaudir, muchas gracias"*. Con unas palabras tan espontáneas, se ganó el corazón de los representantes de los medios de comunicación. Pero León XIV no sólo llevaba una broma en el equipaje, sino también un **mensaje de peso sobre la responsabilidad de los medios de comunicación.** *"Debemos decir no a la guerra de palabras e imágenes. Debemos rechazar el paradigma de la guerra"*, advirtió, y pidió que la comunicación se oriente **siempre hacia la búsqueda de la verdad, el diálogo y la paz.** Los medios de comunicación y la opinión pública no deben dejarse llevar por el lenguaje agresivo y el puro sensacionalismo, dijo el Papa. *"La paz comienza en cada uno de nosotros , en el modo en que miramos, escuchamos y hablamos de nuestros semejantes"*, declaró con rotundidad León XIV. Estas palabras tuvieron un enorme eco: subrayan su reputación de **constructor de puentes y pacificador** que quiso dar un tono conciliador en tiempos polarizados.

La imagen pública del nuevo Papa se ha caracterizado hasta ahora por una gran apertura de miras. Incluso los medios de comunicación laicos se asombran de lo equilibrado e imparcial que parece León XIV. *"Nacido en EE.UU., se siente como en casa en América Latina. No encaja en ningún encasillamiento"*, es como le caracteriza *Stern*, subrayando que Prevost no es un dogmático de línea dura, pero tampoco un progresista declarado. Este término medio, difícil de clasificar, parece ser su punto fuerte: envía señales a **todas las partes de la Iglesia.** Por ejemplo, se hizo hincapié en que, como norteamericano, también *"forma parte de una comunidad religiosa mundial"*: sus raíces y experiencias van mucho más allá de Estados Unidos. Muchos católicos de América Latina se sienten verdaderamente representados por él en el oficio papal por primera vez; después de todo, León XIV tiene incluso la ciudadanía peruana. **La alegría en Perú** por su elección fue enorme: en Chiclayo, su antigua diócesis, miles de personas celebraron en las calles a su "hijo adoptivo" y elogiaron su *"gran corazón"* para el pueblo. La elección también fue acogida con interés en Estados Unidos, donde muchos esperan que un Papa de Chicago sea capaz de tender puentes entre las alas enfrentadas de la Iglesia norteamericana.

Dentro de la Curia vaticana y entre los obispos de todo el mundo, León XIV ya es considerado un **gran comunicador y accesible.** Numerosas personas de la Iglesia afirman que Prevost es *"muy competente, escucha bien y comprende rápidamente las situaciones"*. Este elogio viene de alguien que debería saberlo: Jürgen Huber conoció a Prevost como representante papal en una complicada situación eclesiástica y quedó impresionado por la calma y comprensión con que el actual Papa aborda incluso los problemas más complejos. **La capacidad de escucha** de León XIV -una virtud a menudo invocada del Papa Francisco- continúa. En Roma, como en Perú, se ha ganado la reputación de ser accesible: no un jerarca distante, sino un **defensor de la dignidad humana** que prefiere entablar conversación, incluso con preguntas. Esta franqueza es percibida tanto por creyentes de a pie como por periodistas y dignatarios. Un obispo austriaco elogió a León XIV como *constructor de puentes, pacificador y defensor de la dignidad humana y la justicia*, convencido de que continuaría el camino de diálogo y reconciliación marcado por Francisco. Tales voces demuestran que el nuevo Papa ya se ha ganado la **confianza y la simpatía** de muchos bandos diferentes en los primeros días.

Afrontar retos y crisis

A pesar de toda su popularidad, a León XIV le esperan enormes tareas, *"tareas casi sobrehumanas"*, según los comentaristas. La Iglesia católica se enfrenta a retos que exigen del nuevo Papa toda su **voluntad de liderazgo y su capacidad para resistir las crisis. Dentro de la Iglesia, las tensiones amenazan** con desgarrar la unidad: *entre el Sur y el Norte, reformistas y preservacionistas, mujeres diversas y hombres diversos*. Superar estas desavenencias fue quizá la mayor prueba para León XIV, que ahora *tenía que ser "un papa para todos"*. Sin embargo, sus anteriores destinos prácticamente le prepararon para ello. En Perú, experimentó lo que significa **superar las diferencias culturales**: como norteamericano, se ganó la confianza de la gente de allí sin negar su identidad. Conoce las preocupaciones de las iglesias jóvenes de América Latina y África, así como los problemas de las iglesias antiguas de Europa y Norteamérica. Esta perspectiva global podría ayudarle a moderar los conflictos. Su elección es vista por muchos como un compromiso entre diferentes direcciones, lo que hace esperar que León XIV tenga un **efecto reconciliador y conciliador, pero no consolador.** Un primer indicio de ello: tras el cónclave, el nuevo Papa rezó expresamente por su predecesor Francisco y su legado misionero**, pero también puso una nota nueva**, por ejemplo al elegir su nombre papal León en referencia deliberada a León XIII. León XIII es el Papa que escribió la primera encíclica social en 1891 y sensibilizó a la Iglesia sobre los derechos de los trabajadores. La elección del nombre de León XIV puede entenderse, por tanto, como **un programa:** Al igual que sus predecesores, este Papa quiere defender la **justicia social** -un mensaje claro en un mundo lleno de desigualdades- y no sólo en términos económicos.

Un reto acuciante es abordar con coherencia **el escándalo de los abusos** en la Iglesia, un *"capítulo más oscuro"* que solo se ha superado parcialmente bajo Francisco. Francisco ha promulgado normas y leyes más estrictas contra la violencia sexualizada; ahora le toca a León XIV asegurarse de que se **apliquen de forma generalizada y sin concesiones.** ¿Cómo aborda el nuevo Papa esta delicada cuestión? Su trayectoria no está exenta de críticas: en concreto, tres religiosas denunciaron que no había seguido suficientemente una denuncia de abusos contra un sacerdote en Chiclayo en 2022. Sin embargo, voces conocidas sobre el terreno apoyan al nuevo Papa: Edinson Farfán, sucesor de Prevost como obispo de Chiclayo, rechazó con firmeza las acusaciones. *"Eso es mentira. Él escuchó, respetó los procedimientos"*, aclaró Farfán. Por el contrario, Prevost había *"reaccionado **el más rápido de todos en** la Iglesia peruana ante estos casos"* y había hecho posible que se hiciera justicia. ¿Un caracol no picotea a otro? - Esta opinión también está respaldada por una fuente independiente: El padre Hans Zollner, uno de los más conocidos expertos en abusos eclesiásticos, considera *"calumniosas"* las acusaciones vertidas contra Prevost y subraya que éste actuó correctamente en los dos casos en cuestión. El trasfondo de las acusaciones es, al parecer, un conflicto con la secta Sodalitium Christi, salpicada de escándalos, un grupo de Perú que el Papa Francisco ha disuelto. Prevost había desempeñado un papel clave en la limpieza de esta poderosa red, manchada por graves casos de abusos. El hecho de que ahora se le acuse de encubrimiento es visto por expertos como Huber como una **respuesta de tit-for-tat desde círculos desempoderados.** Por tanto, es poco probable que León XIV sea una figura ingenua en este ámbito en particular, sino alguien que conoce las **luchas de poder por la transparencia y la responsabilidad** por experiencia propia. Hay grandes expectativas de que continúe enérgicamente el camino trazado por Francisco: *"no basta con endurecer las normas, hay que aplicarlas por fin de forma coherente"*. Las asociaciones de víctimas y los reformistas esperan que León XIV **no** permita **ninguna indulgencia con los autores o encubridores**, sino que persiga sistemáticamente la *línea de tolerancia cero*.

Otra gran obra es la **reforma de la curia y la reestructuración financiera** del Vaticano. Aquí es donde entra en juego *el talento gestor* de Prevost. El Vaticano se enfrenta a considerables déficits financieros: el déficit anual más reciente ascendió a unos 80 millones de euros. Se espera que León XIV continúe las reformas administrativas iniciadas, garantice la **transparencia y la profesionalidad** y estabilice las finanzas. Como antiguo general de una orden religiosa, tiene experiencia en presupuestos, y como obispo de una diócesis misionera, sabe cómo conseguir mucho con recursos escasos. También tiene una buena visión de conjunto de los **recursos humanos** de la Iglesia gracias a su paso por el Dicasterio de los Obispos: conoce muchas diócesis y sus retos desde el punto de vista del personal. Este conocimiento podría ser útil para colocar a las personas adecuadas en los lugares adecuados, ya sea en la Curia o en diócesis importantes.

Por último, León XIV también se enfrentó a **tensiones pastorales** que requerían sensibilidad. Un ejemplo es la igualdad -y no el papel- de las mujeres en la Iglesia. Francisco ha nombrado a algunas mujeres para puestos de liderazgo en el Vaticano, pero aún se les niegan los ministerios ordenados. *"¿Por cuánto tiempo más?"*, se preguntó el comentarista Kleinjung. **Las expectativas de cambio** -por ejemplo, en el diaconado de mujeres o la inclusión de laicas en puestos de liderazgo- son altas, especialmente en Europa y Norteamérica. Al mismo tiempo, existe una feroz resistencia a cualquier ampliación de los derechos de los laicos o a las reformas litúrgicas, especialmente por parte de los círculos tradicionalistas. León XIV tendrá que proceder con cautela: **Llevar a cabo reformas sin poner en peligro la unidad de la Iglesia**. Su currículum sugiere que está **preparado para un estilo sinodal** - en otras palabras, quiere trabajar junto con los obispos y los fieles para encontrar soluciones . En Perú, se ha centrado en la participación de los laicos y los jóvenes. Y el actual proceso sinodal mundial de la Iglesia (el "Sínodo Mundial") está ahora en sus manos. Muchos esperan que León XIV promueva con convicción la causa de una *"Iglesia sinodal"*. *"Espero que impulse la Iglesia sinodal en todo el mundo"*, dice esperanzado el padre Szeles. Conviene recordar que Prevost siempre ha buscado el intercambio, incluso como obispo, con los protestantes, por ejemplo: Cuando en los retiros de 2017 se habló del aniversario de la Reforma y de Martín Lutero, el monje agustino, Prevost *"sonrió ampliamente, con esa sonrisa acogedora que ahora también conocemos por los medios de comunicación"*. Esta sonrisa simboliza quizá su **voluntad de diálogo**: no rehúye los temas difíciles, sino que los aborda cada vez más abiertamente, sin prejuicios.

León XIV también observaba el mundo fuera de la Iglesia con grandes expectativas. Ya había dejado su impronta, sobre todo en cuestiones de **paz y justicia social**. El hecho de que comenzara su pontificado con un extenso saludo de paz - *"Que el Señor os dé la paz"* fueron sus primeras palabras a la ciudad y al mundo- es visto por muchos como una poderosa señal. *"Cuán desesperadamente necesita este mundo un firme defensor de la paz"*, comentó una cadena de televisión, y León XIV parece decidido a ser ese defensor. En un momento en que la guerra hace estragos en Europa y los conflictos arden en muchos lugares, **la voz del Papa en favor de la reconciliación** es urgentemente necesaria. León XIV también ha señalado que quiere hablar (y escribir) claramente en la escena internacional. Incluso como cardenal, no tuvo miedo de tomar una postura clara sobre el tema de la migración, por ejemplo. *"Trump se sorprenderá de lo que el Papa tiene que decirle"*, pronosticó Jürgen Huber con un guiño, refiriéndose al compromiso de Prevost con los migrantes en Perú. De hecho, León XIV combina de forma única la formación de un estadounidense con el corazón de un latinoamericano. Conoce **ambos mundos**: la sociedad acomodada y la realidad de los pobres. Esto le da credibilidad cuando quiere tender puentes entre el Norte y el Sur.

En resumen, el Papa León XIV se caracteriza por ser un **hombre equilibrado y de acción comprometida**. Su trayectoria personal -de misionero de la juventud en los Andes peruanos a hacedor de obispos en Roma- le dotó de aptitudes que hoy se demandan: Empatía y determinación, humildad y liderazgo, capacidad de diálogo y adhesión a los principios con una acertada capacidad de reforma. Los compañeros alaban su humanidad y cercanía, los medios de comunicación alaban su amplitud de miras y su voluntad de compromiso. Una cosa es cierta: los próximos años mostrarán cómo León XIV utiliza estas cualidades para dominar las diversas crisis y tareas. Los elogios anticipados son considerables: ahora **los católicos de todo el mundo rezan y miran con esperanza a León XIV,** que se prepara para conducir a la Iglesia hacia el presente como *constructor de puentes* y *pastor benévolo.*

🤙 *Capítulo 5:*
Objetivos y prioridades pastorales

Cuando el Papa **León XIV** apareció en la logia de la Basílica de San Pedro la tarde de su elección, saludó al mundo con una palabra sencilla y profunda: *"La paz esté con todos vosotros"*. Esbozó así una visión pastoral de *reconciliación, inclusión, justicia y apertura*. Su autoimagen misionera, su opción por los pobres y la pastoral inclusiva, es decir, también la pastoral queer, su diálogo con la sociedad y las culturas, así como su compromiso con la educación y la justicia social se entrelazan y dan forma a la misión de este Papa.

Autoimagen y visión misioneras

León XIV es un Papa **de corazón misionero**, formado por décadas como pastor y misionero en Perú, donde *"esperó, lloró y aprendió con la gente"*. Estas experiencias han madurado en él la visión de una *"Iglesia que avanza"* y está con la gente. No por casualidad eligió el lema *In illo Uno unum* - *"En el Uno somos uno"*, una cita de San Agustín. La unidad en Cristo y el camino común caracterizan su imagen de pastor. En su primer discurso a los cardenales, León XIV reafirmó su *"entrega total"* al camino trazado **por el Concilio Vaticano** II y elogió la visión de Francisco de una Iglesia renovada según el programa de la alegría del Evangelio (*Evangelii Gaudium*, 2013).

El ideal de una **Iglesia sinodal y misionera** era fundamental para León XIV. *"Queremos ser una Iglesia sinodal para todos vosotros, hermanos y hermanas (...), una Iglesia en salida"*, proclamó. Subrayó así que la Iglesia debía ponerse en camino junto a los fieles y escucharlos. León XIV se situó en la línea de la *"Iglesia en salida",* tal y como la describió el Papa Francisco: proclamar con audacia la Buena Nueva, abrir las puertas, salir. En su primer mensaje, también enumeró los leitmotiv que tenía en mente: Cristo como la *"luz que el mundo necesita"*, una Iglesia **abierta y dispuesta a dialogar con** la gente, **fidelidad al Evangelio**, un *"avance en la sinodalidad"* común, una Iglesia unida que trabaja por la **paz y la justicia**, cercanía a los que sufren... y, una y otra vez, la advertencia *de no tener miedo*. Este *"no tengáis miedo"* se hace eco de Juan Pablo II, pero León XIV lo llena del espíritu de Francisco: confianza en la ayuda de Dios para *construir puentes* para que *"todos seamos un solo pueblo, siempre en paz"*. **La visión pastoral** de León XIV queda así claramente perfilada: una Iglesia misionera que se acerca al mundo en la unidad y la misericordia, enraizada en el Evangelio y abierta a los signos de los tiempos.

Su nombre indica su agenda: como León XIII, quiere promover el diálogo de la Iglesia con el mundo moderno y traducir la fe en actos concretos de justicia. La inteligencia artificial, la **globalización**, las nuevas disrupciones sociales... para él son retos a los que la Iglesia debe responder con su doctrina y su compromiso con la dignidad humana. *"La Iglesia ofrece a todos el tesoro de su doctrina social en respuesta a una nueva revolución industrial y a los desarrollos en el campo de la IA, porque éstos plantean nuevos desafíos para la defensa de la dignidad humana, la justicia y el trabajo"*, declaró programáticamente León XIV. Esto ya resuena con su opción por continuar el curso *"que el Papa Francisco inició con su opción por los pobres"*. Su autoimagen misionera está, por tanto, inextricablemente unida a su compromiso con la justicia social, un punto que se examinará con más detalle en la siguiente sección.

Opción por los pobres y pastoral inclusiva

La "opción por los pobres" -dar prioridad a los oprimidos, marginados y más débiles- es un rasgo distintivo de la labor pastoral de León XIV. Incluso como obispo en Perú, ejemplificó una iglesia *"para los pobres"*. Los observadores señalan que León XIV continuó *así la iglesia* propagada por Francisco como *un "hospital de campaña"*, una iglesia sanadora al lado de los heridos. Su nombre León enlaza con León XIII y, por tanto, con una larga tradición de justicia social; Andreas Frick, de Misereor, calificó a León XIV de *"papa de la paz"* que, con su programa *"Paz en justicia y libertad, para todos, especialmente los pobres"*, enlaza con Francisco y León XIII. De hecho, León XIV *tenía en mente a "todos los hombres de todas las naciones, que son un solo pueblo"*; nadie debe ser pasado por alto.

Esta actitud integradora es evidente de palabra y de obra. León XIV prestó especial atención a los **pobres, los marginados y otros grupos de creyentes**, ya fueran personas sin hogar, grupos individuales o **personas con discapacidad**. Al mismo tiempo, subrayó que *todos los* miembros de la sociedad son hijos de Dios que están cerca del corazón de la Iglesia. En un primer discurso, el Papa dejó claro: *"Nadie está exento de trabajar por el respeto de la dignidad de todo ser humano, especialmente de los más frágiles"*. Enumeró los numerosos grupos, a menudo olvidados, que necesitan ser protegidos y acompañados: *desde los no nacidos a los ancianos, desde los enfermos a los desempleados, tanto ciudadanos como emigrantes*. **La protección integral de la vida** y la ética social de la Iglesia resuenan claramente aquí: desde la defensa de la dignidad del niño por nacer hasta la atención a los desempleados o los refugiados que se han quedado solos.

El estilo pastoral de León XIV se caracteriza por su **apertura hacia los marginados**. Esto también incluía a grupos que durante mucho tiempo habían estado al margen de la iglesia, como las personas **LGBTQIA+** . El Papa Francisco siempre había hecho hincapié en que las personas homosexuales eran bienvenidas en la Iglesia. León XIV siguió la misma línea: **combinó un enfoque pastoral acogedor con la enseñanza anterior**. Justo al principio de su pontificado, reafirmó la opinión tradicional de la Iglesia de que la familia se basa en la *"unión estable del hombre y la mujer"*. Al mismo tiempo, sin embargo, subrayó que *nadie* debe ser excluido de la Iglesia únicamente por su estilo de vida. Esta declaración llama la atención si se tiene en cuenta que Robert Prevost (nombre real de León XIV) se había pronunciado de forma aún más crítica en 2012 y, probablemente, entretanto había aceptado más las uniones entre personas del mismo sexo. Ahora, sin embargo - alrededor de una década después, influido por la actitud de Francisco- habla incluso de **una cultura de acogida** y de no condenar a las personas, sino incluirlas pastoralmente. Esta pastoral de inclusión se extiende también a otros grupos antes marginados: Divorciados vueltos a casar, madres solteras, personas que han tenido relaciones prematrimoniales o toman la píldora - León XIV quiere *que todos* sientan que la Iglesia quiere ofrecerles un hogar. Al hacerlo, se mantuvo en una línea clásica en cuanto a doctrina (como el rechazo del aborto y la eutanasia), pero el **tono** fue de misericordia y respeto. *"Dios os cuida, Dios os ama a todos"*, gritó a la gente, haciéndose eco de Francisco, una frase clave que resume su programa pastoral: El amor de Dios es para todos, especialmente para los vulnerables y perdidos, y la Iglesia debe reflejarlo en sus acciones y decretos.

Diálogo con la sociedad y diálogo intercultural

León XIV actuó claramente como **mediador entre la Iglesia y el mundo**. Su pontificado llegó en un momento de tensiones globales - guerras, polarización, conflictos culturales- y el Papa consideró que su tarea era tender puentes y promover el diálogo. Pocos días después de su elección, se reunió con el cuerpo diplomático acreditado ante la Santa Sede y pidió que se revitalizara la cooperación internacional y se intensificara el **diálogo entre las religiones** para buscar juntos la paz. Estas palabras subrayan la convicción de León XIV: La Iglesia no debe encerrarse en sí misma, sino que debe acercarse activamente a **la política, a la sociedad civil y a otras comunidades de fe**. Ha anunciado que su primer viaje al extranjero le llevará a **Turquía**, donde quiere conmemorar con otros cristianos el 1700 aniversario del Concilio de Nicea. Se trata de un gesto muy simbólico: un Papa de América que celebra la historia cristiana compartida con los hermanos y hermanas ortodoxos de Asia Menor, un signo del compromiso de León XIV con el **ecumenismo** y la construcción de puentes interculturales.

En general, León XIV está predestinado al **diálogo intercultural** debido a su trayectoria vital. Es el primer Papa procedente de **Estados Unidos** y, al mismo tiempo, profundamente familiarizado con el hemisferio sur gracias a su larga carrera en **América Latina**. Su conocimiento de idiomas es políglota, lo que le permite acercarse directamente a personas de los más diversos orígenes. *El Neue Zürcher Zeitung* lo describió como un *"hombre pragmático del medio y mediador entre los mundos del catolicismo americano"*, es decir, como un cosmopolita. De hecho, la biografía de León XIV combina las más diversas experiencias culturales: la influencia intelectual en Norteamérica, la influencia pastoral en los pueblos andinos de Perú, la experiencia administrativa en Roma. Esta mezcla le convierte en un Papa que piensa y actúa *en términos de Iglesia universal*. Para él, **la Iglesia universal** significa valorar la diversidad de culturas en la Iglesia y, al mismo tiempo, preservar la unidad en la fe. De este modo, continuó lo que había iniciado el Concilio Vaticano II: la apertura de la Iglesia a una *cultura del diálogo*. León XIV subrayó repetidamente la importancia de los *encuentros*: encuentros con responsables políticos, con otras religiones, con organizaciones no gubernamentales y movimientos populares. Al principio, se reunió con representantes de las comunidades judía y musulmana para visitas de cortesía y reafirmó su deseo de un intercambio amistoso (en la continuación del diálogo interreligioso de Francisco, como el *Documento de Abu Dabi* de 2019).

León XIV también intervino en la sociedad con una clara voz moral. **Los actores sociales,** como políticos, asociaciones y ONG, le escuchaban atentamente cuando tomaba postura. En las primeras semanas de su pontificado, por ejemplo, León XIV **condenó** la guerra de agresión rusa contra Ucrania como *"imperialista"* e hizo un llamamiento urgente a favor de los esfuerzos de paz en Ucrania y Oriente Medio. Estas claras palabras atrajeron la atención de todo el mundo. Al mismo tiempo, abogó por una cultura de la no violencia: *No sólo las armas, también las palabras pueden herir y matar*, advirtió; la paz significa algo más que la ausencia de guerra, es una tarea de todos. Su llamamiento a *"construir puentes, no muros"* resuena tanto en la dimensión política como en la interpersonal. León XIV quiso unir sus fuerzas a todas las personas de buena voluntad, ya fueran jefes de Estado o simples creyentes, para trabajar por un mundo más justo. Para ello, no se privó **de denunciar los agravios**: En años anteriores, por ejemplo, ha criticado repetidamente las políticas del presidente estadounidense **Donald Trump** en su cuenta personal de Twitter (ahora **X)**, mostrando en cambio **simpatía por los refugiados** y compasión en el caso de George Floyd -lo que sugiere que no es indiferente a los problemas mundiales de los refugiados, así como a las cuestiones de racismo y violencia policial-. Tales declaraciones de un obispo curial y ahora Papa señalan: La Iglesia bajo León XIV quiere ser una **voz profética** en la esfera pública política, interviniendo, pero siempre con el objetivo de dar voz a los débiles, integrando y promoviendo la paz y el bien común.

El hecho de que **las organizaciones de ayuda de la Iglesia y las organizaciones sociales** le consideren un aliado quedó patente inmediatamente después de su elección. La alianza internacional de organizaciones católicas de desarrollo CIDSE dio la bienvenida a León

XIV y subrayó que su programa de nombres (en sucesión de León XIII) es a la vez un estímulo y un mandato para continuar con renovado vigor el trabajo por la *justicia, la paz, la inclusión y la preservación de nuestra casa común*. Josianne Gauthier, Secretaria General de CIDSE, elogió las primeras palabras del Papa, que suscitaron la esperanza en *un mundo compartido y justo y en la paz para todos los pueblos*, y subrayó la necesidad de una *"Iglesia sinodal que acoja a todos e incluya las voces de los más alejados"*. Misereor, en Alemania, también se congratuló: León XIV siguió el camino de Francisco, tenía *"en mente a los pueblos de todas las naciones"* y su mensaje de paz incluía *"a todos, especialmente a los pobres"*. Estas voces de observadores y acompañantes dejan claro que León XIV es percibido como un *defensor de los pobres* y *un admonitor del diálogo*, alguien que tiende puentes entre la Iglesia y el mundo, el Norte y el Sur, los ricos y los pobres, los creyentes y los de otras religiones.

Programas educativos y fomento de la justicia social

Otro eje de la pastoral de León XIV es la **educación** -entendida en sentido amplio como educación, formación y sensibilización- y su conexión con la justicia social. El Papa estaba convencido de que la educación era la *clave* para un mundo más justo y de que la Iglesia tenía un importante papel que desempeñar en este ámbito. Ya de joven religioso, Robert Prevost (León XIV) trabajó como **profesor de seminario** en Perú y más tarde dirigió un seminario para la formación del clero, por lo que conoce la labor educativa desde la base. Ahora anima a las escuelas católicas, universidades y parroquias a crear programas educativos que **combinen fe y sociedad**. Habla de *"evangelización a través de la educación y educación a través de la evangelización"*, es decir, la transmisión de conocimientos y valores debe ir de la mano. De este modo, los jóvenes deberían estar capacitados para seguir su **propio** camino de **forma independiente y responsable**, arraigados en principios éticos.

En un discurso dirigido a los **hermanos y hermanas de las escuelas cristianas** -orden tradicional de enseñanza- León XIV puso de manifiesto los desafíos a los que se enfrentan los jóvenes de hoy:

"Pensad en el aislamiento provocado por modelos de relación superficiales, por el individualismo y la inestabilidad afectiva; en modelos de pensamiento debilitados por el relativismo; y en el ritmo de vida que deja poco espacio a la escucha y a la reflexión". Sin embargo, el Papa combina este análisis implacable de la *"cultura de la arbitrariedad"* con la confianza: son precisamente estos desafíos los que deben convertirse en *"peldaños"* para abrir nuevos caminos en la pedagogía. Pide a los educadores cristianos que sean creativos y hablen el lenguaje de los jóvenes para llegar realmente a sus corazones. León XIV entendía **la educación** como un *servicio y una misión: "La enseñanza debe entenderse como un servicio y como una misión para ayudar a los jóvenes a dar lo mejor de sí mismos según el plan de Dios"*, apeló. En concreto, esto significa hacer hincapié en **la enseñanza de valores y el desarrollo del carácter** junto con la educación académica. El Papa recordó a San Juan Bautista de La Salle, que fundó escuelas gratuitas para los pobres en el siglo XVIII, un modelo para hoy. Al igual que La Salle, León XIV imaginó una *educación inclusiva abierta a todos*, especialmente a los niños y jóvenes desfavorecidos.

Para León XIV, la **promoción de la justicia social** está estrechamente vinculada a la educación. En la tradición de la doctrina social católica, los programas educativos deben capacitar a las personas para trabajar por el bien común y practicar la **solidaridad.** El Papa anima, por ejemplo, a dar a conocer mejor la doctrina social católica, descrita a menudo como "el secreto mejor guardado de la Iglesia". Temas como **la dignidad humana, los derechos laborales, la paz, la diversidad y la inclusión, la opción por los pobres y la integridad de la creación** deben enseñarse en la catequesis, la escuela y la pastoral juvenil para que la fe no se quede en lo abstracto, sino que tenga consecuencias sociales concretas. León XIV considera a los jóvenes como un colaborador importante en este empeño: *"Los jóvenes de hoy son un volcán de vida, energía, sentimientos e ideas"*, afirmó con entusiasmo. Este potencial debe ser alimentado y al mismo tiempo acompañado para que se desarrolle armónicamente y para el bien. Por eso promueve programas de **pastoral** juvenil que no sólo proporcionen a los jóvenes instrucción catequética, sino que también les impliquen activamente en proyectos sociales, desde la protección del medio ambiente hasta la alimentación de los pobres. También le interesan **las iniciativas de formación profesional** en regiones desfavorecidas o las becas para estudiantes pobres, ya que abren vías para salir de la pobreza.

León XIV dedicó especial atención a la **educación medioambiental y a la conciencia ecológica**. Fiel al principio rector de la encíclica *Laudato si'* de Francisco, consideraba el cuidado de la creación como parte integrante de la justicia social. *"Se pronunció en repetidas ocasiones - siendo aún cardenal- a favor de una acción decidida contra el cambio climático provocado por el hombre"*, señala la prensa. Apenas convertido en Papa, León XIV advirtió que la Iglesia debía esforzarse más contra la *"destrucción de la tierra"*. Advierte contra el **dominio tiránico** de la creación confiada por Dios, como si el hombre estuviera por encima de todo. En su lugar, aboga por una relación de *responsabilidad y "reciprocidad"* con la naturaleza. Desea que vea esta actitud anclada en la educación: Los niños y los adultos deben aprender a respetar el medio ambiente como un hogar común. Reconoce y apoya expresamente las iniciativas de su predecesor, como el **plan de acción Laudato-si** y los proyectos ecológicos del Vaticano y la Iglesia. Los expertos esperan que León XIV siga los pasos de Francisco -que pueden ser bastante grandes en algunos aspectos- y actúe *como "guardián de la creación"*. Como cardenal, ya ha demostrado que esto no es sólo teoría: en noviembre de 2024, por ejemplo, pidió pasar de *"las palabras a los hechos"* en una conferencia sobre el clima en Roma y elogió medidas prácticas como los paneles solares en el Vaticano. Tales ejemplos deberían sentar un precedente en toda la Iglesia mundial.

León XIV combina así la educación con la **capacitación**: las personas - especialmente los jóvenes, los pobres y los grupos marginados- deben ser capacitadas con conocimientos, valores y habilidades concretas para tomar su destino en sus propias manos y contribuir a construir una sociedad más justa. Este enfoque refleja la profunda convicción del Papa de que la verdadera evangelización siempre significa *liberación*: liberación de la ignorancia, la explotación y la injusticia. Cuando la Iglesia educa, cura y reconcilia, está cumpliendo fielmente su misión. Y el propio León XIV da ejemplo: como humilde maestro y pastor que escucha y guía con el ejemplo para hacer realidad la visión de una Iglesia inclusiva, justa y filantrópica.

En el **celo misionero** de este Papa, en su **opción por los pobres**, en su **diálogo** con el mundo y en su **compromiso con la educación**, surge un hilo conductor: León XIV siempre se preocupó por concretar el mensaje del Evangelio en el amor y el servicio a los demás. Al hacerlo, se basó en el legado de su predecesor y lo continuó a su manera. El reto de su mandato será poner en práctica estos altos ideales con hechos concretos en las estructuras de la Iglesia y en la vida cotidiana de los fieles. Pero la dirección ya está fijada: una Iglesia pastoral que sale de sí misma, *"acoge a todos"* y defiende con credibilidad la fe, el amor y la esperanza en el mundo del siglo XXI; ahora falta ponerlo por escrito en el derecho canónico y en el dogma, así como en la socialización del clero.

 Capítulo 6:
Cuestiones clave de la reforma: ordenación de mujeres y justicia de género

La cuestión de **la ordenación de mujeres** -es decir, la admisión de mujeres a los ministerios ordenados de la Iglesia católica y, en particular, al oficio de Papa- es uno de los temas de reforma más controvertidos de nuestro tiempo. Inseparablemente unida a ella está la cuestión de **la justicia de género** en la Iglesia, es decir, el pleno reconocimiento de la dignidad y la igualdad de derechos de las mujeres en todos los ámbitos de la vida eclesial. Tras la elección del Papa **León XIV**, muchos se preguntan: ¿Cómo abordará el nuevo Papa estas preocupaciones centrales? ¿Qué actitud ha mostrado hasta ahora, qué posibilidades abre a la igualdad jurídica y no sólo a la participación de las mujeres - y qué tendría que cambiar en términos de teología y derecho canónico para que los sacerdotes o un día una mujer Papa sean concebibles en un futuro próximo?

La postura anterior de León XIV sobre la ordenación de mujeres

El Papa León XIV, cuyo verdadero nombre es Robert Francis Prevost, es considerado en muchos aspectos como una **figura central** de la Iglesia orientada al consenso, pero no como un reformador radical revolucionario. Poco después de su elección en mayo de 2025, dejó claro que adoptaría un enfoque prudente en cuestiones delicadas. Especialmente en la cuestión de la **ordenación de mujeres al sacerdocio**, León XIV ha adoptado hasta ahora un **tono** más reservado y **reflexivo** en lugar de ofrecer una perspectiva clara de apertura. Algo que quizá no sea posible antes de la elección, pero que está dentro del poder de decisión en el cargo y que quizá deba ser evaluado más exhaustivamente.

En sus primeros días como Papa, todavía no había ninguna carta doctrinal oficial o discurso autorizado sobre la ordenación de mujeres - comprensible, tan poco después del cónclave. Sin embargo, se pueden sacar conclusiones de declaraciones anteriores del nuevo Papa. Por ejemplo, **el cardenal Prevost** comentó este tema en el Sínodo Mundial de octubre de 2023. En una rueda de prensa durante la asamblea sinodal, se le preguntó cuál era su postura sobre las mujeres en puestos de liderazgo en la Iglesia y sobre la ordenación en particular. Su respuesta fue inequívoca: *"La clericalización de las mujeres no resolverá los problemas existentes en la Iglesia"*, explicó entonces. Esta frase -traducida aproximadamente al alemán: *La ordenación de mujeres como sacerdotes no resolverá los problemas actuales de la Iglesia*- resume su visión escéptica. Prevost quería decir que los meros **cambios estructurales**, como la apertura del sacerdocio a las mujeres, no eliminarían automáticamente todos los retos a los que se enfrenta la Iglesia. Al contrario, advirtió que tal medida podría *"quizás crear un nuevo problema"*. De este modo, se posicionó críticamente contra la exigencia de equiparar a las mujeres en todos los ministerios sin cuestionar la concepción subyacente del poder y el servicio en la Iglesia. No hablaba en contra de las mujeres, sino de la continua falta de soluciones. Si las mujeres como papas podrían ser una solución, no sólo dependería de un proyecto piloto, sino que en cualquier caso abordaría la justicia de género en la Iglesia católica. Porque tampoco hay solución para esto, no sólo un papel nuevo o mejorado realizado. ¿Quién querría hoy prescindir de la plena igualdad? Este es el punto que hay que transmitir al clero masculino.

León XIV justificó su postura **teológicamente**, sobre todo con referencia a la **tradición apostólica**. Subrayó que la Iglesia católica sólo había ordenado sacerdotes a hombres durante 2.000 años porque el propio Jesucristo había llamado apóstoles a doce hombres, una constatación que la Iglesia siempre ha entendido como normativa. Prevost dijo textualmente en la sesión informativa del sínodo del 25 de octubre de 2023: *"Todos somos conscientes de la muy significativa y larga tradición de la Iglesia, y la tradición apostólica es algo que se ha articulado muy claramente, especialmente si se quiere hablar de la cuestión de la ordenación de mujeres al sacerdocio"*. Se refería implícitamente a la doctrina oficial de la Iglesia, establecida por el Papa

Juan Pablo II en la década de 1990. En 1994, Juan Pablo II declaró en la carta *Ordinatio Sacerdotalis* **que la Iglesia no tenía autoridad para** ordenar mujeres al sacerdocio y que esta decisión debía ser aceptada definitivamente por todos los fieles. Poco después, , la Congregación vaticana para la Doctrina de la Fe confirmó que se trataba de una "enseñanza definitiva", es decir, prácticamente irrevocable. En aquel momento, el Cardenal Prevost estaba claramente en línea con esta enseñanza. Su propia elección de las palabras "tradición apostólica" indica que continúa **la línea de sus predecesores**: Según ésta, las mujeres no pueden ser ordenadas sacerdotes debido a la tradición autoritaria, que se remonta a Cristo y los apóstoles. Sin embargo, hubo clero femenino en la historia y las mujeres tuvieron ese papel, por ejemplo como diáconos, que fue suprimido de los libros de historia por el patriarcado. Para ganar tiempo, el Papa Francisco también encargó estudios explicativos sobre el tema.

Sin embargo, León XIV también insinuó una perspectiva más amplia: sugirió que tal vez era necesario repensar la comprensión del **liderazgo, el poder, la autoridad y el servicio** en la Iglesia en su conjunto, incluyendo los dones y las perspectivas tanto de las mujeres como de los hombres. En otras palabras, en lugar de limitarse a insertar a las mujeres en un sistema existente, posiblemente **clericalista**, abogó por cambiar la propia estructura de la Iglesia para que estuviera menos orientada al poder y más abierta a diversos carismas. Esta declaración muestra a León XIV como alguien que, si bien se adhería a la tradición sacramental, veía sin embargo la **necesidad de reformar** la comprensión de las funciones eclesiásticas. En su opinión, las mujeres debían participar cada vez más en puestos de responsabilidad, no necesariamente a través de la ordenación o en el cargo de una mujer Papa, sino a través de una nueva interacción entre clérigos y laicos. Después de todo, reconoció Prevost: *"Las mujeres pueden contribuir mucho a la vida de la Iglesia en muchos niveles diferentes"*. Esta confesión "las mujeres siguen siendo laicas" subraya que León XIV reconoció explícitamente el valor de las mujeres en la Iglesia, aunque viera un límite al **sacerdocio** (al menos por el momento).

Cuando aún era obispo en Perú, Prevost experimentó que las mujeres a menudo asumían eficazmente la dirección de las parroquias en comunidades remotas cuando faltaban los sacerdotes. A pesar de ello, no se dejó convencer para pedir la ordenación sacerdotal de las mujeres. Sus declaraciones hasta la fecha sobre el **papel y la igualdad de la mujer en la Iglesia** son, en general, más bien **prudentes y reservadas**. Sin embargo, esto no significa que fuera indiferente a las preocupaciones de las mujeres, sino que León XIV probablemente prefirió un enfoque gradual, posiblemente acordado sinodalmente. Un alto representante de la Iglesia suiza, , comentó la elección de Prevost con las siguientes palabras: *"Las expectativas deben ser altas, pero no ingenuas. El Papa León XIV no es un revolucionario. Difícilmente sería el primero en proclamar la ordenación de mujeres. Pero es un hombre de procesos, no de eslóganes rápidos".* Esta cita lo resume todo: con León XIV, no podemos esperar un golpe de efecto a corto plazo en lo que respecta al sacerdocio femenino. Sin embargo, el nuevo Papa podría crear un espacio en el marco de un proceso más largo para seguir hablando de las cuestiones difíciles: un **correo sin prohibiciones para pensar**, pero también sin acciones precipitadas. Su capacidad de escucha se considera un gran punto fuerte.

En resumen, todo apunta a que León XIV **se adhiere personalmente al Sí - No - Tal vez de la Iglesia a la ordenación de las mujeres al sacerdocio con un sorprendente No o se mantiene al margen**, justificándolo teológicamente con la tradición y las Escrituras y no queriendo romperlo por su propia autoridad. Al mismo tiempo, muestra respeto por las mujeres en la Iglesia y prefiere **la evolución a la revolución**: cambios sí, pero en armonía con la unidad de la Iglesia, el patriarcado y la enseñanza anterior.

Perspectivas para las mujeres en la Iglesia bajo León XIV.

Aunque el Papa León XIV aún no ha señalado una rápida apertura del ministerio ordenado a las mujeres, bajo su pontificado han surgido **nuevas perspectivas para la participación de las mujeres** en la vida eclesiástica, aunque falten perspectivas para la igualdad de todos los géneros. **El Papa Francisco** ya ha marcado aquí un rumbo decisivo, que León XIV continuará y posiblemente ampliará. Un ejemplo es la **inclusión de mujeres en puestos de liderazgo** en la Curia y en la Iglesia universal. Como cardenal de la Curia, el propio Robert Prevost participó en una de las reformas más "revolucionarias" iniciadas por Francisco: **hizo que se incluyeran mujeres en la comisión para el nombramiento de obispos**. Hasta hace poco, en la comisión que propone nuevos obispos para todas las diócesis del mundo solo podían participar cardenales y obispos varones, es decir, un ámbito puramente masculino. En 2022, sin embargo, Francisco nombró por primera vez a **tres mujeres** para esta influyente comisión, entre ellas la religiosa y presidenta de la asociación de mujeres Maria Lia Zervino. El cardenal Prevost asumió la dirección de este dicasterio (la autoridad vaticana para los obispos) a principios de 2023 y, por tanto, trabajó directamente con estas mujeres. Según Zervino, Prevost las trató con gran **aprecio, franqueza e igualdad**. Informó de que Prevost escuchaba a las mujeres, se tomaba en serio sus opiniones y les permitía participar en las decisiones como algo natural, como si fuera lo más normal del mundo. Esta experiencia alimenta la expectativa de que el Papa León XIV siga promoviendo a las mujeres **en el liderazgo eclesiástico en el** futuro. Zervino se mostró convencida inmediatamente después de su elección: *"Estoy segura de que no tiene que aprender a trabajar con mujeres y a implicarlas en las decisiones: ya lo hace de todos modos"*. Tales declaraciones de mujeres de dentro sugieren que León XIV Francisco mantendrá su curso de liderazgo eclesiástico más inclusivo. Probablemente seguirá **nombrando a mujeres para puestos de responsabilidad** siempre que sea posible sin un ministerio ordenado. Francisco ya ha abierto una serie de puestos clave a las mujeres, por ejemplo como subsecretarias, como asesoras en consejos importantes o como jefas de departamentos en las autoridades vaticanas. León XIV podría perpetuar o incluso reforzar este camino.

Un ejemplo concreto: en 2021, el Papa Francisco nombró subsecretaria del Sínodo de los Obispos a la monja francesa **Nathalie Becquart**, la primera mujer en la historia de la Iglesia con derecho a voto en un Sínodo de los Obispos. La hermana Becquart trabajó estrechamente con el cardenal Prevost en la Asamblea del Sínodo de 2023 y lo describe como un colega colaborador. Ella y otras mujeres de alto rango en el Vaticano esperaban que León XIV permitiera a las mujeres no sólo *"opinar"*, sino también *"codecidir"*. **La participación sinodal** es aquí un concepto clave: León XIV tiene una actitud positiva hacia el movimiento sinodal mundial (el "Proceso Sinodal" de 2021-2024). El Sínodo de 2023, en el que participó Prevost, se caracterizó por el hecho de que las mujeres -religiosas y laicas- también participaron por primera vez como miembros de pleno derecho con derecho a voto. Prevost celebró expresamente esta apertura y la calificó de *"work in progress",* es decir, un proceso que continuará. Cabe suponer que el Papa León XIV seguirá dando forma a los futuros sínodos **con la voz y el derecho de voto de las mujeres.** De este modo, la participación de las mujeres en las consultas importantes y en los procesos de toma de decisiones se convertirá en la **norma.**

Además del nivel de la curia y el sínodo, el nivel local también entra en escena. León XIV procedía de EE.UU. y trabajó como obispo en América Latina durante mucho tiempo. En ambos contextos, ya existen muchas formas en las que los laicos, y las mujeres en particular, asumen responsabilidades en el liderazgo parroquial. Pensemos en **los agentes de pastoral**, los coordinadores parroquiales o los responsables de catequesis que trabajan en las parroquias. En las regiones rurales de Perú, por ejemplo, donde Prevost era obispo, las mujeres trabajaban como *"catequistas"*, supervisando parroquias a larga distancia, dirigiendo celebraciones de la Palabra de Dios y actuando como personas de contacto central para los fieles. Desde hace tiempo, estos **ministerios no ordenados** son indispensables en la Iglesia católica. El Papa Francisco lo ha reconocido y en 2021 creó el cargo de **catequista** como nombramiento oficial, abierto tanto a mujeres como a hombres. Además, Francisco ya ha abierto a las mujeres los ministerios inferiores, antes ordenados, de **lector y acólito** (lector o ayudante en el altar). Esto significa que ahora las mujeres pueden recitar oficialmente textos bíblicos en la liturgia, servir como ayudantes de comunión o asumir el servicio de cuidado de la iglesia, que antes estaba simbólicamente reservado a los hombres. León XIV confirmará y continuará sin duda estas medidas. Incluso es posible que refuerce otros **ministerios laicos para las mujeres**, como el *"liderazgo parroquial en equipo"* en parroquias sin sacerdotes, que se está probando en algunos países. Tales modelos otorgan a las mujeres una autoridad de liderazgo de facto sin afectar al sacerdocio ordenado. Una oruga sin capullo, por así decirlo.

La ordenación de mujeres como diáconos también es un tema muy debatido. El diaconado permanente es el oficio ordenado más bajo, por debajo del sacerdocio, con funciones como bautizar, oficiar bodas, predicar y trabajar en el ministerio social. Actualmente, en la Iglesia Católica Romana**, los hombres casados** pueden ser diáconos, pero **las mujeres** no. Sin embargo, es interesante señalar que hubo *diáconos* en la Iglesia primitiva: En el Nuevo Testamento, por ejemplo, se menciona **a Febe** *como "diaconisa de la iglesia de Cencrea"* (Rom 16:1), y las fuentes históricas muestran que las mujeres ocuparon el cargo de diácono hasta bien entrada la Edad Media. Esta es precisamente la razón por la que el Papa Francisco creó dos comisiones (2016 y 2020) para investigar el papel de las mujeres diáconos en la historia y examinar si este oficio podría reintroducirse en la actualidad. Los resultados de estos estudios no fueron concluyentes, y el propio Francisco -a pesar de su apertura- no tomó la decisión de admitir a las mujeres en el diaconado hasta su renuncia. El cardenal Prevost fue más cauto en 2023: dijo que la cuestión de los diáconos "seguía abierta", pero volvió a advertir de que **clericalizar a las mujeres no resolvería automáticamente los problemas**. Sin embargo, "abierta" también significa que la posibilidad no se ha rechazado definitivamente. Si el actual Sínodo Mundial llegara a la conclusión de que la **ordenación de mujeres al diaconado** sería una opción viable, León XIV tendría que ocuparse de ello. Los observadores esperan que al menos **escuche y examine** lo que el "pueblo de Dios" quiere y espera sobre este punto. Como "hombre de procesos", también podría contar aquí con un amplio consenso: por ejemplo, un proceso de consulta mundial o un concilio antes de tomar una decisión. A corto plazo, sin embargo, León XIV se centraría más en la **mejora de las funciones no consagradas** que en la introducción inmediata de la ordenación sacramental.

Bajo León XIV, las mujeres pudieron asumir cada vez más **funciones de liderazgo**: en los consejos, en puestos administrativos, como consejeras, teólogas, abogadas eclesiásticas o en la predicación y la caridad. Todo ello contribuye a la *igualdad de género*, en la medida en que las voces de las mujeres se hacen más audibles y su influencia crece. Sin embargo, el punto delicado sigue ahí: mientras el **sacerdocio y todas las ordenaciones superiores** estén **reservadas a** los hombres -el patriarcado-, muchas católicas comprometidas en su propia Iglesia siguen sintiéndose *"mujeres de segunda"*. Son personas de segunda clase. Y eso no funciona. No es complicado - por ejemplo, en términos de derechos humanos globales. Este sentimiento se ha expresado cada vez con más fuerza en los últimos años: por parte de asociaciones de mujeres católicas, teólogas, pero también por parte de muchos creyentes de base, especialmente en Europa Occidental y Norteamérica. Reclaman una verdadera **igualdad**, que consideran incompleta sin el acceso a todos los ministerios. Por tanto, el Papa León XIV camina **sobre una línea extremadamente fina**: por un lado, quiere garantizar una justicia igual y no mayor para la mitad femenina de la Iglesia, mientras que, por otro, está comprometido con la tradición y no quiere poner en peligro la unidad con la Iglesia universal (en la que hay puntos de vista muy diferentes). Su enfoque hasta ahora apunta a **cambios cautelosos**, sin avances rápidos, pero con signos de **apertura dentro de los límites de lo posible**.

Historia de la Iglesia y Derecho canónico: ¿qué debe cambiar?

A la vista de la actual situación doctrinal, se plantea en última instancia la **cuestión teológica** central: ¿Qué tendría que cambiar -en la interpretación de los fundamentos bíblicos, en el derecho canónico y en el catecismo- para que la ordenación de mujeres fuera concebible en absoluto? Dicho de otro modo: ¿Qué obstáculos se interponen actualmente en el camino, y cómo podrían superarse si la Iglesia llegara algún día a una valoración diferente?

En primer lugar, la **situación jurídica actual: El Derecho Canónico** Católico **(CIC)** establece inequívocamente en el Canon 1024: *"Sólo un hombre bautizado puede recibir válidamente la ordenación"*. Esta sola frase hace que todos los ministerios ordenados (diácono, sacerdote, obispo) sean inaccesibles a las mujeres - la ordenación de una mujer sería legalmente *nula* si alguien la realizara de todos modos. Esta norma no es una invención nueva, sino que refleja una práctica secular. Sin embargo, fue reafirmada expresamente en 1983 con el nuevo Código de Derecho Canónico e incorporada al **Catecismo de la Iglesia Católica**. El Catecismo (nº 1577) explica: *"El Señor ha elegido hombres* *(viri) para formar el colegio de los doce apóstoles... por tanto, la Iglesia se adhiere a esta decisión de Cristo. Por esta razón, no es posible que la Iglesia ordene mujeres al sacerdocio".* Aquí queda claro que se invoca **al propio Cristo** y su supuesta intención. La cuestión queda así fuera del control humano: se considera una *cuestión de fe,* no una mera disciplina cambiante. Juan Pablo II lo formuló de forma aún más tajante, como ya se ha dicho, al querer poner fin a cualquier debate: *La Iglesia no tiene autoridad alguna* para cambiar esto. Esta declaración fue entendida por muchos como cuasi **infalible**, aunque no fuera formalmente proclamada ex cathedra (directamente infalible). La Congregación para la Doctrina de la Fe la declaró doctrina definitiva, lo que sugiere que se sitúa en lo más alto. Mientras se aplique esta clasificación, la **ordenación de mujeres** quedaría **excluida del derecho canónico y dogmático**: cualquier acción en su contra sería inválida y posiblemente estaría sujeta a sanciones eclesiásticas para los implicados.

Para que las mujeres puedan ser ordenadas sacerdotes o diáconos, primero habría que **cambiar este pasaje del derecho canónico.** El canon 1024 y las secciones correspondientes de del Catecismo tendrían que ser suprimidas o reformuladas. Esto sólo puede hacerlo el propio Papa, posiblemente como parte de una decisión más amplia (como un concilio). Pero un simple cambio en la ley no sería suficiente, porque detrás de la ley hay un **juicio teológico** que hasta ahora se ha considerado vinculante. Este juicio es: *la ordenación de hombres es orden divina.* Si alguna vez la Iglesia quisiera verlo de otra manera, tendría que **argumentar teológicamente muy a fondo** por qué la opinión anterior ya no es válida. Por tanto, necesitaría una **nueva interpretación de los testimonios bíblicos** y de la tradición.

¿Qué significa esto en términos concretos? En primer lugar, se reevaluarían los pasajes bíblicos y los hechos históricos conocidos. Hasta ahora, se ha confiado en el hecho de que Jesús sólo nombró apóstoles varones. Los partidarios de una apertura contraatacan: Jesús también tenía razones para no incluir a mujeres entre los doce en la cultura de la época - por ejemplo, para garantizar su seguridad y credibilidad en una sociedad patriarcal. Sin embargo, las mujeres desempeñaron un papel decisivo entre los seguidores de Jesús (María

Magdalena, por ejemplo, es venerada como la "apóstol de los apóstoles" porque fue la primera testigo de la resurrección).

Además, hubo un apóstol cuyo sexo se discute en los debates teológicos e históricos como posiblemente femenino: se trata de **Junia**.

En Romanos 16:7 Pablo escribe: *"Saludad a Andrónico y a Junia(s), mis parientes y compañeros de prisión, respetados entre los apóstoles..."*.

El texto original griego da el nombre de Ἰουνίαν ("Iounian"). Durante siglos, la forma femenina "Junia" se consideró inequívoca, hasta que a partir de la Edad Media se extendió en teología la interpretación de que debía tratarse de un nombre masculino ("Junias"), aunque este nombre apenas está documentado en la Antigüedad.

Muchos teólogos, historiadores y lingüistas suponen ahora que Pablo se refiere en realidad a una mujer llamada Junia. Esta interpretación significaría que Junia era una mujer apóstol, lo que tiene importantes implicaciones para el debate sobre el papel de la mujer en la Iglesia primitiva.

En la actualidad, muchos eruditos bíblicos, incluidas las autoridades eclesiásticas oficiales, sostienen la opinión de que Junia fue efectivamente una mujer reconocida entre los apóstoles. El tema se discute a menudo, sobre todo en el contexto de los debates actuales sobre la ordenación de las mujeres y la igualdad en la Iglesia.

Esta clave invalida toda la estructura doctrinal de la Iglesia católica sobre el patriarcado.

En la Iglesia primitiva también había profetisas, diaconisas y líderes de iglesias domésticas. **Pablo** menciona a varias mujeres destacadas, como Febe (una diaconisa) o Junia, a quien incluso se describe como una apóstol destacada en Romanos 16:7, según la traducción. Sin duda, estos hallazgos se destacarían con más fuerza en una nueva decisión: Se podría argumentar **que la Biblia afirma la igual valía de hombres y mujeres ante Dios** (Gal 3:28: *"Ya no hay varón ni mujer, porque todos sois uno en Cristo Jesús"*) y que el sacerdocio común de todos los creyentes es la base a partir de la cual el sacerdocio ministerial especial también podría estar abierto a las mujeres.

Sin embargo, no basta con reinterpretar algunos pasajes bíblicos. La comprensión del **sacerdocio sacramental** en la teología católica también está bajo escrutinio. Hasta ahora, se ha dicho que los sacerdotes *actúan in persona Christi capitis*, en lugar de Cristo como cabeza de la congregación - y Cristo era varón, se supone que el sacerdote representa esta masculinidad "icónica". Este argumento de la declaración doctrinal *Inter Insigniores* (1976) afirma que el **género masculino de Cristo** no es una coincidencia, sino que es simbólicamente significativo para la salvación: Cristo como Esposo - Iglesia como Esposa. Si las mujeres fueran ordenadas, según la visión tradicional, este esquema simbólico se vería trastocado. Por tanto, esta **teología simbólica** también tendría que desarrollarse más para que se produjera un cambio. Algunos teólogos ya lo están haciendo: subrayan que Cristo ha redimido a toda la humanidad y que su humanidad (no su virilidad) debe estar teológicamente en primer plano. La relación entre Dios y el hombre no está vinculada a lo masculino y lo femenino, y términos como "novio" y "novia" no deben reducirse a lo biológico. Si la Iglesia asumiera estos argumentos, podría llegar a la siguiente conclusión: Una mujer puede representar a Cristo sacramentalmente igual que un hombre, porque ambos están hechos a imagen de Dios. Este cambio de perspectiva en **la dogmática** sería de naturaleza fundamental: pero posiblemente urgentemente necesario con estas percepciones - equivaldría casi a un nuevo *desarrollo de la doctrina*.

En términos de derecho eclesiástico, el camino para llegar a ser sacerdote probablemente sólo estaría abierto a través de **los diáconos.** Muchos ven el **diaconado permanente de las mujeres como** el primer paso. Una vez completado éste (por ejemplo, mediante una decisión papal o un decreto conciliar), ya se habría introducido la ordenación de mujeres, lo que a su vez haría al menos más concebible un posterior desarrollo hacia el sacerdocio. Por tanto, no es casualidad que la discusión gire normalmente en primer lugar en torno a los diáconos. Si León XIV o un sucesor diera un paso valiente y permitiera a las mujeres ser ordenadas diáconos, esto significaría un cambio en el derecho canónico: Adaptar el canon 1024 (quizás inicialmente con una excepción para el diaconado) y modificar el Catecismo en consecuencia. Estos cambios tendrían que ir acompañados de una

justificación solemne de por qué esto es ahora posible - por ejemplo, diciendo que la investigación histórica ha demostrado que el diaconado no es un oficio exclusivamente sacerdotal y que las mujeres han servido tradicionalmente como ministros diaconales. Tal argumento suavizaría la ruptura con la línea anterior, ya que haría referencia a *los modelos de la Iglesia primitiva*.

¿Y cómo se pasaría del diaconado femenino al **sacerdocio** - y aún más allá a la **"mujer en el oficio papal"**? Aquí nos encontramos actualmente en el ámbito de la visión por plasmar, ya que **actualmente no existe ninguna promoción activa en la jerarquía para las mujeres sacerdotes**. Pero pensando a largo plazo: si la Iglesia llegara a la conclusión de que Dios también llama a las mujeres a ser sacerdotes, la *doctrina de la Ordinatio Sacerdotalis* tendría que ser sacudida de nuevo. Tal vez un futuro Papa (o un concilio) declararía que, aunque esta doctrina se sostenía con profunda convicción, no se definía como infalible y podía y debía ser reconsiderada a la luz del "signo de los tiempos y de la igualdad como derecho humano". Sería un paso comparable quizás a anteriores retrocesos (se piensa, por ejemplo, en el levantamiento de la prohibición de tomar interés o en el cambio de actitud respecto a la libertad religiosa - cosas que también fueron "siempre" rechazadas en el pasado y que luego pudieron ser revisadas porque se reconoció un contexto más profundo). Para la ordenación de mujeres, sin embargo, probablemente se necesitaría un proceso conciliar y la aprobación de la Iglesia mundial, ya que se trata de una cuestión tan fundamental y controvertida - a menos que un Papa se sienta responsable de su función de liderazgo por decreto de antemano.

Sólo cuando las mujeres sean ordenadas sacerdotes y puedan servir como obispos sería prácticamente **posible elegir a una mujer para el cargo de párroco**. Este cargo, entonces neutro en cuanto al género, suele elegirse entre cardenales, y los cardenales son (actualmente) casi exclusivamente obispos varones. Según la legislación vigente, cualquier católico varón bautizado podría ser elegido Papa en teoría, pero en la práctica, el Colegio Cardenalicio elige a uno de sus miembros. **En la actualidad, las mujeres aún no están representadas en el Colegio Cardenalicio**, lo cual no es un dogma estricto, sino una norma de derecho canónico: desde 1917 está estipulado que los cardenales deben ser al menos sacerdotes varones, y en 1962 Juan XXIII hizo obligatoria la ordenación episcopal para (casi) todos los cardenales. Para hacer cardenal a una mujer, o bien habría que derogar esta norma, o bien la mujer tendría que ser ordenada obispa primero, lo que nos devuelve al punto de partida. Siempre se ha planteado la cuestión de si un Papa podría nombrar simbólicamente a una mujer cardenal diácono (en teoría, esto queda a discreción del Papa, ya que las dignidades cardenalicias las confiere el jefe de la Iglesia). Hasta ahora, sin embargo, ningún jefe de la Iglesia se ha atrevido a hacerlo, presumiblemente para no crear falsas expectativas. En resumen: sin mujeres como sacerdotes y obispos, **no puede haber papas mujeres**. Sin embargo, si el ministerio ordenado se abriera a las mujeres en un futuro próximo, sería concebible en principio que una mujer pudiera sentarse algún día en la Cátedra de Pedro. Hasta entonces, se trata de un camino de exigencias que requiere no sólo cambios legales, sino sobre todo un **cambio de mentalidad**, tanto en la jerarquía como entre los fieles.

En conclusión, cabe señalar: **La situación canónica** actual aún no favorece la ordenación de mujeres, sustentada en la teología oficial y la interpretación bíblica tradicional. Para que esto cambie, se necesitarían **amplias reformas**: nuevas ideas teológicas adoptadas por la cúpula eclesiástica, cambios en el Código de Derecho Canónico y el Catecismo, y una amplia aceptación de la justicia de género y la neutralidad de género en los puestos de trabajo de la Iglesia mundial. Siendo realistas, el propio Papa León XIV no será capaz de introducir estos cambios de la noche a la mañana. **La justicia de género** en la Iglesia también puede crecer en **pasos intermedios**, por ejemplo a través de una mayor participación, reconocimiento y aprecio de las mujeres en todos los niveles no consagrados. Esto es precisamente lo que parece perseguir León XIV: Quiere *empoderar a* las mujeres sin abrir inmediatamente el sacerdocio durante su mandato. Este enfoque puede no ir lo suficientemente lejos para algunos, mientras que otros pueden encontrarlo ya demasiado arriesgado. León XIV debe, pues, encontrar un equilibrio entre progreso y preservación. Si consigue mantener la **dinámica sinodal** y discutir abiertamente las "patatas calientes" sin perder la unidad, su pontificado podría al menos preparar a la Iglesia - para posibles decisiones que sólo madurarán en generaciones posteriores a su mandato. Hasta entonces, las mujeres pueden asumir cada vez más responsabilidades en la Iglesia católica bajo León XIV y aportar su talento, trabajando en pie de **igualdad** en muchos ámbitos - pero el paso hacia la ordenación sacerdotal sigue siendo (por el momento) sólo una llamada visión de futuro, que requiere maduración social en el clero y un amplio acuerdo en el Vaticano.

Conclusión: El Papa León XIV representa un acto de **equilibrio** entre tradición y reforma en lo que se refiere a la ordenación de mujeres. Se adhirió a la doctrina de que el sacerdocio estaba reservado a los hombres, pero al mismo tiempo mostró su aprecio por las contribuciones de las mujeres y apoyó su mayor participación en los procesos de liderazgo eclesiástico. En su enfoque de esta cuestión central de la reforma, León XIV se muestra como un líder pragmático e integrador: no un revolucionario con decretos rápidos, sino un Papa que escucha, abre puertas y quiere conducir a la Iglesia paso a paso hacia una mayor igualdad, **en el espíritu de la sinodalidad** y sin cortar ligeramente las raíces de la tradición.

Las mujeres comprometidas de **María 2.0**, así como las personas que no sólo apoyan **la igualdad de género** y **los derechos humanos**, sino que los han anclado profundamente en su imagen de sí mismas y en sus acciones, no quieren esperar otra generación o décadas para que los hombres se den cuenta de ello.

Así pues, la cuestión de la ordenación de mujeres sigue siendo apasionante y controvertida. Pero bajo León XIV, existe la posibilidad de que al menos continúe la *lucha seria* sobre esta cuestión -con objetividad, profundidad teológica y la paciencia necesaria- o la presión necesaria que una iglesia global necesita para una auténtica renovación.

 *Capítulo 7:*

Cuestiones clave de la reforma: el celibato obligatorio y la formación de los sacerdotes

Cuando el Papa León XIV comenzó su pontificado, dos temas perennes de la reforma de la Iglesia ocuparon el centro del escenario: el celibato obligatorio para los sacerdotes varones y la formación de la próxima generación de sacerdotes. Ambos temas tienen una gran carga emocional y son teológicamente significativos. ¿Cómo abordó León XIV, un Papa con un enfoque práctico y con experiencia canónica, estas cuestiones de reforma? Una mirada fundamentada a sus perspectivas, al debate actual y a los posibles cambios arrojará luz al respecto.

Celibato: tradición, desafío y la perspectiva de León XIV

Durante siglos, el rito latino de la Iglesia Católica ha exigido a los sacerdotes el celibato. Este modo de vida, "abstinencia total por el reino de los cielos", está profundamente arraigado en la tradición y el derecho canónico. A lo largo de la historia de la Iglesia, se convirtió gradualmente en obligatorio: desde el siglo XII a más tardar, y confirmado como vinculante por el Concilio de Trento en el siglo XVI, los sacerdotes católicos y seculares varones de Occidente debían permanecer solteros. Sus defensores lo consideran un **carisma** espiritual, un signo de discipulado radical de Cristo que permite a los sacerdotes dedicarse por entero a su ministerio. El cardenal Robert Sarah, por ejemplo, subraya que el celibato muestra claramente *que los sacerdotes sólo pertenecen a Cristo*; cuestionar este ideal sólo **exacerbaría** la crisis del sacerdocio. El Papa emérito Benedicto XVI también escribió advirtiendo que una disociación del sacerdocio y el celibato haría que su carisma especial se desvaneciera y reduciría a los sacerdotes a meros **funcionarios**.

A pesar de tales defensas, el celibato obligatorio es repetidamente criticado - y León XIV es consciente de esta tensión. **León** XIV, que trabajó como obispo en América Latina durante muchos años antes de su elección, estaba familiarizado con la realidad pastoral de escasez de sacerdotes y extensas parroquias sin misa regular. Incluso en declaraciones anteriores como obispo y más tarde como cardenal, dejó claro que **valoraba** el celibato como un **bien valioso** de la Iglesia, pero que no lo consideraba inmutable. Él mismo es doctor en derecho canónico y sabe que el mandamiento del celibato **no es un dogma**, sino una ley eclesiástica. No es de extrañar, por tanto, que se plantee abiertamente nuevos enfoques sin tomar decisiones precipitadas. Su predecesor, Francisco, ya había señalado que el celibato era "un don para la Iglesia", pero "no inamovible", y que las cuestiones puramente disciplinarias podrían modificarse en profundidad en el momento oportuno. A pesar de todos los debates, el propio Francisco se adhirió a la regla vigente hasta el final de su vida. Ahora muchos ojos están puestos en León XIV: ¿mantendrá este rumbo o lo reformará con cautela?

El comportamiento de León XIV hasta la fecha indica un enfoque equilibrado. En repetidas ocasiones ha reconocido los logros de los sacerdotes célibes, pero al mismo tiempo se ha mostrado comprensivo con los debates sobre las excepciones. Durante sus años como arzobispo, experimentó de primera mano cómo sufren las parroquias sin sacerdotes. En consecuencia, siguió con interés el Sínodo Amazónico de 2019. En aquel momento, los obispos de esta remota zona abogaban con cautela por ordenar sacerdotes a personas casadas probadas -conocidas como *viri probati,* más tarde también conceptualmente *como homines* probati- para garantizar el suministro de la Eucaristía. León XIV estaba abierto a tales consideraciones *en casos excepcionales que implicaran a hombres.* Su lema era: el celibato debe permanecer, pero cuando sirva al anuncio del Evangelio, debe permitirse a la Iglesia encontrar **soluciones pastorales.** Llevó consigo esta actitud al asumir el cargo de Papa.

¿Opción o abolición? - El debate sobre el celibato voluntario

Casi ningún otro tema de la reforma se discute con tanta polémica como la exigencia de **celibato voluntario** para los sacerdotes, aunque el celibato voluntario equivale a **abolir el celibato**. Esto significa que los sacerdotes deberían poder decidir por sí mismos si quieren vivir célibes o no, en lugar de la obligación general de permanecer célibes. Los partidarios de tal flexibilización en argumentan que esto haría más atractiva la profesión sacerdotal y haría justicia a aquellos sacerdotes que no se sienten llamados al celibato de por vida. Los críticos, en cambio, advierten que una solución "voluntaria" equivaldría a una abolición de facto, ya que la mayoría de los clérigos se casarían y el ideal del celibato quedaría rápidamente marginado.

¿Qué voces hay en este debate? Dentro de la Iglesia, teólogos y obispos llevan años expresando posturas diferentes. A principios de 2022, el cardenal Reinhard **Marx**, de Múnich, causó revuelo al pedir abiertamente la abolición del celibato obligatorio. No sólo por "razones sexuales", según Marx, sino porque algunos sacerdotes se sentirían solos sin la posibilidad de contraer matrimonio y "sería mejor para sus vidas" si pudieran casarse. Muchos creyentes y teólogos -sobre todo en Europa y América- también **abogan por la opcionalización**: señalan que ya hay sacerdotes casados en la Iglesia católica, por ejemplo pastores conversos o en las iglesias orientales unidas a Roma. En las iglesias ucranianas, maronitas o greco-católicas, los hombres casados pueden ser ordenados sacerdotes sin que el sacerdocio sea allí menos respetado. Este modelo -sacerdotes célibes *y* casados codo con codo- podría ser adoptado por la Iglesia latina, según se argumenta. Sus defensores consideran, por tanto, que ya es hora de una apertura, sobre todo teniendo en cuenta que el celibato no es un requisito sacramental desde el punto de vista *teológico*, sino que se basa en una decisión disciplinaria de la Iglesia.

Sin embargo, también existen **preocupaciones y contramodelos**. Especialmente desde círculos tradicionales y conservadores llega la objeción de que el celibato voluntario diluye la naturaleza sacrificial del sacerdocio. En 2020, el cardenal de la Curia Robert Sarah advirtió con urgencia que cualquier **"relativización"** del celibato -por ejemplo, mediante amplias excepciones- sería "un paso en la dirección equivocada". En su opinión, una flexibilización tendería a ahondar la crisis existente, ya que daría la impresión de que el sacerdocio es una mera **profesión** y no una vocación. Sarah teme incluso que una excepción inicialmente limitada "se convierta en la regla". En una línea similar, Benedicto XVI argumentó que suavizar la obligación del celibato podría reducir el sacerdocio a una institución puramente humana a los ojos del mundo. **¿Seguiría alguien eligiendo este camino si el celibato fuera voluntario?** Aquí las opiniones difieren. Algunos piensan que sí - los carismas genuinos también se desarrollarían y seguirían cultivándose sin coacción (de forma similar a como los religiosos viven voluntariamente el celibato). Otros creen que en una sociedad más liberal, la mayoría de los candidatos al sacerdocio preferirían el matrimonio, lo que haría raro el testimonio de los consagrados "por el reino de los cielos".

León XIV tuvo que equilibrar estas tensiones. **¿Cuáles son sus propias señales?** Por un lado, respeta la línea anterior: en sus primeras declaraciones como Papa, subraya que el celibato ha prestado inestimables servicios a la Iglesia y está estrechamente imbricado con la identidad del sacerdocio latino. Por otra parte, indicó que quería contemplar el **sínodo** mundial **sobre la reforma de la Iglesia con** una mentalidad abierta. De hecho, en el camino sinodal alemán -diálogo sobre la reforma de la Iglesia en Alemania- una mayoría de obispos se pronunció recientemente incluso a favor de una apertura prudente del celibato. También hay voces de otros continentes que al menos desearían ver la posibilidad de sacerdotes casados en ciertas regiones o bajo ciertas circunstancias. León XIV dio la señal: Tal evolución *no es descartable*, siempre que sirva al bien de la Iglesia. Sus orígenes latinoamericanos y su experiencia le dan aquí una perspectiva práctica: Es consciente de las necesidades de los fieles sin pastor y, al mismo tiempo, conoce los **límites** de las soluciones puramente organizativas, porque la falta de vocaciones sacerdotales tiene muchas causas, no sólo el celibato. El cardenal Jorge Mario Bergoglio (más tarde Papa Francisco) ya dudó hace años de que la abolición del celibato condujera automáticamente a un mayor número de nuevos sacerdotes. León XIV, por tanto, sopesará las cosas con cuidado:

¿Cómo se puede abrir la puerta suavemente sin tirar el bebé con el agua del baño?

En consecuencia, **la perspectiva de León XIV** puede resumirse probablemente como sigue: El celibato obligatorio está bajo escrutinio, pero no en la picota. Es probable que el Papa pruebe primero modelos, como permitir que los diáconos casados sean ordenados sacerdotes en regiones con una aguda escasez de sacerdotes. Estas medidas no supondrían la abolición del celibato, sino una **ampliación diferenciada de** la práctica actual. El verdadero reto es preservar el alto significado espiritual de la vida célibe y, al mismo tiempo, satisfacer las necesidades pastorales de la Iglesia. El propio León XIV lo expresó así: *No se trata de lo uno o lo otro, sino de lo uno y lo otro, que honra el tesoro del celibato y, al mismo tiempo, abre espacios para nuevos caminos".*

Necesidad de reformar la formación de los sacerdotes: relevancia práctica y desarrollo personal

Para León XIV, la calidad de la **formación sacerdotal** era al menos tan importante como la cuestión del celibato. Porque, independientemente de que en el futuro se permita o no a los sacerdotes casarse, todos ellos necesitan una excelente preparación para su ministerio. En los últimos años, en muchos países se ha puesto de manifiesto la necesidad de ponerse al día en este aspecto. Ha habido **críticas**: La formación en los seminarios para sacerdotes es a menudo demasiado académica y teológica y no lo suficientemente práctica; después de la ordenación, los jóvenes sacerdotes se enfrentan a tareas administrativas y a una rutina diaria de trabajo para la que no se sienten suficientemente preparados. Por ejemplo, una reciente encuesta realizada entre nuevos sacerdotes varones en Alemania reveló la existencia de flagrantes lagunas entre la formación y la realidad. A más de dos tercios de los encuestados les gustaría ver más **desarrollo personal y espiritualidad** en su formación (el 71,7% y el 63%, respectivamente, lo consideraron muy importante), y la atención pastoral también ocupó un lugar destacado (69,1%). Por el contrario, menos de la mitad consideraba importante una mayor formación en tareas administrativas y de liderazgo (sólo el 39,5% deseaba más formación en administración eclesiástica). En consecuencia, sólo **el 6,1%** declaró haber recibido *una* preparación *muy buena* en cuestiones prácticas, mientras que más del 27% calificó la preparación práctica de deficiente o muy deficiente. En cambio, **la formación teórico-teológica** obtuvo una puntuación predominantemente buena (más del 80% la calificó de buena o muy buena). Esta discrepancia demuestra que, en muchos lugares, la atención se centraba sobre todo en la teoría, mientras que se descuidaba la formación práctica y personal.

León XIV dejó claro que era necesario un replanteamiento. **La relevancia práctica** y la **espiritualidad** ya no deben estar en oposición a la teología, sino que deben ser pilares iguales de la formación sacerdotal. El Papa Francisco ya había presentado directrices para una formación "holística" en 2016 con una nueva orden marco (*Ratio Fundamentalis Institutionis Sacerdotalis*). Este concepto de *formación holística y orientada a la vida* hace hincapié en que los candidatos al ministerio sacerdotal no solo deben formarse teológica y litúrgicamente, sino que también deben crecer en la **práctica pastoral** y en **la formación del corazón**. Esto último significa el desarrollo de la personalidad, la madurez del carácter y la capacidad de desarrollar relaciones maduras, especialmente en lo que se refiere a la vida célibe. León XIV apoya plenamente esta línea. Exigió que los seminaristas se formaran intensamente en humanidad, empatía y vida espiritual: Los sacerdotes no deben ser sólo formados dogmáticamente, sino *pastores* con madurez espiritual y una profunda relación con Cristo.

En la práctica, esto significa **innovaciones** concretas en los seminarios. Muchos países cuentan ya con una fase propedéutica previa, un año de introducción y orientación que sirve sobre todo de preparación espiritual y humana. Estos *propedéuticos* se están convirtiendo en la norma en todo el mundo, algo que la Iglesia en Austria, por ejemplo, practica con éxito desde hace mucho tiempo (y por lo que ha recibido reconocimiento internacional). A esto siguieron los estudios teológicos, pero León XIV deseaba cada vez más que los futuros sacerdotes se implicaran al mismo tiempo en **la vida parroquial**: Las prácticas en parroquias, las pasantías sociales o las fases en las que trabajan en la vida cotidiana normal de los fieles deben convertirse en parte integrante de su formación. Algunos modelos prevén que los seminaristas vivan temporalmente con familias o fuera del seminario para conocer mejor la realidad de la vida de la gente. Con ello se pretende evitar que los candidatos a la ordenación vivan recluidos en el seminario durante años y luego, de repente, presidan solos como párrocos varias parroquias, un salto en el vacío que a menudo se percibe como un reto demasiado grande.

León XIV también hizo hincapié en la importancia de la **orientación espiritual** continua: las conversaciones regulares con mentores y confesores deben ayudar a los candidatos a examinar honestamente su decisión de ser sacerdotes y (si se requiere el celibato) de llevar una vida célibe una y otra vez. El Papa León XIV es consciente de que es necesaria una integración madura, especialmente en el ámbito de la sexualidad y la capacidad de tener relaciones, para evitar escándalos y conflictos interiores. Después de las dolorosas experiencias con casos de violencia sexualizada en la Iglesia, es esencial que los responsables de los seminarios y los formadores presten atención a las señales de alarma y tomen medidas preventivas. El Papa apoya expresamente la participación de psicólogos y pastores experimentados en la formación para promover la idoneidad del carácter y la madurez psicosexual de los candidatos. Esta apertura a las modernas ciencias humanas en la formación de los sacerdotes marca un cambio cultural hacia una mayor profesionalidad y humildad: no se confía únicamente en que la vocación espiritual conlleva automáticamente todo lo humano, sino que se **trabaja conscientemente** en la personalidad de los futuros sacerdotes.

Los obispos alemanes también han presentado planes de reforma para la formación de sacerdotes - paralelos al camino sinodal - que apuntan en una dirección similar. Por ejemplo, la formación se reestructurará parcialmente y se concentrará en menos lugares para garantizar una buena comunidad al escaso personal subalterno. Al mismo tiempo, los estudiantes de teología que quieran ser sacerdotes deberían estudiar más estrechamente con los estudiantes de teología de otras profesiones eclesiásticas para fomentar la cooperación y la comprensión mutua en una fase temprana. Lo que llamó la atención de los resultados de la encuesta mencionada fue el **deseo** de **los clérigos** jóvenes de un mayor desarrollo personal y espiritualidad. El obispo de

Fulda, Michael Gerber, responsable de la formación de los seminaristas, se congratuló expresamente de ello y pidió que estos aspectos se promovieran "enfáticamente", sobre todo *a* la luz de la investigación por abusos. Esto demuestra que las críticas del pasado se están tomando en serio y que León XIV, junto con muchos de los responsables, está sacando consecuencias de ello.

Un ejemplo de enseñanza innovadora es la mayor formación en **comunicación y resolución de conflictos**: los futuros sacerdotes aprenden a trabajar en equipo con el personal laico y a tiempo completo, a moderar las reuniones parroquiales y a lidiar con las críticas. También se está dejando de utilizar a los sacerdotes principalmente como administradores en varias parroquias, un papel en el que muchos se sienten incómodos. "La Iglesia debe cambiar para dar respuesta a las preguntas y necesidades de la gente", advierte Irme Stetter-Karp, Presidenta del Comité Central de Católicos Alemanes. Alude al hecho de que los anteriores modelos de conducta eran demasiado estrechos: Los sacerdotes **no quieren** ser **puros gestores**, sino líderes espirituales. Por ello, la formación debe permitirles vivir este liderazgo espiritual, mientras que las tareas administrativas las asumen más los equipos. Por supuesto, los futuros pastores seguirán necesitando entender algo de finanzas y organización, pero estas habilidades pasarán a un segundo plano frente a la formación como **pastores espirituales**. León XIV implantó así un cambio de prioridades en la formación de los sacerdotes: **Formar a las personas antes que a la gestión.**

Requisitos previos para el cambio: Ajustes jurídicos y doctrinales

Tanto para reajustar el celibato como para renovar la formación de los sacerdotes, era necesario **introducir cambios** considerables **en las normas y reglamentos de la** Iglesia . León XIV se enfrentó a la tarea de tratar con cuidado la tradición y, al mismo tiempo, iniciar audazmente las reformas.

En primer lugar, el **celibato obligatorio**: al tratarse de una disposición de derecho canónico, la apertura hacia el celibato voluntario tendría que consagrarse en las normas jurídicas aplicables. En concreto, esto significa que habría que modificar el canon correspondiente del Código de Derecho Canónico (CIC). Actualmente, el canon 277 del CIC exige a los sacerdotes de rito latino el celibato como forma de vida. León XIV podría -en una decisión individual o en consulta con el Sínodo de los Obispos o un concilio- modificar este canon para permitir excepciones u opciones. Una posibilidad sería continuar formulando el celibato como **regla**, pero con un añadido: "a menos que el Papa conceda una dispensa en casos individuales" o algo similar. También sería concebible una apertura regional, en la que, por ejemplo, las conferencias episcopales de los territorios de misión pudieran solicitar la ordenación sacerdotal de diáconos casados probados. Esto tendría en cuenta el hecho de que las situaciones pastorales varían mucho en todo el mundo - una idea que el Papa Francisco y teólogos como el cardenal Walter Kasper ya habían previsto. Es importante que León XIV deje claro que un cambio en la ley **no** es **una transformación de la enseñanza de la Iglesia**: la Iglesia Católica sigue enseñando el alto valor del celibato por el bien del Reino de los Cielos, pero está cambiando un requisito disciplinario para hacer justicia a la misión de la Iglesia. Será tarea del **Magisterio**, es decir, de la autoridad docente papal y episcopal, formular esto teológicamente de forma correcta. Es posible que León XIV publique una carta detallada o incluso una encíclica en la que exponga los fundamentos bíblicos y teológicos: Por ejemplo, el hecho de que en el Nuevo Testamento aparecen tanto ministros casados (como el apóstol Pedro o Junia) como solteros (como Pablo). Podría subrayar que, según Mateo 19:12 ("algunos se han hecho solteros por causa del reino de los cielos"), la soltería sigue siendo reconocida como un don especial, pero no se concede a todo el mundo - y que, por tanto, la Iglesia quiere dar cabida a ambos estados de vida en el servicio a Dios.

En el **Catecismo de la Iglesia Católica**, que actualmente afirma que en la Iglesia latina sólo los varones célibes son ordenados sacerdotes, se adaptaría este pasaje. Presumiblemente, una nueva redacción reconocería **las prácticas latinas y orientales** una al lado de la otra: Del mismo modo que el Catecismo ya menciona que las iglesias orientales reconocen el sacerdocio matrimonial, una doble recomendación podría valer también para la Iglesia latina en el futuro. El artículo del Catecismo podría afirmar, por ejemplo, que el ministerio sacerdotal es un bien tan elevado que tanto los solteros como los casados -según su vocación y situación- pueden ejercerlo, y que ambos tienen ventajas e inconvenientes, que la Iglesia tiene en cuenta en la sabiduría pastoral.

También son necesarios algunos ajustes legales para la **formación de los** propios **sacerdotes**. Los requisitos canónicos para la formación de los seminaristas (por ejemplo, en los cánones 232-264 CIC) tendrían que actualizarse de acuerdo con la nueva Ratio Fundamentalis. Roma ya ha publicado directrices que se aplican en todo el mundo, pero cada conferencia episcopal debe aplicarlas en sus propios reglamentos de formación. León XIV insistirá en que estos reglamentos incluyan elementos obligatorios como el propedéutico, la prueba de aptitud psicológica y prácticas pastorales más largas. **La estructura por edades** también podría flexibilizarse: si, por ejemplo, hay más candidatos casados al sacerdocio (como diáconos de mediana edad), las vías de formación también tendrían que ser abiertas y atractivas para los que llegan tarde. En este caso, la ley eclesiástica podría incluir disposiciones que permitan sacerdotes de segunda carrera o modelos de estudio a tiempo parcial.

Doctrinalmente, debe quedar claro que tales adaptaciones están en línea con la tradición. Es probable que León XIV subraye que no hay ningún cambio en el sacramento **de la ordenación** en sí -la enseñanza de la Iglesia de que sólo los bautizados pueden recibir válidamente la ordenación sacerdotal no se ve afectada (aunque esta cuestión -la ordenación de mujeres- es un tema controvertido por derecho propio, que el Papa podría abordar en este contexto). Se trata más bien del **marco disciplinar** del ministerio. La Iglesia ya reconoce que los diáconos permanentes casados ejercen un ministerio ordenado y que los sacerdotes casados de otros ritos son sacerdotes plenamente válidos. En este sentido, nos movemos dentro de la diversidad católica, con la salvedad de que la Iglesia particular latina aprendería algo de la práctica oriental. Esto se puede fundamentar bíblicamente con referencia al primer milenio: muchos santos de la iglesia primitiva -por ejemplo obispos históricos como San Hilario de Poitiers o San Gregorio Nacianceno padre- estaban casados. Un retorno a esta diversidad de la Iglesia primitiva puede ayudar a refutar la *preocupación* de que una relajación del celibato significaría sacrificar la tradición sagrada. El propio León XIV lo dijo una vez de esta manera: *"No toda regla eclesiástica de ayer es ya una verdad inmutable de siempre"*. Demuestra así que hay legitimidad en la historia y en la teología para los cambios cautelosos.

El papel de la mujer en la formación pastoral. En todas las consideraciones relativas a la ordenación de sacerdotes y a la formación, no debe olvidarse que la Iglesia católica no depende únicamente de los hombres ordenados para la atención pastoral. En todo el mundo, las mujeres comparten responsabilidades en diversas profesiones y funciones pastorales: como párrocas, asistentes pastorales, teólogas, catequistas y religiosas. En su programa de reformas, León XIV insistió repetidamente en que las mujeres debían tener más **influencia** en la Iglesia. Aunque el ministerio ordenado de sacerdotes y obispos seguía reservado a los hombres según la doctrina vigente, se amplió la participación de las mujeres en el liderazgo y la educación. Por ejemplo, cada vez más mujeres son profesoras en las facultades de teología y también forman parte de los comités que forman a los sacerdotes. En algunos seminarios, las mujeres ya participan como guías espirituales o forman a los seminaristas en psicología pastoral, una importante contribución para superar las "perspectivas masculinas" unilaterales. León XIV apoyó firmemente estas medidas. Sabía que cuantas más mujeres participaran en pie de igualdad en la formación de los futuros sacerdotes, más sensibilizados estarían éstos para trabajar con mujeres en su futuro ministerio. León XIV también abre puertas fuera de las aulas de los seminarios: ya ha nombrado a más **mujeres competentes** para puestos de liderazgo curial y cargos diocesanos con el fin de demostrar que la Iglesia no debe ser un "patriarcado" dominado por hombres. La Presidenta del Comité Alemán de Mujeres Católicas lo expresó en pocas palabras: "El liderazgo y la gestión no son masculinos per se". León XIV estaba comprometido con este principio. No veía la promoción de la mujer en la Iglesia -tanto en la formación como en la práctica- como una concesión al espíritu de la época, sino más bien como una vuelta a la unión que Jesús y la Iglesia primitiva también conocieron (piénsese en la colaboración de Marta, María, Febe y muchas otras mujeres del Nuevo Testamento).

En este capítulo de su posible obra, el Papa León XIV caminó por una fina línea entre la continuidad y el cambio. **En lo que se refiere al celibato**, parece dispuesto a permitir aperturas prudentes sin abandonar el valor espiritual del celibato. Se toma en serio lo que preocupa a muchos creyentes y sacerdotes y sopesa modelos que ya se han probado en pequeñas partes de la Iglesia mundial. Es consciente de que cualquier cambio debe estar bien fundamentado y ser teológicamente sólido para no poner en peligro la unidad de la Iglesia. León XIV promueve una ofensiva de calidad **en la formación de los sacerdotes**: los sacerdotes del mañana deben ser teólogos formados académicamente, pero también personalidades con empatía, profundidad espiritual y experiencia pastoral. Marcó el rumbo para que los seminarios dejaran de ser torres de marfil y se convirtieran en talleres para pastores creíbles.

En todo ello, el Papa se mantiene objetivo y centrado en la misión de la Iglesia. Aborda abiertamente los puntos controvertidos, pero sin polemizar. Formula con precisión teológica dónde es posible el **desarrollo** y dónde la doctrina permanece inalterada. Esta visión narrativa del celibato obligatorio y de la formación de los sacerdotes muestra que León XIV buscó soluciones que conciliaran **la tradición y el futuro** de la Iglesia católica, con prudencia pero con firmeza. Los próximos años de su pontificado mostrarán cómo se traduce esto en la realidad eclesial. Pero una cosa ya está clara: el discurso está en marcha, y León XIV lo abrazó con prudencia y pasión pastoral.

 *Capítulo 8:*

Abordar las cuestiones clave de la reforma: Inclusión de las personas queer - LGBTQIA+

Cuando el Papa León XIV inicia su pontificado, la Iglesia católica se encuentra en medio de un tenso debate sobre la igualdad de trato de las personas LGBTQIA+. En muchas sociedades se ha producido un profundo cambio: Las parejas del mismo sexo pueden casarse legalmente, las banderas arco iris ondean ahora en los campanarios de las iglesias en señal de solidaridad y, en la opinión pública, la diversidad de orientaciones sexuales se considera cada vez más normal y digna de protección. En consecuencia, tanto los creyentes como los no creyentes esperan que la Iglesia trate a todas las personas con la misma dignidad, independientemente de su orientación sexual.

Igualdad ante Dios y en el altar: cambio social y expectativas de la Iglesia

En particular, es acuciante la cuestión de cómo *todos los* amantes llegan a ser realmente iguales ante Dios y ante el altar porque lo son, o si la Iglesia quiere seguir excluyendo a determinados grupos -como las parejas homosexuales- de actos sacramentales como el matrimonio.

El statu quo social habla por sí solo. En países y comunidades tradicionalmente católicos, muchos creyentes piden ahora abiertamente que se trate con respeto a las personas LGBTQIA+. Las encuestas avalan este cambio de opinión: ya en 2013, alrededor del 70% de los católicos alemanes estaban a favor de abrir el matrimonio civil a las parejas del mismo sexo. Al mismo tiempo, una encuesta eclesiástica mostró que más de dos tercios de los católicos estaban insatisfechos con el trato de la Iglesia a los homosexuales. También a nivel internacional se observa que los católicos -especialmente las generaciones más jóvenes- cuestionan el rechazo tradicional a las parejas del mismo sexo. La convicción básica de muchos es que todas las personas tienen el mismo valor ante Dios, "hijos de Dios" (según el Papa Francisco) - nadie debería ser excluido o hecho infeliz por su orientación sexual . Esta actitud se basa en una comprensión moderna de los derechos humanos y del amor, así como en el mandamiento cristiano de amar al prójimo. Si Dios es amor, ¿cómo puede el amor sincero entre dos personas contradecir la voluntad divina? Cada vez más creyentes se hacen esta pregunta y esperan de la Iglesia respuestas que hagan justicia a los conocimientos y sentimientos actuales.

Sin embargo, hasta ahora **la doctrina** oficial de la Iglesia Católica sólo ha seguido cautelosamente el ritmo de esta evolución social. *El Catecismo de la Iglesia Católica* sigue insistiendo, por un lado, en el respeto y el tacto en el trato con las personas homosexuales, pero, por otro, deja claro que los actos de amor entre personas del mismo sexo son *"intrínsecamente malos"*. En otras palabras: según la doctrina de la Iglesia, ser homosexual no es pecado, pero vivir activamente un amor del mismo sexo sí lo es. Esta distinción -amor sí, sexualidad vivida no- conduce a lo que muchos consideran una paradoja: aunque todas las personas deben ser igualmente amadas y aceptadas, sus estilos de vida no son igualmente válidos a los ojos del clero. Aquí es donde la expectativa social y la enseñanza de la Iglesia chocan claramente. La exigencia de **igualdad de** todas las orientaciones "ante Dios y el altar" requeriría un replanteamiento: Alejarse de términos como "objetivamente desordenada", para acercarse a una teología que considere la orientación hacia el mismo sexo como una variación de la creación que está tan ordenada por Dios como la orientación heterosexual. De hecho, cada vez son más las voces eclesiásticas que reclaman precisamente esto. Por ejemplo, el presidente de la Conferencia Episcopal Alemana, el obispo Georg Bätzing, pidió en 2020 que se revisaran los pasajes pertinentes del Catecismo. Su argumento: la Iglesia debe encontrar soluciones para integrar visiblemente a los creyentes homosexuales, por ejemplo mediante celebraciones litúrgicas adecuadas. Este equilibrio entre la fidelidad a la tradición y el necesario desarrollo ulterior es la fina línea por la que tiene que caminar León XIV.

Reconocimiento sacramental de las parejas del mismo sexo: pros y contras teológicos

En el centro del debate está el **reconocimiento sacramental** de las parejas del mismo sexo, es decir, la cuestión de si una unión entre dos hombres o dos mujeres puede recibir el mismo estatus sacramental y la misma bendición ante la Iglesia que un matrimonio entre un hombre y una mujer. Aquí chocan profundas convicciones de y argumentos emocionales - **teológicamente**, pero también pastoral y socialmente.

Argumentos a favor de una apertura: Los defensores de una reevaluación del matrimonio de parejas del mismo sexo dentro de la Iglesia argumentan que la calidad de una relación no depende del sexo de los miembros de la pareja, sino de la profundidad de su amor y de su responsabilidad mutua. Si el sacramento del matrimonio es una imagen del amor fiel y fecundo de Dios por las personas, entonces el amor de una pareja homosexual también puede reflejar esta imagen. Es importante subrayar que "fecundidad" no sólo tiene que significar descendencia física. Muchos teólogos defienden una interpretación más amplia de la fertilidad, que reconozca también los frutos sociales y espirituales del amor comprometido. Dos personas que se apoyan mutuamente durante toda la vida, soportan juntas las crisis y tal vez incluso crían hijos (por ejemplo, a través de la adopción o de relaciones anteriores) ejemplifican valores que la Iglesia defiende fundamentalmente: Fidelidad, cuidado, sacrificio y comunidad. En este contexto, ¿está justificado excluir a estas parejas de la bendición sacramental?

Otro *argumento a favor* se basa en hallazgos más recientes de los estudios bíblicos y la teología moral. Muchos de los pasajes bíblicos que tradicionalmente se han utilizado contra la homosexualidad (por ejemplo, del libro del Levítico o de las cartas de San Pablo) se leen hoy de forma más matizada. La exégesis histórico-crítica demuestra que estos textos deben entenderse sobre todo en contextos específicos y puramente históricos: a menudo tratan de la prostitución en el templo, de violaciones o de expresiones de xenofobia, más que de parejas amorosas e igualitarias. Al mismo tiempo, la ciencia moderna ha dejado claro que la homosexualidad es una **variante de la sexualidad**

humana, no una decisión voluntaria contra el "orden divino". Se dice que el propio Papa Francisco dijo en una conversación personal: *"Dios te hizo así y te quiere así"*, una frase que cala hondo en la autoimagen de las personas LGBTQIA+ creyentes. Si Dios creó a las personas tal y como son, argumentan muchos teólogos, entonces su amor no puede ser un pecado generalizado. Una declaración científica de renombre internacional de 2021 llegó a afirmar que **no** existen **razones bíblicas ni científicas** para aferrarse a la doctrina de que la procreación debe inscribirse necesariamente en todo acto sexual y que, por tanto, los actos homosexuales deben juzgarse como "desordenados". Este resultado subraya el hecho de que la moral sexual católica tradicional -según la cual la sexualidad sólo se aprueba dentro de un matrimonio orientado a la procreación- puede cuestionarse teológicamente. Los defensores de la reforma subrayan que siempre ha habido cambios en la historia de la Iglesia: Las doctrinas cambiaron, por ejemplo, en cuanto al reconocimiento de la libertad religiosa o la condena de la esclavitud, sin traicionar el evangelio. Entonces, ¿por qué no iba a ser posible también profundizar en la comprensión del amor y el matrimonio para *incluir a todas las* parejas?

Argumentos en contra de una apertura: Por otra parte, los defensores de la doctrina tradicional tienen reservas de peso. Para ellos, **el matrimonio sacramental** está indisolublemente ligado a la concepción cristiana de la creación y la complementariedad de los sexos. El libro del Génesis ya describe la creación del hombre y la mujer como relacionados entre sí - "como varón y hembra los creó"- y de ahí la Iglesia siempre ha deducido que el matrimonio significa la unión de *ambos sexos* según el plan de Dios. Según la visión tradicional, la unión física está ordenada a la procreación - se abre al milagro de la nueva vida y refleja así el poder creador de Dios. Según esta concepción, **el amor por sí solo** no es suficiente para la sacramentalidad; se trata también del orden natural. Los que se oponen a la reforma invocan así **la continuidad de la doctrina**: la Iglesia ha enseñado claramente en este sentido durante siglos.

Además de los aspectos puramente teológicos, también hay **consideraciones sociales y pastorales** en este debate. En las últimas décadas, las sociedades occidentales han desarrollado un respeto cada vez mayor por los derechos de las personas LGBTQIA+. En cada vez más países -incluidos países que antes eran estrictamente católicos, como Irlanda, España y Francia- los matrimonios entre personas del mismo sexo son ahora legales y están ampliamente aceptados en la sociedad. Muchas parejas homosexuales devotas viven desde hace tiempo en relaciones estables y amorosas, algunas con hijos, y se preguntan: ¿realmente la Iglesia no tiene nada positivo que decir sobre nuestra forma de vida? Los consejeros pastorales informan de que el rechazo categórico suele causar un gran sufrimiento emocional: las personas se sienten rechazadas en la misma Iglesia que se supone que es su hogar. El Papa León XIV tuvo que descubrirlo: ¿Cómo hacer justicia a la legítima petición de igualdad de trato y reconocimiento sin poner en peligro la unidad de la Iglesia universal?

Pasos hacia el pleno reconocimiento - Cambios necesarios en el derecho eclesiástico, el catecismo y la interpretación bíblica

Suponiendo que la Iglesia católica quisiera **reconocer plenamente a las personas LGBTQIA+** y a sus parejas, ¿qué tendría que cambiar concretamente? Ese cambio exigiría una adaptación, ya que afecta a varios pilares de la doctrina y el orden eclesiásticos.

Derecho canónico: El ordenamiento jurídico actual de la Iglesia define claramente el matrimonio como la unión para toda la vida *entre un hombre y una mujer*. Así lo establece el Código de Derecho Canónico (cf. c. 1055 §1 CIC). Esta definición debería ampliarse fundamentalmente para que dos personas del mismo sexo también pudieran contraer un vínculo matrimonial en el sentido de la Iglesia. Un simple cambio lingüístico ("entre dos personas" en lugar de "entre hombre y mujer") tendría actualizaciones: Numerosas disposiciones de conexión -desde los requisitos para contraer matrimonio hasta la forma de la ceremonia matrimonial, pasando por cuestiones de nulidad matrimonial- tendrían que adaptarse. También estaba la cuestión de cómo tratar los matrimonios civiles existentes de parejas del mismo sexo: ¿podrían reconocerse posteriormente como sacramentales? ¿O la Iglesia sólo abriría el marco litúrgico a las nuevas uniones? Todo esto requeriría una cuidadosa elaboración. El pleno reconocimiento significaría que la orientación sexual dejaría de ser un criterio de exclusión de la ordenación o de los ministerios eclesiásticos, siempre que la persona en cuestión se esforzara por vivir de acuerdo con los consejos evangélicos.

Catecismo y Magisterio: Sería fundamental una **revisión de la moral sexual de la Iglesia** en el Catecismo y en los pronunciamientos oficiales. Los pasajes actuales (CIC 2357-2359) describen los actos homosexuales como "no conformes" o como una transgresión contra el orden natural. Si se reconocieran positivamente las relaciones entre personas del mismo sexo, estas formulaciones tendrían que suprimirse o sustituirse por una nueva teología apreciativa. Por ejemplo, sería concebible una declaración de que la Iglesia puede reconocer una imagen del amor divino en toda relación de pareja basada en el amor, la fidelidad y el respeto mutuo, independientemente de la combinación de sexos. Algunos obispos ya han sugerido dar precisamente este paso. El obispo Bätzing, por ejemplo, dijo que las declaraciones anteriores sobre la homosexualidad eran cada vez menos convincentes y necesitaban *un mayor desarrollo*. Un cambio oficial en el Catecismo por parte del Papa -similar a lo que hizo el Papa Francisco en 2018 con respecto a la pena de muerte- sería una señal fuerte. Sin embargo, está claro que esto difícilmente será posible sin una justificación teológica que lo acompañe. Por lo tanto, a menudo se sugiere que primero se lleve a cabo un breve **proceso sinodal** eclesial, en el que se incorporen los puntos de vista de teólogos, biblistas y científicos naturales. Una consulta simbólica de este tipo podría ayudar a conseguir una amplia aceptación para una reevaluación. Lo ideal sería que el borrador fuera un *documento magisterial* que hiciera hincapié en la dignidad de los creyentes LGBTQIA+ y en la posibilidad de un amor entre personas del mismo sexo que complazca a Dios.

Interpretación bíblica: Por último, la Iglesia también tendría que aclarar su **enfoque hermenéutico** de ciertos pasajes bíblicos. El pleno reconocimiento de los matrimonios entre personas del mismo sexo no exige "reescribir" la Biblia, pero sí confrontar las interpretaciones tradicionales con una nueva luz. Las prohibiciones supuestamente claras del Antiguo Testamento ("No te acostarás con un hombre como se duerme con una mujer; eso sería una abominación") o de las cartas de San Pablo ("Ni los fornicarios, ni los que abusan de los niños, ni las trabajadoras sexuales... heredarán el reino de Dios") se han leído durante mucho tiempo literalmente y sin contexto como condenas de los homosexuales. En el futuro, la Iglesia podría hacer más hincapié en *cuándo y por qué* se escribieron estas líneas. Por ejemplo, podría incluir referencias al hecho de que las leyes de pureza del Antiguo Testamento estaban en un contexto cultural diferente y, desde una perspectiva cristiana, son superadas por el mandamiento del amor. Las palabras de Pablo en Romanos 1, por otra parte, se dirigen contra las prácticas paganas y los vicios excesivos, no contra el amor sincero entre personas del mismo sexo -al menos según muchos exégetas contemporáneos. No sería la primera vez que la Iglesia hace evolucionar su lectura de la Biblia: incluso hoy, ya no leemos el relato de la creación de forma científicamente literal ni vemos las instrucciones de Pablo sobre la esclavitud o el papel de la mujer como mandatos relacionados con el tiempo. Un cambio similar en la comprensión de los "pasajes homosexuales" -los llamados "pasajes clobber"- (sólo hay unos seis) podría justificarse teológicamente sin abandonar la autoridad de las Sagradas Escrituras. En última instancia, la atención se centraría en el *mensaje de Jesús*, que no dice ni una palabra sobre la homosexualidad en los propios Evangelios, pero sí mucho sobre el amor, la misericordia y la justicia.

Todos estos cambios -en la ley, en el catecismo, en la exégesis- liberan de manera sostenible la eficacia del amor. Equivaldrían a una pequeña **evolución**, que sin duda puede tener éxito con un amplio consenso y una sabia guía desde arriba. Por eso, algunas voces reclaman incluso un nuevo concilio para aclarar cuestiones tan fundamentales, pero eso llevaría demasiado tiempo. Una cosa está clara: sin ajustes formales en las normas de la Iglesia, cualquier retórica de inclusión, por bienintencionada que fuera, seguiría siendo en última instancia no vinculante. El Papa León XIV tendría que armarse de valor para tomar medidas estructurales en este ámbito si realmente quisiera lograr el pleno reconocimiento.

Perspectivas: Entre la misericordia pastoral y la continuidad magisterial

La inclusión de LGBTQIA+ en la Iglesia católica sigue siendo por el momento un **acto de equilibrio**. Con el Papa Francisco, se han dado los primeros pasos: un lenguaje más acogedor, el famoso "¿Quién soy yo para juzgar?", y más recientemente incluso la cautelosa apertura de la puerta a las bendiciones para parejas del mismo sexo bajo ciertas condiciones. Estas bendiciones -autorizadas por el cardenal Víctor Manuel Fernández en 2023 en la declaración *"Fiducia suplicante"*- marcan un cambio en la práctica pastoral, pero no (todavía) un cambio en la enseñanza moral subyacente ni en la implantación del matrimonio igualitario para todos. A partir de ahora, los sacerdotes podrán bendecir a parejas homosexuales, siempre y cuando no se vea afectado el concepto eclesiástico del matrimonio como unión exclusiva entre un hombre y una mujer. Esta evolución ilustra el camino que probablemente también tendría que seguir León XIV: pequeños pasos hacia el *reconocimiento* sin arriesgarse a una ruptura total con la tradición.

Al mismo tiempo, la presión de la **realidad social** sigue creciendo. En muchos países, los católicos LGBTQIA+ que son fieles a la Iglesia forman parte de la comunidad desde hace mucho tiempo y realizan valiosas aportaciones. Excluirlos contradiría la misión de la Iglesia de ser un hogar espiritual para todos los creyentes. Por otra parte, el Papa no debe perder de vista la perspectiva global de la Iglesia: En África o en algunas partes de Asia, pero también en los países de Europa del Este, la idea de la igualdad de las parejas homosexuales sigue siendo controvertida en algunos casos. León XIV se mueve así en un campo de tensión entre **la misericordia pastoral y la continuidad doctrinal**.

Los próximos años pueden ser decisivos. Es posible adherirse sistemáticamente al statu quo, con el riesgo de perder más creyentes, sobre todo en los países occidentales, y de ser vistos como moralmente atrasados. Sin embargo, también es posible una cautelosa vía de reforma: primero una reflexión teológica en el marco del Sínodo Mundial o de una comisión especial, seguida de una prudente adaptación del lenguaje (por ejemplo en el catecismo) y de la disciplina (por ejemplo mediante celebraciones oficialmente permitidas). Tal vez León XIV tenga incluso el valor de atreverse con un verdadero avance, por ejemplo mediante una Jornada Mundial de la Juventud de la Diversidad o una carta doctrinal que abra nuevas puertas. Una cosa es cierta: hay grandes **expectativas puestas** en él por parte de todos aquellos que esperan que la Iglesia vuelva a reconocer con credibilidad *los signos de los tiempos* en el siglo XXI. ¿Conseguirá el Papa León XIV dar a las personas LGBTQIA+ la misma dignidad ante Dios y ante el altar que establece el Evangelio del amor incondicional de Dios por todo ser humano? Este capítulo de su mandato, que exige una acción cotidiana, mostrará si la Iglesia puede realizar el acto de equilibrio entre la tradición y la renovación en el amor, un acto de equilibrio que ayudará a determinar su presencia.

 *Capítulo 9:*
Responsabilidad ecológica y cuidado de la creación

Un pontífice como defensor de la creación: un hombre que se pone las botas y literalmente vadea el barro para ayudar a los más pobres: esta imagen resume de forma impresionante el enfoque del Papa León XIV para preservar la creación. De hecho, consta que León XIV (entonces todavía obispo en Perú) hizo precisamente eso en 2022 durante unas devastadoras inundaciones en Chiclayo: se puso unas botas de goma y **"vadeó el barro"** para rescatar a las personas afectadas por las inundaciones. Una empleada de Cáritas local llamada Janinna Sesa recuerda que el actual Papa fue quien **"se puso las botas"**, entregó personalmente paquetes de comida en aldeas remotas y, si fue necesario, incluso reparó él mismo un camión averiado **"hasta que volvió a funcionar"**. Este compromiso realista con las personas necesitadas demuestra que León XIV no consideraba su compromiso con el medio ambiente y sus semejantes como un deber teórico, sino como una vocación práctica.

Temprana sensibilidad hacia las cuestiones medioambientales: Mucho antes de ser elegido Papa, el interés y el compromiso de León XIV se centraban en la **"integridad de la creación"**, es decir, la responsabilidad de proteger la creación de Dios. Como obispo en el norte de Perú, experimentó de primera mano las consecuencias de la destrucción medioambiental y el cambio climático: su territorio misionero se extendía hasta la región amazónica, y cuestiones como la deforestación, la conservación de las especies y la justicia climática le conmovieron profundamente ya entonces. Sus compañeros cuentan que, ya en 2017, mantenía animadas conversaciones con colegas peruanos sobre la **protección de la Amazonia y el medio ambiente**: no era un tema secundario para el pastor Prevost (su verdadero nombre), sino que formaba parte de su misión pastoral. Conservó esta sensibilidad temprana durante toda su vida: incluso antes de convertirse en Papa, apoyó activamente las iniciativas medioambientales de la Iglesia. En 2015, por ejemplo, utilizó las redes sociales para pedir a los fieles católicos que firmaran una petición sobre el clima con el fin de lograr un acuerdo internacional sólido (que más tarde se convirtió en el Acuerdo de París sobre el Clima). En una foto compartida en línea de una manifestación por el clima en Chiclayo, escribió en español: **"El planeta nos necesita"**. Estas acciones demuestran que, **incluso siendo obispo y cardenal, León XIV alzó su voz a favor de la protección del clima** y animó a los fieles a actuar. Su conexión con Perú, un país rico en biodiversidad y gravemente afectado por el cambio climático, despertó en él un especial sentido de la responsabilidad por la **vulnerabilidad de la creación**.

Del dicho al hecho: la actitud de León como cardenal: En sus años como cardenal, Prevost (León XIV) reforzó esta misión ecosocial. Se le consideraba un **constructor de puentes** entre la Iglesia y el movimiento ecologista y no temía adoptar una postura clara. **"Es hora de pasar de las palabras a los hechos"**, advirtió con urgencia el año pasado. Dejó claro que ante la crisis climática ya no basta con meras declaraciones de intenciones, sino que hay que pasar a la acción concreta. Al mismo tiempo, advirtió del peligro de malinterpretar el **"dominio** del hombre **sobre la naturaleza"** mencionado en la Biblia: No debe ser **"tiránico"**, dijo, sino que requiere una humilde *"relación de reciprocidad"* con el medio ambiente. Esta elección de palabras sugiere que León XIV no veía la creación como una posesión del hombre que pudiera explotar a su antojo, sino como **la dote de Dios**, de la que somos responsables. Es notable que, como cardenal, también tuviera presentes los aspectos tecnológicos de la protección del medio ambiente: por ejemplo, alabó las iniciativas papales que introdujeron la energía solar y los coches eléctricos en el Vaticano, pero advirtió igualmente contra una creencia en el progreso que ignora los **"efectos secundarios" sociales y ecológicos** de las nuevas tecnologías. En general, Prevost se distinguió antes de su elección por pensar siempre en la ecología en el contexto de la justicia y la dignidad humana, muy en el espíritu del Papa Francisco, cuya trayectoria apoyó plenamente.

Continuación del curso climático de Francisco: La elección de León XIV como Papa en 2025 fue ampliamente entendida como una señal de que el curso ecológico de la Iglesia continuaría e incluso se profundizaría. León XIV tiene mucho que decir, ya que su predecesor inmediato, Francisco, fue considerado un **"Papa verde"** que hizo de la protección del medio ambiente y del clima una de las principales preocupaciones de la Iglesia. Pero el nuevo pontífice no dudó ni un segundo en posicionarse claramente. En su primer discurso tras el cónclave, León XIV utilizó palabras claras: **"Dios nos ama a todos incondicionalmente... El mal nunca prevalecerá"**. Muchos observadores interpretaron que esta afirmación significaba que el "mal" también se refería explícitamente a la **destrucción del medio ambiente** causada por la actividad humana, incluido el calentamiento global alimentado por el consumo incontrolado de combustibles fósiles. León XIV dio así a entender desde el principio de su pontificado que entendía los pecados ecológicos de nuestro tiempo -la destrucción del medio ambiente, el cambio climático, la sobreexplotación de la naturaleza- como un mal moral al que había que oponerse resueltamente.

Ya como obispo, León XIV experimentó lo estrechamente vinculadas que están las crisis humanitarias y las cuestiones medioambientales. Las devastadoras inundaciones de Perú, donde ayudó literalmente vadeando el barro, fueron causadas por **lluvias extremas**, un fenómeno cada vez más frecuente como consecuencia del cambio climático. La actuación de León XIV sobre el terreno -distribuyendo alimentos, consolando a las víctimas, afrontando cuestiones prácticas sin vacilar- dejó claro su planteamiento: la **protección del clima es siempre también protección humana**. Cuando se producen catástrofes medioambientales, los pobres y los débiles son los primeros en sufrirlas. Esta experiencia tuvo un profundo impacto en León XIV y explica por qué continuó impulsando la protección del clima y del medio ambiente como Papa. En cierto modo, combina **Cáritas y "Laudato si'"**: la caridad activa hacia los que sufren y la responsabilidad de atajar las causas profundas de este sufrimiento, como la crisis climática.

Iniciativas concretas de su pontificado: En el Vaticano, León XIV tomó medidas inmediatas para dar expresión institucional a su visión ecológica. Animó a la Iglesia a actuar de forma más ecológica en todo el mundo. Pidió a las diócesis y a las organizaciones católicas que redoblaran sus esfuerzos contra la **"destrucción de la tierra"**. Insistió repetidamente en que el mandato bíblico de *someter* la tierra (cf. Génesis 1:28) **no era una licencia para la explotación**: el dominio humano sobre el mundo no debía llegar a ser "tiránico". León XIV consideraba más bien que el deber de la Iglesia era dar buen ejemplo: Parroquias, monasterios e instituciones eclesiásticas deben vivir la sostenibilidad - desde el uso de energías renovables hasta proyectos de construcción respetuosos con el medio ambiente y programas educativos para la **concienciación** ecológica. El Papa Francisco ya había puesto al Estado Vaticano en una senda más verde (paneles solares en los tejados de las iglesias, un objetivo a largo plazo de neutralidad climática para 2050, etc.), y León XIV quiere continuar por este camino de forma consecuente. *"La profundización del compromiso del Vaticano con la descarbonización es crucial"*, afirma programáticamente - sólo así podrá la Iglesia hacer una contribución creíble al cumplimiento del Acuerdo de París sobre el clima . León XIV ve, por tanto, la **"transición verde"** en los Estados Pontificios no como un fin en sí mismo, sino como parte de la contribución global de la Iglesia a la protección del clima.

Un ámbito específico en el que León XIV ya está dejando su impronta es la **política climática internacional**. Al igual que su predecesor, está tratando activamente de aunar fuerzas con la comunidad mundial en la lucha contra la crisis climática. La próxima Conferencia de las Naciones Unidas sobre el Cambio Climático (COP30) está prevista para noviembre de 2025 en Belém (Brasil), en plena región amazónica. Los anfitriones ya han invitado expresamente a León XIV y han subrayado que su presencia podría contribuir a alcanzar un pacto histórico de protección del clima. De hecho, hay muchos indicios de que León XIV aceptará esta invitación, sobre todo porque es el *primer papa latinoamericano desde Francisco que* se interesa especialmente por la Amazonia. El presidente de Brasil, Luiz Inácio Lula da Silva, recibió al nuevo Papa con calidez y esperanza: declaró públicamente que contaba con León XIV **para continuar el legado de Francisco, en particular su incansable compromiso con la protección del medio ambiente, el diálogo y la justicia**. Tales voces subrayan la enorme autoridad moral que un Papa puede tener en la escena diplomática: León XIV ya es visto como un importante defensor de una política climática ambiciosa. Su claro distanciamiento de las corrientes escépticas sobre el clima no ha pasado desapercibido. Por ejemplo, los medios de comunicación han descrito **a** León **XIV como una "alternativa al 100 %"** a la inactiva política climática de Donald Trump. No en vano, el New York Times atestiguaba señaladamente: *"Trump ya no es el estadounidense más importante del mundo*"; el nuevo papa de EE. UU. ha asumido ahora este papel . La audaz atribución como **"anti-Trump"** puede ser exagerada, pero llega al punto de que León XIV está enviando un mensaje diametralmente diferente: en lugar de negar la crisis climática, una acción valiente, en lugar de intereses a corto plazo, una perspectiva a largo plazo que preserve la creación.

León XIV busca expresamente la cooperación con todas las **personas de buena voluntad** comprometidas con el medio ambiente. Las organizaciones ecologistas internacionales y las redes eclesiásticas han acogido con entusiasmo su elección. Lorna Gold, directora del movimiento católico mundial *Laudato Si'*, interpretó inmediatamente las palabras de León **"del dicho al hecho"** como una señal esperanzadora: precisamente este lema es necesario para convertir las promesas de política climática en cambios reales. *"No podríamos estar más de acuerdo*", explicó Gold, y ofreció la perspectiva de trabajar estrechamente con el nuevo Papa , sobre todo teniendo en cuenta que en 2025 se cumplirá el décimo aniversario de *Laudato si'*. Otros activistas católicos por el clima, como Dan Misleh, de la *Alianza Católica por el Clima*, también expresaron su ánimo: Reciben a León XIV **"con los brazos abiertos"** y le apoyarán en la medida de sus posibilidades si -como se ha anunciado- construye puentes, trabaja por la paz **y vive el Evangelio sin miedo**. Tales voces del movimiento por el clima demuestran que, ya en los primeros meses de su pontificado, León XIV fue visto como el **impulsor de un nuevo punto de partida**. Unió la perspectiva moral y espiritual de la Iglesia con los objetivos de los activistas medioambientales y los científicos. Al reunir en una mesa redonda a representantes de organizaciones ecologistas, de la ciencia y del mundo empresarial, por ejemplo, se basa en el enfoque de Francisco sobre el diálogo y da a los acuciantes problemas ecológicos un peso adicional en la escena mundial.

Orientaciones teológicas y éticas: Pero, en primer lugar, ¿por qué la Iglesia católica se implica tan intensamente en la protección del clima? ¿Qué valores guiaron al Papa León XIV en su compromiso con el medio ambiente? Una mirada a la doctrina de la Iglesia muestra que **la preservación de la creación** está firmemente anclada en la teología. La Biblia ya describe el mundo como bueno y confiado al hombre en el relato de la creación (Gn 1-2). A partir de esta comprensión, se desarrolló una base de principios éticos, que León XIV también interiorizó profundamente. Uno de estos principios es **la justicia**, en particular **la justicia climática**. El Papa Francisco subrayó en *Laudato si'* que **"el clamor de la tierra y el clamor de los pobres"** no pueden separarse: la destrucción medioambiental siempre afecta primero a las personas más vulnerables. León XIV lo subrayaba a menudo: **"Serán precisamente los más pobres los primeros afectados por la catástrofe que se avecina, y sólo después el resto de la humanidad"**, advirtió en relación con el cambio climático provocado por el hombre. Para él, la protección del clima forma parte, por tanto, del compromiso con los **más pobres entre los pobres** y es una cuestión de justicia global. Se trata de superar la gran brecha: Las naciones industrializadas y los ricos han causado gran parte de la crisis ecológica, mientras que los países y grupos de población pobres se llevan la peor parte, tanto en forma de catástrofes naturales como de deterioro progresivo de los medios de subsistencia. León XIV se basa **en la tradición socioética** de la Iglesia, que ha defendido repetidamente los derechos de los débiles desde León XIII (Rerum Novarum, 1891). Hoy, esto significa que **la justicia climática forma parte de la justicia social**. En otras palabras, la lucha contra el calentamiento global no es un proyecto de lujo de las naciones ricas ( ), sino un acto de solidaridad con los hambrientos, los desplazados (pensemos en los refugiados climáticos) y las generaciones futuras.

Además de la justicia, León XIV también orientó el principio de **sostenibilidad** o **responsabilidad por la sostenibilidad**. La Iglesia lo formula de la siguiente manera: *"La Tierra es nuestra casa común y debe ser protegida"*. Un estilo de vida basado en el consumo imprudente de recursos contradice el principio de sostenibilidad. En *Laudato si'*, Francisco hace un llamamiento urgente a un **estilo de vida sostenible** y a la cooperación mundial para contrarrestar la crisis medioambiental. León XIV se toma en serio esta advertencia. Subraya que la actividad económica debe estar siempre subordinada a la preocupación por la creación: la búsqueda de beneficios nunca debe ir en detrimento de los fundamentos ecológicos. En sus sermones y discursos, recuerda que **todas las criaturas** tienen **un valor independiente** y **dan gloria a Dios** (una alusión a Francisco de Asís). El hombre no debe considerarlas meros recursos a explotar; la actual extinción de innumerables especies es una afrenta a la creación. Esta actitud se basa en la espiritualidad franciscana: la naturaleza es una co-creación que debe ser tratada con reverencia. León XIV, que trabajó durante años en la selva amazónica, seguramente también experimentó allí intensamente la belleza y la vulnerabilidad de la creación, impresiones que reforzaron su convicción de la necesidad de una acción sostenible.

Un tercer valor central es **la responsabilidad intergeneracional**. La Iglesia enseña que el bien común debe asegurarse **también para las generaciones futuras**: es una cuestión de *"justicia intergeneracional"*. Por ello, el Papa León XIV insistió repetidamente en nuestro deber de dejar una tierra habitable a las generaciones futuras. En la práctica, esto significa tomar ahora decisiones que protejan el planeta a largo plazo, en lugar de centrarse en el beneficio o la conveniencia a corto plazo. Esta forma de pensar se corresponde con el principio de **idoneidad para nuestros nietos**: lo que hagamos hoy debe seguir beneficiando a nuestros hijos y nietos en lugar de destruir sus medios de vida. León XIV se refiere a menudo a una cita de *Laudato si'*: "**El mundo es algo que hemos tomado prestado de nuestros hijos**", una poderosa imagen que deja claro que somos administradores temporales. En la Jornada Mundial de Oración por la Creación, por ejemplo, el Papa explica que siempre debemos considerar *"qué tipo de mundo dejamos a los que vienen después de nosotros"*. Esta actitud de responsabilidad resuena también cuando León XIV afirma que el mal de la destrucción medioambiental **"nunca triunfará"** - porque en el largo plazo, a lo largo de generaciones, una cultura de destrucción no puede perdurar. Su fe le da la certeza de que la vida y la preservación de la creación acabarán triunfando si la humanidad se atreve a dar marcha atrás y recapacitar ahora.

La fe como motivación para la protección del clima: El Papa León XIV ve la lucha contra el cambio climático no sólo como un proyecto político o económico, sino como una tarea profundamente moral y espiritual. A sus ojos, la **protección del clima** es **caridad vivida y fe**

vivida. Para ello, se basó en un pasaje bíblico que se cita a menudo: *"El justo cuida de la vida de sus animales, pero el corazón del malvado es cruel"* (Prov 12:10) - un símbolo del hecho de que la verdadera justicia siempre tiene en mente a las criaturas semejantes. León XIV interpreta los signos de los tiempos teológicamente: ve la crisis medioambiental como una consecuencia de la **alienación de la misión de Dios en la creación**. Para él, la codicia, la irresponsabilidad y la indiferencia hacia la naturaleza son síntomas de una crisis interior: una falta de gratitud por el don de la creación. Por eso insiste en valores como la **humildad, la modestia y la conversión**. En repetidas ocasiones pide una *"conversión ecológica"*, una conversión del corazón que nos transforme de explotadores egoístas en guardianes responsables de la creación. Para León XIV, esta conversión forma parte de la conversión holística del hombre a Dios. Explicó que *cualquiera que plante hoy un árbol, instale un sistema solar o cambie su estilo de vida no sólo está actuando con conciencia medioambiental, sino que también está cumpliendo la voluntad de amor de Dios.* Desde este punto de vista, la acción medioambiental se convierte en un **acto de fe**.

León XIV es comparado a menudo con Francisco de Asís, el santo que consideraba a todas las criaturas como hermanos y hermanas. El Papa comparte este amor franciscano por la naturaleza. Su pontificado se caracteriza por la **esperanza** de que el hombre y el mundo puedan vivir en reconciliación. Saca fuerzas de la convicción de que Dios ha confiado al hombre no sólo el dominio, sino sobre todo el **cuidado de la tierra** (cf. Gn 2, 15). Por ello, anima a todos los creyentes a trabajar por la sostenibilidad en su vida cotidiana: desde cosas sencillas como evitar los residuos y ahorrar energía hasta el compromiso político por la justicia climática. **Sostenibilidad, justicia y responsabilidad intergeneracional**: estos valores recorren como un hilo rojo los discursos y escritos de León XIV. Son las piedras angulares de una ética que el Papa transmite con entusiasmo y densidad narrativa carismática. No teme predicar incómodo y denunciar, por ejemplo, el "consumismo" y la **"cultura del usar y tirar"** de nuestro tiempo, que, en sus palabras, **"ofende a la creación y roba a los pobres su futuro"** (como dijo en un discurso). Sin embargo, a pesar de la urgencia, León XIV no difundió el pesimismo cultural, sino un *"realismo de esperanza"*:

estaba convencido de que el hombre -dotado de razón, conciencia y gracia de Dios- era capaz de poner rumbo hacia un futuro sostenible.

Al final de este capítulo, queda claro que el Papa León XIV considera **la responsabilidad ecológica como un componente esencial de su ministerio**. Como continuación de *Laudato si'* y en línea con toda la teología de la creación de la Iglesia, hace de la **protección del clima un deber moral**. Con llamamientos apasionados, acciones propias creíbles y una visión clara, está conduciendo a la Iglesia católica a una era en la que *la preservación de la creación* es más importante que nunca. Y lo hace de un modo popular, científico y narrativo, para que no sólo los teólogos, sino todas las personas de buena voluntad puedan entenderlo. León XIV demuestra así ser un Papa que ha reconocido los **signos de los tiempos**: Responde a la crisis ecológica con fe, razón y corazón, e invita a la comunidad mundial a colaborar para que también las generaciones futuras puedan vivir en una "casa común" caracterizada por la *paz, la justicia y el amor a la vida*.

🖐️ *Capítulo 10:*
De la moral sexual a la ética sexual en general

Bajo el papa León XIV, la moral sexual católica se encontraba en una encrucijada. Casi ningún otro ámbito muestra tan claramente la discrepancia entre las enseñanzas de la Iglesia y la realidad vivida como la ética sexual. "¡No esperamos nada más de ti!" - esta amarga frase, pronunciada por amigos homosexuales a un empleado de la Iglesia, ilustra el alejamiento de muchos creyentes de la enseñanza moral oficial. **Bajo León XIV**, se planteó la cuestión de cómo debía tratar la Iglesia a quienes no se ajustaban a los ideales tradicionales, ya fueran parejas jóvenes que mantenían relaciones prematrimoniales o quienes se volvían a casar tras un divorcio. Al mismo tiempo, cada vez se reclama más una **ética sexual inclusiva** que integre la responsabilidad humana y la realidad de la vida y salve así la distancia entre el magisterio y la experiencia cotidiana.

Sexualidad prematrimonial: conciliar ideal y realidad

Según la doctrina actual, la sexualidad está ligada al matrimonio sacramental. *El Catecismo de la Iglesia Católica* define claramente las relaciones sexuales extramatrimoniales ("fornicación") como una transgresión grave: "La fornicación es... gravemente contraria a la dignidad de las personas y de la sexualidad humana" - en otras palabras: según este punto de vista, toda unión sexual pre o extramatrimonial atenta gravemente contra la dignidad de las personas. Sin embargo, esta estricta norma contrasta con la realidad de la vida: en muchos países, la mayoría de las parejas ya mantienen una relación íntima antes de la boda eclesiástica. Sobre todo los jóvenes apenas hacen caso de las enseñanzas morales de la Iglesia, porque las perciben como poco realistas. El cardenal Reinhard **Marx** se queja de que la Iglesia ha pintado aquí durante mucho tiempo una imagen negativa unilateral, "reforzada con la culpa y el pecado", lo que ha dado lugar a una **doble moral.** Aboga por un enfoque más honesto: la sexualidad es ante todo un "don de Dios", y no todo acto sexual fuera del matrimonio puede tacharse de pecado grave en todos los ámbitos: "eso sería excesivo, iría demasiado lejos". Más bien, el **amor, la fiabilidad y la fidelidad** entre los miembros de la pareja son cruciales.

Bajo el Papa **León XIV**, surgió una actitud prudente que defendía el ideal de la castidad conyugal, pero tenía en cuenta las realidades pastorales. Ningún obispo aconsejará oficialmente a las parejas jóvenes que se vayan a vivir juntos, pero en la pastoral se comprende cada vez mejor hasta qué punto las parejas que se aman en serio se responsabilizan el uno del otro incluso antes de la ceremonia nupcial. Los pastores acompañan cada vez más a las parejas de hecho en su camino y subrayan la importancia del **respeto, la consensualidad y el compromiso**, en lugar de limitarse a emitir prohibiciones. Una **teología de la gradualidad** -ya insinuada bajo el Papa Francisco- fomenta la promoción del crecimiento moral paso a paso, incluso si el ideal completo no se realiza desde el principio. A la Iglesia le preocupa menos trazar límites claros "dentro de los cuales la satisfacción sexual está permitida y más allá de los cuales está prohibida". Más bien, según los teólogos morales, "en el centro [...] debe estar la responsabilidad de la relación en la que se inserta la sexualidad". En concreto, esto significa **apoyo pastoral en lugar de condenas apresuradas.** El propio León XIV describió la Iglesia como abierta a "todos"; este "para todos" incluye naturalmente también a las parejas que (todavía) no se han casado por la Iglesia. En la práctica, en algunos lugares se crean celebraciones para novios o rituales litúrgicos que celebran el valor de la fidelidad y el amor. Aunque estos enfoques siguen siendo experimentales y a veces controvertidos, muestran la voluntad de responder a la realidad de los fieles **sin abandonar la alta estima en que se tiene el matrimonio sacramental.**

Divorciados vueltos a casar: Misericordia e integración

Aún más urgente es la cuestión de cómo tratar a los divorciados vueltos a casar -aquellas mujeres, hombres y mujeres católicos que han contraído un nuevo matrimonio civil tras la ruptura de un matrimonio eclesiástico. Según la enseñanza tradicional, viven **en contradicción objetiva** con la indisolubilidad del matrimonio; Juan Pablo II afirmó "basándose en la Sagrada Escritura" la práctica de "no admitir a estos fieles a la comida eucarística". Mientras el primer vínculo matrimonial fuera válido, una nueva unión íntima se consideraba **adulterio continuado**, lo que en particular les excluía de recibir la comunión. Esta estricta actitud ofendió profundamente a muchos de los afectados. Se sentían **cristianos de segunda clase a** los que se negaban de hecho los sacramentos, a pesar de que a menudo habían sido fieles miembros de la Iglesia durante años.

El Papa **Francisco** ya ha iniciado un replanteamiento en este sentido: En su carta *Amoris laetitia* (2016), hizo un llamamiento a la **diferenciación en casos individuales.** En un "camino de discernimiento" acompañado por los pastores, se podría examinar en determinados casos si es posible el acceso a la confesión y a la comunión -especialmente si los afectados están seriamente comprometidos a vivir una vida cristiana y quieren evitar más violaciones (como una segunda pareja o hijos en común). Esta apertura fue recibida de manera diferente; algunos obispos ya habían elaborado directrices para un enfoque misericordioso, mientras que otros advirtieron que no se debía confundir a los fieles. **León XIV** tuvo ahora la oportunidad de proporcionar directrices claras para esta tensión pastoral. Se le considera un hombre de centro, **consciente de la tradición**, pero también influido por el espíritu de misericordia de Francisco. De hecho, incluso antes de su elección, León XIV (como cardenal Prevost) era conocido por estar a favor de **permitir que los divorciados vueltos a casar recibieran la comunión**. Los observadores clasifican: *"Él también puso la misericordia en primer plano, antes que el dogma, antes que la doctrina pura"*. El nuevo Papa ha confirmado esta actitud básica en los primeros meses de su pontificado. Con ocasión de un encuentro con pastores de familia, León XIV subrayó que la Iglesia no debe dejar caer a nadie: **los divorciados y vueltos a casar civilmente** son "miembros heridos de nuestra comunidad que siguen perteneciendo a la familia". En lugar de condenarlos de forma generalizada, hay que buscar el modo de reintegrarlos **plenamente en la vida de la Iglesia** sin abandonar la indisolubilidad del matrimonio.

La práctica pastoral en todo el mundo está empezando a cambiar en consecuencia. En algunas diócesis -por ejemplo en Buenos Aires, Roma o en algunas diócesis alemanas- se permite a los divorciados vueltos a casar comulgar de nuevo tras una entrevista espiritual y un periodo de penitencia, siempre que su conciencia se lo permita. **León XIV** se enfrenta a la tarea de mediar en este tipo de soluciones en la Iglesia universal. Mientras que muchos en Europa y América ven con buenos ojos un enfoque más generoso, los obispos de África y Europa del Este, por ejemplo, siguen insistiendo en los principios tradicionales. El Papa estará llamado a **tender puentes**: debe dejar claro que *la misericordia* no es una contradicción con *la verdad*, sino su cumplimiento. Surge la visión de que debe preservarse la **doctrina irrefutable** de la santidad y la indisolubilidad del matrimonio, pero sin excluir a nadie de la gracia para siempre. Al fin y al cabo, como nos recordaba León XIV, la **Eucaristía "no es premio para los perfectos, sino alimento de fortaleza para los débiles**" -una frase de Francisco citada a menudo que sigue siendo un principio rector bajo su sucesor. El hecho de que la Iglesia quiera realmente estar ahí *para todos* debe demostrarse en su trato con quienes no han cumplido las normas morales. Llegar a ellos sin abandonar los ideales de la Iglesia es uno de los mayores desafíos y, al mismo tiempo, una piedra de toque para la autenticidad del mensaje del Dios misericordioso.

Hacia una ética sexual inclusiva

Más allá de los grupos individuales, la moralidad sexual general de la Iglesia está bajo escrutinio. Los cambios sociales de las últimas décadas son demasiado grandes para que las respuestas tradicionales sean sostenibles. Por ello, **nuevos impulsos teológicos** y experiencias sociales están configurando el discurso actual. Por ejemplo, el Camino Sinodal en Alemania -un diálogo de reforma en respuesta al escándalo de los abusos- ha pedido una revisión crítica de toda la moral sexual magisterial. No basta con "formular normas individuales de forma más moderada o cambiar el tono"; lo que se necesita es una ética sexual *"basada en la realidad y habitable"* que adopte un enfoque fundamentalmente nuevo. Los teólogos morales subrayan que la enseñanza de la Iglesia se caracterizó durante mucho tiempo por una **visión de la ley natural**: se basaba en un orden divino de la creación, según el cual la sexualidad es exclusiva entre hombre y mujer en un matrimonio indisoluble y sirve principalmente para la procreación. Todo lo que se desviara de esta norma -desde la anticoncepción hasta los actos homosexuales o la masturbación- se juzgaba objetivamente pecaminoso. Sin embargo, esta **moral** fuertemente **orientada a las normas** ha sumido a muchos creyentes en el conflicto y apenas hace justicia a la diversidad de situaciones de la vida real. Por eso, los teólogos actuales están desarrollando planteamientos para una *ética relacional y sexual* que se centre en **las personas y sus relaciones** en lugar de en catálogos abstractos de prohibiciones. La atención se centra en valores como **el amor, la fiabilidad, el respeto mutuo, el sentido de la responsabilidad y la justicia** entre los miembros de la pareja. A la hora de tomar decisiones sexuales, esta ética se pregunta primero: ¿Favorece este comportamiento una relación sincera y madura, o atenta contra la dignidad y el bienestar de la otra persona? **La calidad de la relación** y la *responsabilidad mutua* se convierten en los criterios rectores. "El enfoque [...] debería centrarse más bien en la responsabilidad de la relación en la que se inserta la sexualidad", es como lo expresa en pocas palabras una declaración teológica actual. La sexualidad ya no se ve principalmente como una fuente de peligro, sino como **una fuerza que da forma a las relaciones**: una fuerza positiva, pero que requiere una orientación ética.

Una ética sexual inclusiva va inevitablemente de la mano de un cambio en la visión de los grupos antes excluidos. Renombrados representantes de la Iglesia reclaman una actitud más abierta hacia los homosexuales. "La homosexualidad no es un pecado", ha dejado claro el cardenal **Marx**; la Iglesia debe reconocer "que también existen *formas 'creativas' de sexualidad*, es decir, la homosexualidad y los estilos de vida queer". Estas declaraciones marcan un profundo cambio con respecto a épocas anteriores, cuando los actos homosexuales se juzgaban de forma diferente. En la actualidad existe una conciencia cada vez mayor de que los pasajes bíblicos sobre este tema -así como sobre otras cuestiones sexuales- deben leerse en su respectivo contexto histórico. **Bernhard Bleyer**, catedrático de Teología Moral, señala, por ejemplo, que la Biblia no contiene juicios concluyentes sobre cuestiones de orientación sexual y está siendo reexaminada. En general, la teología es cada vez más consciente de que la palabra de Dios no debe malinterpretarse como un rígido código de leyes. Más bien, los principios bíblicos centrales **-amor al prójimo, fidelidad, justicia y** misericordia- deben aplicarse a las cuestiones actuales de la sexualidad. Por lo tanto, se puede argumentar que una pareja consensuada, fiel y enamorada es buena ante Dios, aunque no se ajuste a todas las normas tradicionales. **La realidad de la vida** de las personas se convierte en el punto de partida de la reflexión ética: "partiendo de una comprensión realista y humano-científica de la realidad de la sexualidad humana", es importante preguntarse por un *"enfoque responsable de esta realidad en la pareja y el amor"*. Este enfoque ético responsable se aleja de una pura ética del deber. Desafía a la Iglesia a **escuchar** las experiencias de las parejas enamoradas, las necesidades de los solteros y las preguntas de los jóvenes. Las voces de creyentes afectados, teólogos y pastores de todo el mundo, fluyen en este discurso: desde la mujer soltera divorciada que quiere un lugar en su congregación hasta el joven cristiano queer que espera ser aceptado por la iglesia tal como es.

Cambios en el derecho canónico, el catecismo y la interpretación bíblica

Sin embargo, también son necesarios **cambios institucionales** para anclar la ética sexual contemporánea en la Iglesia. Muchos se preguntan: ¿Qué debe cambiar concretamente en el derecho eclesiástico o en el catecismo para que sea posible dar pasos hacia la apertura? Una mirada a los textos actuales muestra dónde es necesaria una reforma:

Derecho canónico: El derecho matrimonial católico aún no reconoce la posibilidad de contraer un segundo matrimonio -reconocido por la Iglesia- tras un divorcio. Quien lo hace de todos modos se encuentra formalmente en estado permanente de pecado grave, lo que, según el canon 915, por ejemplo, le impide recibir la comunión. Si los divorciados vueltos a casar ya no deben ser excluidos en general, el derecho canónico tendría que permitir **regulaciones más diferenciadas.** Por ejemplo, se está debatiendo un rito de penitencia y reconciliación tras un segundo matrimonio civil, que -de forma similar a la práctica de las iglesias ortodoxas- bendiga la nueva unión sin negar el primer matrimonio. Hasta ahora, sin embargo, Roma ha prohibido terminantemente cualquier "acto litúrgico" para las parejas que se han vuelto a casar. León XIV podría dar un impulso en este sentido creando **poderes** legales **discrecionales**. Su predecesor ya había simplificado *los procedimientos de nulidad* (procesos matrimoniales), lo que permitiría a más creyentes anular un matrimonio inválido y volver a casarse. También podrían contemplarse nuevas categorías jurídicas, como el reconocimiento eclesiástico de las uniones civiles responsables, para hacer justicia a las relaciones largas y fieles que (todavía) no son sacramentales.

Catecismo: En el Catecismo de 1992, la moral sexual tradicional se refleja en valores claros. El párrafo 2353, por ejemplo, describe explícitamente el sexo prematrimonial como "gravemente" pecaminoso. Una doctrina contemporánea tendría que **revisar** estas amplias condenas. No se trata de declarar que todo es bueno, sino de un **lenguaje de apreciación y diferenciación**. Por ejemplo, el catecismo podría presentar la sexualidad desde una perspectiva más positiva: como un don de Dios que debe vivirse con responsabilidad. Términos negativos como "fornicación" y "antinatural" serían sustituidos por una descripción que defina el valor moral de una relación no sólo en términos de licencia matrimonial, sino también en términos de *amor y responsabilidad*. En la actualidad, muchos pastores ya hacen hincapié en que el amor comprometido también existe fuera de una boda eclesiástica y debe respetarse. Una doctrina revisada podría reconocer que, por ejemplo, una pareja estable sin certificado de matrimonio o un segundo matrimonio civil deben evaluarse de forma diferente en términos morales en comparación con el comportamiento promiscuo de los jóvenes o la infidelidad arbitraria. En resumen: **diferenciación en lugar de juicios** globales sería el lema. El cardenal Marx lo expresó en pocas palabras: el criterio debería ser si trato a la otra persona como *"la persona de mi vida"* en mis acciones, no el estatus formal de la relación.

Interpretación bíblica: Por último, una renovación de la ética sexual también requiere una nueva mirada al mensaje bíblico. Durante mucho tiempo, algunos pasajes bíblicos -como las palabras de Jesús *"El que* *repudia a su mujer y se casa con otra comete adulterio*" (Mc 10,11) o las palabras de Pablo contra la "fornicación"- se entendían de forma aislada y jurídica. La exégesis moderna, en cambio, intenta arrojar luz sobre el **lugar de** esas palabras **en la vida.** En sus cartas, Pablo advierte contra *la porneía*, que en el contexto de la época a menudo tenía más que ver con la prostitución cultual o la sexualidad explotadora que con las uniones amorosas. Las estrictas prohibiciones de Jesús sobre el divorcio también pretendían proteger a las mujeres del repudio arbitrario, un acto de justicia en una sociedad patriarcal. La Iglesia bajo León XIV está llamada a volver a insistir en estas **intenciones más profundas** de la Escritura. Si Dios quiere *misericordia* y "no quiere que el hombre permanezca solo" (cf. Gn 2,18), entonces una interpretación pastoral de la Biblia no debe detenerse en interpretaciones literales rigurosas. Más bien, los **principios básicos del Evangelio** -amor incondicional a Dios, perdón, respeto a todo ser humano- deben ser el principio rector para aplicar los mandamientos bíblicos en el mundo de hoy. Esto podría significar No mantener un matrimonio en ruinas a toda costa, sino permitir nuevos caminos en el perdón; o medir lo semejante con lo semejante en lo que se refiere a la mala conducta sexual - la Biblia condena a los heterosexuales por fornicación al igual que a los homosexuales, pero a menudo se ha interpretado de forma más estricta en el caso de estos últimos. Una interpretación más relajada y científicamente informada de las Escrituras comunicaría a la congregación *por qué* la Iglesia quiere situar la sexualidad en un buen marco sin hacer hincapié principalmente en el miedo o la culpa.

En resumen, bajo León XIV surgió una **visión de la moral sexual** que aunaba **responsabilidad** y **realidad**. La Iglesia debe seguir siendo una voz clara a favor de la dignidad del matrimonio y la santidad del amor, pero aprendiendo humildemente a reconocer que *la vida* es más compleja que cualquier teoría. Este nuevo tipo de ética sexual pretende ser **inclusiva**: Nadie debería sentirse excluido del mensaje de Jesús simplemente porque no encaja en el estado ideal. Por el contrario, el ideal se ofrece como un camino en el que la Iglesia acompaña pacientemente a las personas. El mismo Papa León XIV subrayó repetidamente que la Iglesia debe estar ahí "para todos" y acercarse a las personas en sus situaciones concretas. Este "para todos" constituye el núcleo de una ética sexual inclusiva, también para los queer. Da la imagen de una Iglesia que levanta **barandillas en lugar de muros**: una orientación clara hacia los valores del Evangelio, pero también los brazos abiertos para quienes se encuentran en caminos llenos de baches. Así podría ser la moral sexual del futuro: **anclada en la tradición**, pero viva y compasiva a la hora de afrontar el presente. Porque, en definitiva, se trata nada menos que de hacer resplandecer de nuevo el mensaje liberador de Jesús en este ámbito central de la vida: Un mensaje que aúne verdad y amor y que se aplique a todas las personas.

🕊️ Capítulo 11:
Rerum Regressus - o: La dignificación de las familias arco iris

Hacia finales del siglo XIX, los cambios radicales en las esferas política, económica y social, sobre todo en la ciencia y la tecnología, condujeron a la división de la sociedad en dos clases. Tras la disolución de los gremios sociales, la gran masa de la clase obrera carecía de poder y de propiedades para oponerse a una existencia indigna como clase trabajadora indigente en la que se habían perdido la dignidad humana y los derechos básicos. Existía **un alto grado de injusticia** social. El conflicto **entre el liberalismo y el socialismo** amenazaba con culminar en una revolución.

León XIII, el nombre predecesor del actual Papa, reconoció en su momento en las "cosas nuevas" (traducción literal), es decir, nuevas condiciones y desarrollos o, como se dice en la traducción alemana: "espíritu de innovación", un peligro para la sociedad y el Estado, porque: El hombre tiene derecho al salario después del trabajo y también a disponer libremente de él - así lo escribió en su **encíclica Rerum Novarum (1891).**

Por tanto, la conversión de la propiedad privada en propiedad común priva a los trabajadores del producto de su trabajo y desconoce el derecho a la propiedad que "pertenece al hombre por naturaleza" (RN 5). Esto no debería ocurrir ni a los individuos ni a las familias. **La familia, como comunidad**, es más antigua que el Estado y, por tanto, no debería depender de él. Posee [...] los mismos derechos que la sociedad civil" (RN 10) y debe seguir siendo independiente.

La represión del cuidado parental exigida por los socialistas viola el cumplimiento del deber paterno y restringe la "autoridad paterna" (RN 11). Las personas se verían entonces privadas del derecho al matrimonio y a la familia.

La encíclica Rerum Novarum del predecesor, el Papa León XIII, trata principalmente de **cuestiones sociales y económicas de la clase obrera,** en particular de las condiciones de la clase trabajadora, los derechos de propiedad, la responsabilidad del Estado y los salarios justos. No contiene una **definición** explícita o independiente **de la familia.**

La familia como "verdadera sociedad" con derechos propios - definición de familia

Por tanto, la Rerum Novarum no ofrece una definición detallada de la familia, sino que presupone **la familia como unidad social y moral universal.** Los principios descritos en la encíclica ofrecen ciertamente margen para incluir **formas modernas de familia,** como las familias arco iris, en el sentido de una doctrina social actual e integradora.

La familia se considera la unidad básica natural de la sociedad: León XIII subraya que la familia es más antigua y natural que el Estado. Constituye la célula central de toda sociedad y tiene derecho natural a la protección y al apoyo (cf. RN 12).

La responsabilidad del padre queda clara en la clásica relación de roles: la encíclica describe el papel del padre como cabeza y proveedor de la familia y subraya su deber de proveer a los miembros de su familia (cf. RN 13-14).

Era necesario escribir la encíclica para hacer hincapié en la protección de la familia mediante **salarios justos:** Se subraya que un salario justo debe permitir a los trabajadores asegurarse una vida digna para sí mismos y para sus propias familias, incluyendo recursos suficientes para la vivienda, la alimentación, el vestido y la educación de sus hijos (cf. RN 34).

La familia como institución moral: León XIII subraya el papel de la familia en la educación y formación moral de los hijos. La describe como una base esencial para la transmisión de valores religiosos y morales (cf. RN 12-14).

La sección central sobre la familia afirma: "La familia, la sociedad doméstica, es una verdadera sociedad con todos sus derechos [...] es más antigua que cualquier otra comunidad, y por lo tanto posee sus derechos y deberes inherentes independientemente del Estado."

Este pasaje subraya la autonomía, la dignidad y la primacía de la familia sobre el Estado. Es crucial **que la "familia" se defina aquí *de forma estructural*, no explícitamente biológica o sexual.**

Referencia al matrimonio como unión de un hombre y una mujer: En su justificación de la familia, León XIII hace referencia a Génesis 1:28 ("Creced y multiplicaos") y afirma: "Ninguna ley humana puede privar al hombre del **derecho** natural y originario **al matrimonio**; ninguna puede restringir en modo alguno el fin primordial de esta [...] institución".

La encíclica presupone **implícitamente** la heterosexualidad, pero no como una demarcación moral, sino en el contexto de la doctrina social, que se centra en la propiedad, el trabajo y la seguridad intergeneracional. Se trata de un **modelo económico de familia, no de un juicio teológico moral.**

De LEO 13 a LEO 14: un cuello de botella cada vez más estrecho

El nuevo Papa León XIV ha intentado ahora completar históricamente esta encíclica centenaria en colaboración con los medios de comunicación. Al hacerlo, ha utilizado simbólicamente el mismo nombre que su predecesor León XIII para dar a su comprensión de las familias un fundamento histórico interpretativo.

Incluso antes de ser confirmado oficialmente en su cargo, el Papa León XIV pronunció un discurso ante los diplomáticos vaticanos el 16 de mayo de 2025. Este discurso -incrustado en mensajes por lo demás conciliadores y promotores de la paz- contenía un retorno implícito a una **imagen tradicional de la familia** que definía **el matrimonio exclusivamente** como **la** unión **entre "un hombre y una mujer".**

En este contexto, el nuevo Papa citó la encíclica *Rerum Novarum* de su predecesor homónimo, pero precedió la cita histórica -en la misma frase- con sus propias palabras y una **definición de familia** mucho **más restringida** (que la que su predecesor homónimo describía directamente en el texto). En su discurso o la cita de *la Rerum Novarum* dice: La construcción de sociedades civiles armoniosas y pacíficas puede [QUOTE BEGIN LEO XIV] "hacerse ante todo invirtiendo en la familia, que es la que se basa en la **unión estable entre un hombre y una mujer**, [QUOTE BEGIN LEO XIII] "una verdadera **sociedad**, por pequeña que ésta se presente, es más antigua que cualquier otra mancomunidad" [QUOTE END LEO XIII- Rerum Novarum 1891:9] [QUOTE END LEO XIV].

De este modo, **impone** su explicación o definición a la cita histórica, tanto en lo que se refiere a la estructura de la frase como a su contenido, y la presenta como una **sentencia de la Iglesia católica**.

Control estratégico y mediático: cómo un discurso casual se convierte en un debate de fondo

Al mismo tiempo, León XIV ya había invitado a los representantes de los medios de comunicación a una audiencia antes de su toma de posesión oficial, un movimiento estratégico que también garantizó la atención mediática a la conferencia con los diplomáticos desde el principio. Sin esta puesta en escena específica, su discurso a los diplomáticos habría pasado probablemente desapercibido, una cita fusionada y superpuesta, mero ruido de fondo en la cámara de eco del Vaticano? A la opinión pública le habría interesado tan poco como el proverbial saco de arroz que se cae en China o dos sacerdotes que se conocen en privado por Internet a través de una plataforma de citas como Planetromeo de Grindr.

Sin embargo, su definición de familia recibió una enorme atención gracias al oficio profesional de los medios de comunicación, especialmente de los grandes periódicos sensacionalistas. Fueron ellos quienes reconocieron y revelaron inmediatamente que el discurso **contenía** una **clara demarcación dialéctica**: Las familias formadas por dos mujeres o dos hombres quedaban deliberadamente fuera de la **definición de familia** y **se omitían por completo**. Los medios de comunicación, al menos, cumplieron su cometido al no limitarse a transmitir la postura del Vaticano, sino también al **incluir a** representantes de asociaciones, grupos queer **y voces opositoras**. De este modo, dieron espacio e impulso al debate.

El hecho de que la prensa creara deliberadamente esta tensión era necesario para poner las cosas en movimiento. Después de todo, a menudo se necesita presión en el caldero para iniciar un cambio - o, como en este caso, para enfatizar un estatus. Hay que amartillar un tirachinas para catapultar el proyectil hacia el blanco, y a veces primero hay que tirar del cerdo por la cola rizada para que luego corra **en la dirección deseada hacia el blanco**. Es precisamente esta presión la que han creado los medios de comunicación, y la que ha hecho posible que un discurso casual, una frase anidada, se convierta en un discurso urgente cuyo contenido no debe ignorarse.

Política de la identidad con el palo de incienso: una imposición teológica y moral

No sólo se refirió al matrimonio, cuya definición sólo habría sido parcialmente comprensible **en vista del "matrimonio para todos"**, sino que amplió explícitamente su estrecha visión a todo el concepto de "familia". Al hacerlo, se distanció claramente de la realidad de la vida de muchas personas que hoy conviven en familia en constelaciones muy diferentes: por ejemplo, con y sin abuela que criar, en **familias patchwork** con y sin dos mitades de la casa o en **familias arco iris** con o sin matrimonio pero con hijos que criar.

El hecho de que León XIV hiciera de este **ataque a los homosexuales** una de sus primeras declaraciones sustantivas antes de su investidura oficial es visto por muchos como una imposición. Con su discurso ante un centenar de representantes del cuerpo diplomático en el Vaticano, el sucesor del Papa Francisco envió una clara **señal de exclusión** hacia todas las **formas de familia** en las que los niños crecen con parejas del mismo sexo o padres queer al añadir sus palabras a la cita de la "Rerum Novarum".

Originalmente, "Rerum Novarum" representaba la solidaridad sociopolítica y **no era un tratado moral-teológico sobre la definición de familia.** Sin embargo, debido a la nueva interpretación del Papa y a los añadidos lingüísticos, la encíclica adquiere hoy de repente un significado moral que históricamente sólo tuvo de forma limitada. El hecho de que León XIV entendiera la familia exclusivamente como la unión entre un hombre y una mujer **decepciona no sólo a muchos**

católicos, sino también a organizaciones que llevan mucho tiempo haciendo campaña a favor de una mayor inclusión de las personas queer en la Iglesia católica.

DeBernardo, director de New Ways Ministry, se refirió a esos comentarios el jueves, diciendo: "La sanación que comenzó con '¿Quién soy yo para juzgar?' debe continuar y crecer en '¿Quién soy yo si no un amigo de las personas LGBTQIA+?'". **El Papa** Francisco ha abierto la puerta **a un nuevo acercamiento** a las personas LGBTQIA+; **el Papa León debe ahora guiar a la Iglesia a través de esa puerta.** Muchos católicos, incluidos obispos y otros líderes, siguen ignorando la realidad de las vidas LGBTQIA+, incluida la marginación, la discriminación y la violencia que muchos todavía experimentan, incluso en instituciones católicas. Esperamos que se eduque escuchando y reuniéndose con los católicos LGBTQIA+ y sus simpatizantes."

DeBernardo destacó que el Papa Francisco ha dado pasos significativos durante su pontificado para **acoger** a las personas LGBTQIA+ en la Iglesia, incluyendo el apoyo a las parejas del mismo sexo y la promoción de un enfoque más inclusivo hacia las personas transgénero. A la luz de la anterior postura del Papa León XIV , DeBernardo también hizo un llamamiento al nuevo Papa para que continúe en el camino de la inclusión y busque el diálogo con los católicos LGBTQIA+.

Por supuesto, se podría pensar que esta definición no era más que una declaración puntual de un individuo. Pero, ¿acaso León XIV pasó por alto negligentemente la diversa realidad social, o la ignoró deliberadamente?

Es cierto que también se podría y se debería hacer hincapié en hechos evidentes, como que la existencia continuada de la sociedad está vinculada a la procreación . Sin embargo, no se trataba de la procreación, sino de la convivencia en familia. **La crianza de los hijos** no tiene que correr necesariamente a cargo de la madre y el padre; las comunidades subsidiarias hacen aquí un excelente trabajo. Muchas personas, con o sin hijos, contribuyen de forma significativa y responsable **al desarrollo de la cultura y la sociedad.**

Por otra parte, León XIV no se dirige a las parejas sin hijos, a las mujeres estériles, a los que utilizan métodos anticonceptivos o a las personas que realizan muy poco trabajo voluntario. Más bien se dirige específicamente a **la vieja imagen enemiga** de las parejas del mismo sexo, a pesar de que a menudo logran hazañas extraordinarias en la crianza de los hijos.

En vista de la amplia atención que se ha prestado al tema, parece poco probable que se haya producido un descuido. Parece más bien vergonzoso no aplicar **una pastoral queer sensible** en este tema ya candente de la Iglesia - parece **un toro en una cacharrería**. **Echar** este **aceite al fuego** es más que vergonzoso - **"¿Quién es?"**, se podría preguntar en el espíritu de Francisco. No habría sido ningún problema **mencionar respetuosamente todas las formas de familia y su valiosa contribución a la sociedad.** (Igual que una respetuosa pausa en el género hablado en alemán con "_:innen" incluye también el tercer género del diverso).

Sus declaraciones no son, pues, un paso en falso personal, sino la expresión de un **posicionamiento institucional del Vaticano, estratégicamente planificado**, con la participación previa de los medios de comunicación. Este impulso se fijó deliberadamente y ha quedado registrado en documentos oficiales en varios idiomas. Se preparó con antelación a la inauguración.

Al intentar socavar teológicamente la legitimidad de las entidades subsidiarias de género neutro, León XIV ignora por completo lo bien que encajan las familias arco iris en el concepto de la Rerum Novarum. En su lugar, introduce un desarrollo retrospectivo con un solo comentario casual - como si dijera: "Quema de brujas, ¿pero ahora mejor?". - **Rerum Novarum se convirtió en Rerum Regressus.**

Más bien, la atención debería centrarse en **aquellos hombres célibes** que no engendran hijos por sí mismos y no contribuyen a la procreación, pero algunos de los cuales incluso se han convertido en maltratadores de niños y adolescentes.

La decisión del Papa León XIV de **excluir** indirecta pero claramente **a las parejas del mismo sexo** en su primer discurso programático y de privilegiar sólo el modelo de familia heteronormativa no sólo es

imprudente desde un punto de vista teológico, pastoral y político-eclesiástico - es una **impertinencia estratégica** (y por lo tanto infundada). ¿Por qué? Tres perspectivas al respecto:

1. teológicamente: Cristo es central - no el modelo de género

a) La buena noticia es para *todos*: El Evangelio no es un mensaje para matrimonios heterosexuales, sino para todos "los que están cansados y agobiados" (Mt 11, 28), incluidas las personas queer, que a menudo han tenido que debatirse entre la fe, la exclusión y la identidad durante décadas. Cualquiera que empiece aquí no con una **palabra de reconciliación**, sino con una estructura de exclusión, se pierde a Cristo mismo.

b) El Nuevo Testamento confiesa que en Cristo "ya no hay varón ni mujer" (Gal 3:28): Pablo rompe los órdenes binarios: en el bautismo, la gracia y la vocación, las personas no se definen según el orden biológico, sino según su relación con Dios. La adhesión a un modelo exclusivo de "hombre y mujer" como normatividad es una indulgencia cultural del Antiguo Testamento, no **teología del Nuevo Testamento**.

c) Ninguna enseñanza bíblica prohíbe el amor vinculante entre personas del mismo sexo: Los a menudo citados **"pasajes clobber"** (p. ej. Rom 1, Lev 18) no son afirmaciones sobre las relaciones de amor igualitario entre personas del mismo sexo, sino juicios morales sobre el abuso, el ejercicio del poder y la pureza cultual. Han sido sacados de su contexto, pero nunca han sido responsablemente actualizados en términos de teología queer.

2. cuidado pastoral: un papa debe curar, no herir

a) El Papa León XIV asume el más alto cargo pastoral de la Iglesia universal: Precisamente porque muchas personas queer han sido violadas masivamente por la Iglesia -a través de la exclusión, el rechazo de la bendición, las salidas forzadas, las terapias de conversión, el silencio y los dogmas- lo que se necesita en el presente es ante todo un **signo de cercanía y aprecio**, no un mandato normativo.

b) La pastoral significa pensar desde el sufrimiento, no desde el ideal: Cristo mismo dejó de lado la ley cuando perjudicaba a las personas (cf. Mc 2,27). La pastoral de las personas queer no requiere enseñanza moral, sino **atención, reconocimiento y un hogar espiritual.** Quienes, por el contrario, proclaman directamente una norma rígida están perjudicando doblemente a quienes ya sufren la falta de hogar teológico.

c) Mal uso estratégico del escenario: El escenario -una recepción diplomática con interés mediático mundial- podría haberse utilizado para invitar a los heridos, escuchar a los marginados, prometer la reconciliación. En lugar de ello, se está utilizando tácticamente **para una marca de primera línea** que sirve deliberadamente a un campo de poder conservador. Esto no es atención pastoral, es **política de identidad con una barrita de incienso.**

3. política de la iglesia: es una afrenta a los procesos de reforma

a) En contra de los procesos sinodales: En muchos países -especialmente Alemania, Bélgica y Australia- se está realizando un trabajo concienzudo y transparente para **integrar a los creyentes queer**. Quien socava estos esfuerzos con un gesto de poder global está desairando a obispos, teólogos y laicos que luchan por una Iglesia más inclusiva.

b) Poco diplomático hacia los países que protegen legalmente el matrimonio para todos: Expresar esta postura ante un centenar de diplomáticos -muchos de países con matrimonio para todos, leyes de igualdad y constituciones antidiscriminatorias- no es tender puentes, sino **una afrenta** política. Es un desprecio tanto a la realidad estatal como a la evolución del derecho internacional.

Indigno y problemático en términos de política eclesiástica

Sí, en términos políticos, diplomáticos y morales, esta declaración puede clasificarse como tácticamente muy reveladora, pastoralmente indigna y problemática en términos de política eclesiástica -especialmente si fue la *primera señal de posicionamiento sustantivo de* tras la toma de posesión. Un análisis diferenciado:

1. clasificación táctica: un acto deliberado de señalización

- **Momento y destinatarios**: El primer discurso programático tras la toma de posesión, ante *un centenar de embajadores* de todo el mundo, no es casual. Es un *foro* altamente *simbólico* en el que cada frase se evalúa en términos de política exterior. Cualquiera que propugne la "familia natural" como único modelo válido en este momento y excluya implícitamente las parejas queer está enviando un mensaje claro.

- **Recurso a León XIII**: La referencia a *la Rerum novarum* y a un supuesto "orden natural" no es un reflejo teológico, sino un movimiento ideológicamente orquestado que apuntala el pontificado con una doctrina social conservadora. Esto es estratégico, y no pastoral.

- **Elección del primer ámbito de conflicto**: El hecho de que el rechazo a las asociaciones de homosexuales se introduzca de forma tan destacada antes que temas como la migración, la paz o el clima muestra qué primera línea cultural se está buscando deliberadamente. Sin embargo, también es posible que el nuevo Papa haya sido moldeado por la cámara de eco vaticana de tal forma que haya adoptado su postura y ésta se corresponda con la suya. Esto da la impresión de que él no dirige el Vaticano en interés del pueblo y de sus necesidades, sino que es el Vaticano quien lo dirige, con tan estratégicos fuegos de paja.

2. evaluación moral: falta de dignidad hacia el cargo y la dignidad humana

- **Desproporcionalidad**: Un discurso inaugural que comienza con una reivindicación de la paz universal y la dignidad humana, pero luego devalúa indirectamente a todo un grupo de población, es una **paradoja** moral. Es intrínsecamente contradictorio y socava la pretensión moral del cargo.

- **Contradicción con el Evangelio**: Quienes hablan siguiendo las huellas de Jesús deben *construir puentes*, no muros. La insistencia demostrativa de en una comprensión exclusiva del matrimonio no es necesaria ni misericordiosa ni está en consonancia con el Evangelio.

- **Violación por omisión**: Aunque no se profieran insultos abiertos, la combinación de la mención positiva y exclusiva de las uniones heterosexuales y la ocultación o supresión simultánea de los estilos de vida queer es una forma de degradación estructural. Se trata de una *discriminación suave pero efectiva*, bajo el manto de la dignidad.

3. dignidad institucional e idoneidad del cargo

- Un Papa no habla en privado, sino de oficio como autoridad moral de miles de millones de personas. Quien inicia este cargo con un **ataque frontal a los derechos humanos reconocidos** - especialmente en los Estados donde las parejas homosexuales están protegidas legalmente- viola también la integridad diplomática del Vaticano.

- Tal mensaje no sólo es incompatible con la humildad pastoral de un constructor de puentes, sino que retóricamente es una bofetada en la cara para todos aquellos creyentes que quieren reconciliar su identidad queer con la fe.

Conclusión: Cualquiera que asuma el ministerio de Pedro y excluya a las parejas del mismo sexo de la idea de una verdadera familia como su primer mensaje teológico está **negando la misericordia, pervirtiendo el ministerio de los pastores e instrumentalizando la paz** para enviar una señal de guerra cultural. Esto no es "verdad en el amor", sino **crueldad disfrazada de supuesta verdad**.

Sí, se le puede -y se le debe- llamar así: Es una insolencia deliberada, fría e indigna (sin fondo) que no hace **justicia al espíritu del Evangelio, a la dignidad humana y al ministerio**. Quien empieza así se opone a los impulsos reformadores de muchos creyentes en todo el mundo. No están demostrando esperanza, sino **represión**. Y ahí radica la amarga claridad estratégica de una de estas primeras grandes apariciones y mensajes.

Cómo clasificar correctamente RERUM NOVARUM con RESPECT

La encíclica Rerum Novarum (1891) de su predecesor, el Papa León XIII, trata principalmente de cuestiones sociales y económicas de la clase trabajadora, en particular de las condiciones de la mano de obra, los derechos de propiedad, la responsabilidad del Estado y los salarios justos. Por tanto, en ella no hay una definición explícita o independiente de familia, sino sólo implícita.

Una **definición de familia** ampliamente aceptada y común en las ciencias sociales actuales se basa **en la presencia de niños:** Según ésta, la familia surge **allí donde los niños viven, crecen y son cuidados**, independientemente de la constelación parental específica. Esta habría sido la definición apropiada y contemporánea que el Papa León XIV debería haber enfatizado.

Incluso en la encíclica *Rerum Novarum*, el concepto de familia no se vincula explícitamente al sexo de los padres. Más bien, la encíclica describe a la familia de forma general y deliberadamente abierta como una comunidad subsidiaria de solidaridad: "La familia, la sociedad doméstica, es una **verdadera sociedad** con todos sus derechos, por pequeña que ésta sea; es más antigua que cualquier otra comunidad y, por tanto, posee sus propios derechos y deberes independientemente del Estado".

Esta formulación no presupone roles definidos ni biológica ni sexualmente. La definición de la familia se basa en la visión de una **unidad subsidiaria de solidaridad**.

Más aún: la encíclica habla sistemáticamente de "seres humanos", no siempre de géneros específicos como "hombre" o "mujer". De hecho, la palabra "mujer" sólo aparece dos veces en las 25 páginas. Esta deliberada apertura lingüística demuestra que *la Rerum Novarum* puede **interpretarse ciertamente de forma neutra desde el punto de vista del género**, como un documento que define la familia principalmente por su función social y no por su composición de género.

Sin embargo, León XIII se refiere indirectamente a la familia en varias ocasiones:

1. **La familia como unidad básica natural de la sociedad:** León XIII subraya que la familia es más antigua y natural que el Estado. Forma la célula central de toda sociedad y tiene derecho natural a protección y apoyo (cf. RN 12).

2. **Responsabilidad del padre de familia:** La encíclica describe el papel del padre como cabeza y proveedor de la familia y subraya su deber de proveer a los miembros de su familia (cf. RN 13-14).

3. **Protección de la familia mediante un salario justo:** Se hace hincapié en que un salario justo debe permitir al trabajador asegurarse una vida digna para él y su familia, incluyendo recursos suficientes para la vivienda, la alimentación, el vestido y la educación de los hijos (cf. RN 34).

4. **La familia como institución educativa:** León XIII subraya el papel de la familia en la educación de los hijos. La describe como una base esencial para la transmisión de valores religiosos y morales (cf. RN 12-14).

Las comunidades más pequeñas -normalmente familias- desempeñan un papel central en la política social, ya que deben ayudarse a sí mismas en primer lugar antes de que el Estado intervenga para prestar ayuda. Está claro que **las familias patchwork o arco iris también forman unidades subsidiarias** en las que las personas -con o sin hijos- pueden superar juntas las crisis más fácilmente que los individuos, que de otro modo dependerían más de la ayuda estatal.

Inclusión interpretativa de las familias arco iris:

Lo que León XIV hace aquí es **un estrechamiento histórico** que no tiene por qué serlo, sobre todo a la vista de imágenes de familia más contemporáneas y abiertas: **Familia es donde hay hijos.** Entonces, ¿por qué este *pontificado del cuello de botella*, que ignora las realidades sociales actuales de individualización y estilos de vida diversos y no les hace justicia?

Aunque el texto histórico del predecesor de León XIII no aborda explícitamente el término y el concepto de familia arco iris, hoy se puede tender un puente interpretativo y queer-teológico partiendo de la preocupación básica de León XIII:

- **Dignidad y protección de la familia:** León XIII insiste en que las familias, como células básicas de la sociedad, merecen una protección especial. Este principio podría interpretarse hoy de forma más amplia para incluir a las familias en todas sus formas, incluidas las parejas del mismo sexo y las familias arco iris.

- **El derecho a una vida digna:** La preocupación por que toda familia tenga derecho a unos ingresos suficientes y a la seguridad social podría servir de base para ampliar la igualdad de derechos y la protección a las estructuras familiares no tradicionales.

Por tanto, la Rerum Novarum no ofrece una definición detallada de la familia, sino que presupone **la familia como unidad social y moral universal.** Los principios descritos en la encíclica ofrecen ciertamente margen para incluir formas modernas de familia, como las familias arco iris, en el sentido de una doctrina social actual e inclusiva. Una mirada a las familias arco iris lo demuestra.

Inclusión interpretativa de las familias arco iris y otros modelos de familia: Aunque el texto histórico de León XIII no aborde explícitamente el término y el concepto de familia arco iris, hoy se puede construir un puente interpretativo y queer-teológico partiendo de la preocupación básica de León XIII:

- **Dignidad y protección de la familia:** León XIII insiste en que las familias, como células básicas de la sociedad, merecen una protección especial. Este principio podría interpretarse hoy de forma más amplia para incluir a las familias en todas sus formas, incluidas las parejas del mismo sexo y las familias arco iris.

- **El derecho a una vida digna:** La preocupación por que toda familia tenga derecho a unos ingresos suficientes y a la seguridad social podría servir de base para ampliar la igualdad de derechos y la protección a las estructuras familiares no tradicionales.

El objetivo es mostrar que *la Rerum novarum* no debe instrumentalizarse como instrumento de exclusión contra las familias arco iris, sino que debe entenderse de forma más diferenciada a través de la hermenéutica actual: *¿Cómo integrar teológicamente a las familias arco iris?*

Cuando *la Rerum novarum* describe a la familia como una "pequeña sociedad" con derechos, deberes de asistencia y protección de bienes, el criterio esencial no es la distribución por sexos, sino una definición de la familia como comunidad de responsabilidad:

- Obligación mutua

- Responsabilidad hacia los niños

- Contribución al bien común

Las familias arco iris cumplen todas estas características. En la interpretación actual, sería teológicamente inadecuado negarles este papel social. La responsabilidad paterna (parental) tiene que ver con un principio ético, que no está fijado en términos de género.

Su predecesor León XIII escribió: "Una ley urgente de la naturaleza exige que el padre de familia proporcione a los hijos el sustento y todo lo necesario [...] es él quien vive en los hijos [...]".

Esta idea tiene como objetivo la continuidad, el cuidado, la responsabilidad generacional, tareas que puede asumir cualquier constelación parental, independientemente del género. Hoy podemos decir que el "padre" representa simbólicamente a la persona que asume la responsabilidad, y ésta puede ser una madre, un padre, una persona no binaria o dos progenitores del mismo sexo.

Y por último: la subsidiariedad y el respeto de los modos de vida deben tomarse en serio y son el credo de esta encíclica

La doctrina social reconoce el principio de que el Estado (o la Iglesia) no debe privar a las comunidades más pequeñas de lo que pueden conseguir. Por ello, *la Rerum novarum* hace hincapié en el respeto de la autonomía doméstica. De ello se deduce Quien cría a sus hijos con amor, conforma una vida doméstica en común y ejerce sus derechos está actuando en el espíritu de la encíclica, incluso como familia arco iris.

Es necesario dar consejos correctivos

¿Cómo deben sentirse las personas queer, y especialmente los hijos de familias queer, después de tales declaraciones **al comienzo de un pontificado**? Este proceso insensible es profundamente decepcionante y despreciable, y esto debe expresarse de forma clara e inequívoca. Lo que aquí se pretende podría calificarse de "táctico" o "malvado" por el componente estratégico y de preparación del estado mayor. **El mal no debe prevalecer y no prevalecerá**, y es precisamente por esta afirmación de su propia cita por la que debe medirse ahora el propio León XIV. Incluso si se le puede conceder que al principio de su cargo aún le faltaba por aprender, es esencial una pronta corrección de esta postura y de la falta de inclusión y aprecio.

Si el conflicto resultante sólo contribuye a endurecer aún más los frentes, León XIV no demuestra ser un constructor de puentes, sino **alguien que profundiza las líneas divisorias**. Al principio de la carrera, a los profesionales les gusta conocer a colegas nuevos y ambiciosos.

Hoy en día, ningún clérigo conservador puede negar seriamente que existe una variedad de imágenes de familia y que **cada una de estas formas de familia da lo mejor de sí en términos de solidaridad y de comprensión subsidiaria de la comunidad social.**

Si este debate es el preludio **de un tratamiento más amplio de las imágenes de familia en la Iglesia**, entonces es necesario introducir el matrimonio sacramental de las parejas del mismo sexo en un futuro próximo. Sólo así se podrá enmendar este **grave paso en falso al comienzo del pontificado**.

Su formulación -parcialmente basada en *la Rerum* novarum- no sólo es teológica y antropológicamente unilateral, sino **también pastoralmente ofensiva y socialmente retrógrada.** Una respuesta bien fundamentada desde la perspectiva de los derechos humanos, la teología y la experiencia práctica de la vida es la siguiente:

1. el amor y la familia no se rigen por fronteras de género

Numerosos estudios científicos e informes de campo lo demuestran: Las parejas del mismo sexo son tan capaces de mantener relaciones estables, afectuosas y responsables como las heterosexuales. Las familias arco iris tampoco son en absoluto inferiores a las demás a la hora de criar a los hijos, al contrario: estudios de la Asociación Americana de Psicología, por ejemplo, demuestran que los niños de hogares homosexuales crecen igual de bien o incluso más estables que en estructuras heteronormativas.

La familia no es un dogma biológico, sino una comunidad en la que se vive la confianza, la fiabilidad, la ternura, el cuidado y la responsabilidad mutua. Esto se aplica a todas las parejas, independientemente de su sexo.

2. el mensaje cristiano no conoce ninguna lógica de exclusión

El propio Jesús nunca pronunció una palabra contra las personas homosexuales, pero sí muchas contra la hipocresía, la exclusión y la discriminación. Cuando el Papa León XIV dice que *la paz empieza en el corazón* y que *la verdad sólo está conectada con el amor y la preocupación por las personas*, debería tener el valor de aplicar esto a las realidades queer. **La Iglesia no puede hablar con credibilidad de paz y al mismo tiempo desvalorizar simbólica y estructuralmente a las personas queer. Y esto en un foro diplomático, ¡qué desastre!**

Apelar a la "verdad" de la Iglesia frente a la realidad del amor entre personas del mismo sexo es inadecuado si esta verdad no tiene un efecto que sirva a la vida, sino que excluye y causa sufrimiento. La verdad debe ser filantrópica, de lo contrario **no es de Cristo**.

3. la enseñanza de la iglesia debe ser adaptable

¿Cuántas convicciones supuestamente de "ley natural" han sido ya revisadas? La condena de las transacciones con intereses, la subordinación de la mujer, la devaluación de los divorciados, la bendición de las armas de guerra... todas ellas posiciones que la Iglesia mantuvo en su día y corrigió después. Incluso la comprensión de la sexualidad y la pareja no es estática, sino que evoluciona con la conciencia de los tiempos.

Si la Santa Sede reivindica un "impulso pastoral" que no busca privilegios, sino que está al **servicio de la humanidad**, entonces también debe estar dispuesta a escuchar y aprender, sobre todo cuando se trata de personas que han sido heridas psicológicamente, marginadas socialmente e ignoradas pastoralmente por las enseñanzas de la Iglesia durante siglos.

4. los niños necesitan amor - no un modelo parental específico

El factor decisivo para el bienestar de los hijos no es la constelación de sexos de los padres, sino el **grado de seguridad, fiabilidad y afecto emocional**. Un matrimonio o una relación de pareja entre dos madres o dos padres puede ofrecer todo esto en abundancia. El bienestar del niño es el objetivo, no un ideal ideológico.

Si el Papa León XIV subraya *que nadie puede evitar luchar por un entorno en el que se proteja la dignidad de todo ser humano*, esto también debe aplicarse a los hijos de las familias queer, y a sus padres. **La degradación de su amor bajo el pretexto del "orden natural" contradice tanto el mensaje bíblico como toda forma de ética humanista-cristiana.**

5 Una contraimagen positiva: el cristianismo inclusivo

El futuro de la Iglesia no reside en la repetición de estructuras anticuadas, sino en la apertura a la diversidad de la vida humana. Las congregaciones que casan a parejas del mismo sexo, no ocultan a los sacerdotes queer e **integran a las familias arco iris** viven el Evangelio de forma más creíble de lo que jamás podrían hacerlo las exclusiones dogmáticas.

Muchos movimientos católicos de reforma -desde *María 2.0* hasta *Dignidad* y *Voces de* Fe- dan testimonio de que **la fe puede ser inclusiva, colorida y relacional**. Una iglesia que entiende a las personas queer como parte del cuerpo de Cristo se convierte también en un signo creíble de paz para la sociedad.

El Papa León XIV abogó por la *verdad, la justicia y la paz*. Estas tres son inconcebibles sin igualdad, reconocimiento y empatía. Quienes excluyen estructuralmente a las parejas (casadas) del mismo sexo no sólo están violando su dignidad, sino que están **violando el centro del**

mensaje cristiano: que todas las personas son amadas, llamadas y bendecidas tal como son. No hay ninguna razón teológica o ética para negar el matrimonio, la bendición o la paternidad a dos personas que se aman, pero hay muchas buenas razones para hacerlo posible. Y *esa* es la verdadera justicia.

Cómo deben seguir respondiendo, estratégica y comunicativamente, las comunidades queer, las organizaciones y los agentes teológicos o sociales de apoyo.

Los cristianos queer y sus aliados pueden reaccionar pública y decididamente: Deben rechazar claramente las declaraciones del Papa en declaraciones, por ejemplo a través de redes como el Foro Europeo de Grupos Cristianos LGBT, Dignidad, María 2.0 o Voces de la Fe - teológicamente sólidas, argumentando en términos de derechos humanos y con empatía pastoral. Al mismo tiempo, es importante desarrollar **contra-narrativas** queer-teológicas que muestren que el amor y la familia no están ligados a constelaciones de género. En el ámbito internacional, se pueden formar alianzas con otras religiones, organizaciones de derechos humanos y actores políticos, por ejemplo a través de peticiones y resoluciones de la ONU. También son eficaces las contraseñas pastorales, como las celebraciones públicas para parejas del mismo sexo y las campañas en los medios de comunicación (por ejemplo, #TrueFamily, #LoveIsNotASin, #WeAreChurch). Los católicos queer también pueden dar un ejemplo visible retirándose de forma demostrativa de los comités eclesiásticos o **mostrando conscientemente su presencia arco iris en los actos eclesiásticos**. También es concebible un modelo de carta al Papa como *respuesta abierta a las declaraciones de León XIV.*

Declaración abierta de cristianos queer y organizaciones de apoyo
Sobre la recepción diplomática del 16 de mayo de 2025 por el Papa León XIV.

Su Santidad,

Con gran decepción y preocupación tomamos nota de sus primeras declaraciones sustantivas tras asumir el cargo. En un discurso que pretende encarnar la paz, la justicia y la verdad, falta lo que constituye el núcleo de la fe cristiana: el reconocimiento de todas las personas como imágenes de Dios, independientemente de su sexo, orientación sexual o estilo de vida.

Su discurso no sólo deja fuera a las personas queer, sino que las degrada a una forma implícitamente deficiente de ser humano al reconocer únicamente la unión de "hombre y mujer" como estructura de soporte de la sociedad y la familia. Esto no es una mera omisión, es una negación del reconocimiento.

No estamos de acuerdo.

Porque sí:

- **El amor es amor.** Desarrolla la dignidad, la responsabilidad, el cuidado y la lealtad, independientemente del sexo biológico.

- **La familia es el lugar donde las personas se defienden unas a otras.** Las parejas homosexuales y las familias arco iris son lugares de estabilidad y cuidado.

- **La justicia empieza por el reconocimiento.** Quien desvaloriza estructuralmente a las personas mediante el lenguaje religioso no actúa en el espíritu de Jesús.

No esperamos de un Papa un acuerdo teológico completo, sino respeto. Y no esperamos acuerdo, sino el signo más fundamental de la dignidad humana: que se nos vea como hijos iguales de Dios y no se nos oculte o reprima.

Nos quedaremos. En la iglesia. En nuestras familias. En nuestro amor. Y seguiremos siendo visibles.

Porque no somos un "problema" - somos
Somos parte de la solución: de una Iglesia que quiere ser creíble,
justa, misericordiosa e integradora.

En nombre de muchos creyentes que son queer o cercanos como
"aliados" - y creen, esperan, aman.

Firmado por ...

Se necesita una hermenéutica

Rerum novarum no es un texto dogmático, sino una reacción sociopolítica a la miseria de la clase obrera industrial del siglo XIX. **Un documento contemporáneo, no dogmático**. La definición del matrimonio no es el contenido central, sino una condición marginal de un sistema económico.

Es necesario un progreso hermenéutico, y no una vuelta al pasado: La doctrina de la Iglesia ha evolucionado en muchos ámbitos: Derechos laborales, distribución de la propiedad, igualdad de derechos para las mujeres, tratamiento de la sexualidad. Hoy está claro que invocar *la Rerum novarum* para discriminar los estilos de vida queer es teológicamente insostenible.

La lectura exclusiva y estrecha de la *Rerum novarum*, tal como la utilizó el Papa León XIV para devaluar a las familias queer en su discurso inaugural diplomático o para complementar su dogmática, es **teológicamente incorrecta, pastoralmente irresponsable y social y éticamente anticuada**. La **cerrazón** dogmática **y octrofobia** con la que se intenta alejar el argumento de la familia de *la Rerum Novarum* de la teología queer resulta -como deja claro el análisis anterior- incorrecta. Por el contrario, una mirada más atenta al contexto histórico y hermenéutico revela exactamente lo contrario: los padres queer y sus hijos en particular pueden invocar los principios socioéticos de esta encíclica con plena justificación.

Las familias arco iris pueden y deben ser reconocidas **como "verdaderas sociedades"** en el sentido de la doctrina social católica, porque asumen responsabilidades, configuran la vida y actúan en favor del bien común.

La conclusión hermenéutica es que la encíclica *Rerum Novarum* debe entenderse principalmente como un documento socio-ético, no como un tratado moral-teológico. Una instrumentalización teológica de este texto para discriminar a las personas queer es, por tanto, inadmisible y contradice su intención real. La ética social católica moderna subraya expresamente los principios de dignidad personal, subsidiariedad y participación, valores centrales que incluyen necesariamente a las familias queer. Por lo tanto, las familias arco iris deben entenderse y reconocerse como expresión de una "verdadera sociedad" en el espíritu de *la Rerum Novarum*.

🕊️ Capítulo 12:
Administración, transparencia y representación de la Iglesia

Apenas se hubo disipado la fumata blanca, el Papa León XIV, nacido Robert Francis Prevost, tuvo que enfrentarse a las apremiantes obras de su pontificado. Aunque el primer estadounidense que se sienta en la Cátedra de Pedro se hace cargo de una Iglesia en auge en todo el mundo, los retos no invitan al regocijo: La estabilidad financiera, la reforma de la curia, el trato con las víctimas de abusos y otros asuntos de reforma están ahora sobre su mesa. Francisco, su anciano predecesor, había iniciado cambios importantes -desde más mujeres en cargos eclesiásticos hasta hacer frente a los escándalos de abusos-, pero muchas cosas quedaron inconclusas. Ahora se espera que León XIV continúe estas reformas con renovado vigor **y marque sus propios acentos**. Al mismo tiempo, como autoridad moral, debe tender puentes internacionales, defender la paz y la justicia y reforzar la voz de la Iglesia en cuestiones globales como el clima y la desigualdad social.

Transparencia financiera y administración eficaz

Las finanzas del Vaticano se consideran opacas y tensas, un legado que León XIV tuvo que abordar absolutamente. En los últimos meses antes de su muerte, el Papa Francisco dio la voz de alarma: instó a los cardenales **a gestionar sus finanzas de manera más eficiente** en el futuro **y a esforzarse por lograr un "déficit cero"**. De hecho, los Estados Pontificios no habían presentado un informe presupuestario completo desde 2022. El último balance disponible, de mediados de 2024, revelaba un déficit de 83 millones de euros; aún más grave era un agujero estimado en unos **631 millones de euros** en el fondo de pensiones del Vaticano. La preocupación de Francisco era tan grande que, tres días antes de caer gravemente enfermo en febrero, nombró apresuradamente una comisión de alto nivel para movilizar donaciones para el Vaticano, que se encontraba en apuros de liquidez. Estas medidas dramáticas demuestran la urgencia de asegurar los cimientos económicos de la Curia.

León XIV se enfrenta ahora a la ingente tarea de **aumentar la transparencia y la eficacia de la administración eclesiástica** y restablecer la confianza en la gestión financiera de la Santa Sede. Se espera de él que examine las complejas estructuras burocráticas del Vaticano y aplique **drásticas medidas de recorte de gastos.** Esto es precisamente lo que los cardenales tenían en mente durante el cónclave: El nuevo Papa debe aportar experiencia financiera y estar preparado para abordar reformas impopulares. Los primeros indicios apuntan a que León XIV cultiva un estilo de liderazgo colegial pero coherente: ve la Curia como una administración de servicio **y no como un centro ávido de poder.** Por ello, ordenó inmediatamente un inventario de los bienes del Vaticano, incluidas las numerosas propiedades pertenecientes a los Estados Pontificios. Queda por ver si algunas propiedades se venderán realmente para pagar deudas, como se está discutiendo internamente. El cardenal Reinhard Marx, experto en economía del Consejo de Cardenales con sede en Munich, advierte del peligro de precipitarse: Marx señala que la venta de las participaciones inmobiliarias **"no sería una reestructuración sostenible, sino a corto plazo".** En su lugar, hay que abordar los gastos estructurales.

En realidad, las finanzas vaticanas se dividen en dos áreas, como explica Marx: **el Estado de la Ciudad del Vaticano genera superávit**, pero la Santa Sede -es decir, la administración central con todos sus dicasterios y nunciaturas en todo el mundo- sigue costando más de lo que ingresa. Los elevados salarios y, sobre todo, los costes de las pensiones de unos 5.000 empleados son una carga para el presupuesto. Se necesitan varias palancas para eliminar este déficit estructural. Por un lado, bajo León XIV, es probable que se intensifiquen las medidas de austeridad iniciadas por Francisco: Francisco ya recortó los sueldos de los cardenales y de los empleados de la curia, y León XIV podría continuar o incluso intensificar este curso. Por otro lado, **es necesario reforzar la parte de los ingresos**, pero de forma transparente y ética. El cardenal Marx advierte que el Banco Vaticano IOR y la administración del Estado Vaticano tienen un papel decisivo que desempeñar: deben **transferir de forma fiable los excedentes a**

la Santa Sede para que la misión de la Iglesia siga estando financiada. Después de todo, el IOOC está ahora en números negros y distribuye decenas de millones a la Santa Sede cada año - no lo suficiente para cubrir todos los déficits, pero sí un elemento básico.

León XIV no deja lugar a dudas de que **la transparencia está a la orden del día**. Los informes financieros volverán a publicarse con regularidad para contrarrestar la impresión de secretismo: la antigua práctica de de mantener los balances bajo llave ha dañado la reputación del Vaticano. Es oportuno que el nuevo Papa ya considerara la administración como un servicio durante su época de obispo y concediera gran importancia a **una clara rendición de cuentas**. Esta cultura se quiere implantar ahora también en Roma. Según fuentes internas, León XIV convocó a varios jefes de autoridad en los primeros días de su pontificado para hacerse una idea precisa de las finanzas y los procesos administrativos. "Debemos apretarnos el cinturón sin traicionar nuestra misión", dijo, un equilibrio que quería conseguir **utilizando cada euro al servicio del Evangelio**. Si León XIV consigue tapar el agujero presupuestario del Vaticano **sin** sacudir la confianza de los fieles con nuevos escándalos financieros, mucho habrá ganado. La Iglesia universal está muy atenta para ver si es capaz de demostrar que puede hacer frente a la "pesada carga" de las caóticas finanzas vaticanas.

Medidas para prevenir y tratar los casos de malos tratos

Probablemente ningún asunto ha minado tanto el crédito moral de la Iglesia en los últimos años como las revelaciones de abusos sexuales por parte de clérigos. León XIV está decidido a **tratar esta herida de la Iglesia con todas sus fuerzas**, tanto preventiva como curativamente. También se están cuestionando tabúes estructurales que durante mucho tiempo se consideraron sacrosantos. El debate sobre la reforma se centra en dos ejes principales: el celibato de los sacerdotes y los nuevos modelos de liderazgo sinodal con una fuerte participación de los laicos.

Abolición del celibato obligatorio: ¿una palanca estructural?

El celibato obligatorio de los sacerdotes católicos es cada vez más objeto de escrutinio como posible factor que fomenta la dinámica de los abusos. Aunque los expertos insisten en que el celibato no es *la* causa de la violencia sexual, muchos lo consideran un factor de riesgo estructural. Un exhaustivo estudio australiano, por ejemplo, concluye que el celibato, combinado con una sexualidad inmadura, puede crear un entorno que favorezca las agresiones. Según los autores, **los clérigos psicológicamente inmaduros o sexualmente frustrados** suponen un mayor riesgo, especialmente en internados, hogares o escuelas. Merece la pena echar un vistazo a las iglesias orientales unidas a Roma: Allí se permite a algunos sacerdotes casarse y, de hecho, las cifras de abusos en estas comunidades son significativamente más bajas. Esta evidencia respalda la demanda de algunos grupos reformistas de reconsiderar el celibato obligatorio para romper la dinámica de abusos clericales.

León XIV abordó el tema con la prudencia necesaria, pero sin anteojeras. El Papa Francisco ya ha dejado claro **que nada sobre el celibato es inmutable**. Francisco describió expresamente el celibato sacerdotal **como una "regla temporal"**, no como una doctrina para la eternidad. Señaló *que no es una contradicción que los sacerdotes puedan casarse*. Declaraciones como éstas abren a León XIV un campo de reflexión nuevo. En cualquier caso, cada vez hay más voces en la Iglesia universal a favor de una flexibilización. **El Camino Sinodal** Alemán -el diálogo reformador de la Iglesia católica en Alemania- ha aprobado incluso una resolución por abrumadora mayoría pidiendo oficialmente al Papa que revise el celibato obligatorio. Es poco probable que León XIV ignore tal petición de su base eclesiástica, sobre todo porque no se trata de un fenómeno aislado, sino que forma parte de un debate mundial. Por supuesto, también hay preocupaciones: algunos teólogos advierten que la abolición del celibato por sí sola no resolverá el problema y que no habrá una "avalancha" de nuevos sacerdotes irreprochables. Sin embargo, como **palanca preventiva**, el celibato voluntario podría al menos desactivar las peligrosas dinámicas que surgen de mecanismos de represión malsanos. León XIV anunció que quería hablar de esta patata **caliente sin ideología y sin miedo.** Según sus allegados, se trataba de "poner sobre la mesa todo lo que pueda servir para proteger a las personas", por muy tradicional que sea.

Modelos de liderazgo sinodal y participación de los laicos

Al mismo tiempo, León XIV estaba comprometido con un cambio cultural en el liderazgo de la Iglesia. El antiguo desequilibrio de poder - el todopoderoso clero en la cúspide, el obediente laicado en la base- había llegado a su fin. Va a ser sustituido por más **sinodalidad**: un caminar conjunto de consagrados y no consagrados en el que el poder se comparte y el control ya no es responsabilidad exclusiva de la jerarquía. La investigación de los casos de abusos, en particular, ha demostrado que la concentración clerical de poder ha conducido a menudo a la falta de transparencia y al encubrimiento. Cuando los **sacerdotes y los obispos sólo rinden cuentas entre sí,** se crea fácilmente un "cártel del silencio" que protege a la institución, no a las víctimas. Esto debería contrarrestarse en con estructuras sinodales en las que los no clérigos también participen y tengan voz en la toma de decisiones.

Destacados líderes eclesiásticos están expresamente a favor de esta apertura. El cardenal Jean-Claude Hollerich -el arzobispo de mayor rango de Europa- pidió **que los obispos estuvieran más controlados por los laicos**. *"No tengo ningún problema en que un grupo de laicos me controle",* dijo Hollerich de forma inequívoca y pidió que se supere el clericalismo. Esta actitud, que habría causado revuelo hace unos años, es ahora compartida por muchos. En varios países se están creando comisiones independientes en las que participan abogados, psicólogos y representantes laicos para investigar los casos de abusos y formular recomendaciones. León XIV saludó expresamente estas iniciativas. En su propia diócesis de Chiclayo, en Perú, **probó formas participativas de liderazgo** antes de su elección como Papa y experimentó que la responsabilidad compartida es buena para la credibilidad. Como Papa, subraya que la sinodalidad **no** significa simplemente democratización, sino más bien escucha del Espíritu

Santo - pero la experiencia ha demostrado que esta escucha es más amplia y clara cuando participan todos los fieles.

En concreto, esto podría significar que, a nivel parroquial y diocesano, **los órganos mixtos formados por clérigos y laicos** tengan más poder de decisión: Por ejemplo, consejos pastorales que asesoren junto con los párrocos sobre asuntos importantes, o equipos consultivos independientes que intervengan en la contratación de personal, las cuestiones financieras y el tratamiento de las denuncias. El propio Vaticano ya ha dado pasos en esta dirección: algunas comisiones vaticanas incluyen ahora a mujeres y laicos con derecho a voto. Es probable que León XIV consolide este rumbo. Para él, es crucial que el poder en la Iglesia se entienda **como un servicio** y se ejerza con transparencia. *"Todos estamos bautizados y pertenecemos a la misma iglesia",* fue el lema que él -al igual que Hollerich- enfatizó repetidamente. Esto va de la mano de **una responsabilidad más estricta** de los titulares de los cargos: Los obispos que cometen errores o los encubren ya no deben poder esconderse detrás de sus colegas obispos. Cada vez es más evidente que León XIV tomará medidas claras en los casos de abusos y permitirá que expertos externos impulsen la investigación. La Iglesia se convertirá así en un modelo de transparencia, un objetivo ambicioso, pero que parece indispensable para recuperar la confianza perdida.

Representación internacional y papel diplomático

El Papa León XIV también está llamado a actuar **como constructor de puentes y autoridad moral** en la escena mundial. La propia elección de su nombre, León, recuerda al Papa León XIII, que luchó por la justicia social en el siglo XIX. León XIV retomó conscientemente esta tradición haciendo de la paz, la justicia climática y las cuestiones sociales las señas de identidad de su pontificado. En su primer discurso desde el balcón de la Basílica de San Pedro, dio ejemplo: Ante decenas de miles de fieles que le aclamaban, hizo un llamamiento **a la paz y al diálogo.** *"¡La paz sea con vosotros!"* - saludó al mundo con este saludo bíblico nada más ser elegido Papa. León XIV hizo de la pacificación su prioridad inequívoca. Los observadores internacionales se dieron cuenta de que esbozaba su idea de la paz en el mismo discurso: se trataba de una **"paz desarmada y desarmante"**, una paz mediante el diálogo y el desarme, totalmente en el espíritu de Cristo. Para León XIV, este pacifismo no era un sueño ingenuo, sino un programa concreto.

Pocos días después de su elección, estas palabras pasaron a la acción. León XIV se reunió inmediatamente en Roma con diplomáticos y enviados de todo el mundo y subrayó ante el cuerpo diplomático que la política exterior del Vaticano era un **"servicio a la familia humana"**. Siguió los pasos de Francisco, que había sacudido incansablemente las conciencias, desde el *"grito de los pobres"* hasta los retos de la **protección del clima y la globalización**. León XIV dejó claro que quería continuar con estos temas y, al mismo tiempo, establecer sus propias prioridades. Anunció una **serie de viajes al extranjero** para tender nuevos puentes de entendimiento más allá de las fronteras culturales y nacionales. Su biografía personal - estaciones de vida en América del Norte y del Sur, así como en Europa - es el programa: *"El viaje de mi vida muestra el deseo de cruzar las fronteras para conocer gente y culturas diferentes"*, explicó a los diplomáticos. El Papa quiere, como él mismo dice, *"llegar y abrazar a cada pueblo y a cada individuo de esta tierra que anhela la verdad, la justicia y la paz"*.

La paz a través del diálogo es uno de sus principios rectores. León XIV subrayó que para pacificar los conflictos era necesaria *una sincera voluntad de diálogo*: el mundo debía aprender a encontrarse en lugar de combatirse. Esto también incluía **revitalizar las instituciones internacionales** y reforzar la diplomacia. En concreto, León XIV se posicionó en sobre el problema de paz actual más importante del mundo: la guerra de Ucrania. Poco después de asumir el cargo, anunció a Moscú y Kiev que **la paz territorial y los derechos humanos** no eran negociables para la Santa Sede. El Presidente ucraniano, Volodymyr Zelensky, se mostró encantado con las claras palabras del nuevo Papa: informó de una conversación telefónica "muy cordial y sustancial" con León XIV, en la que pedía una **"paz justa y duradera"** para Ucrania. Selensky invitó inmediatamente a León XIV a visitar Ucrania: una visita así "traería una esperanza real" al sufrido pueblo, como subrayó el Presidente. También desde la Iglesia ucraniana llegan voces esperanzadas: *"Francisco no ha sido comprendido aquí. Pero el Papa León XIV ya ha demostrado que la paz en Ucrania está cerca de su corazón"*, explicó el obispo auxiliar Volodymyr Hruza en Lviv. El Gran Arzobispo de Kiev, Svyatoslav Shevchuk, llegó incluso a decir que una visita de León **podría traer la paz.** Estas expectativas subrayan hasta qué punto el mundo ve a León XIV en el papel de **mediador neutral y admonitor de la paz.**

Además de la política de paz, León XIV también alzó **la voz en favor de la justicia climática y la justicia social.** Francisco había puesto el listón muy alto con su encíclica *Laudato si'* al situar la protección del medio ambiente y del clima en el centro de la enseñanza de la Iglesia. León XIV demuestra que está comprometido a seguir por este camino. En su encuentro programático con los embajadores, subrayó que la Santa Sede seguiría afrontando los *"desafíos de nuestro tiempo"*, *"desde la preservación de la creación hasta la inteligencia artificial".* De este modo, da continuidad directa a la agenda socioecológica de su predecesor. **Los activistas climáticos y las organizaciones de desarrollo** como Greenpeace y CIDSE se congratulan expresamente de ello: asocian a León XIV con la esperanza de que la Iglesia denuncie aún más claramente las injusticias globales y contribuya al cambio social y ecológico. Greenpeace Alemania, por ejemplo, ha pedido al nuevo Papa que **haga de la justicia climática una prioridad para la Iglesia** y que haga un mayor uso de los bienes eclesiásticos para proyectos sostenibles. León XIV parece dispuesto a mostrar una clara ventaja también en este terreno. En su discurso, afirmó que la Iglesia no tiene más remedio que alzar la voz ante los numerosos desequilibrios e injusticias *"que conducen, entre otras cosas, a condiciones de trabajo indignas y a sociedades fragmentadas y conflictivas".* El Papa pidió *"esfuerzos para eliminar las desigualdades globales".* Al mismo tiempo, hizo un llamamiento a los líderes políticos para que creen sociedades más pacíficas invirtiendo en **familias estables e igualdad social.** Se mostró especialmente preocupado por la dignidad de los más vulnerables: desde **los niños por nacer hasta los inmigrantes,** todas las personas deben ser protegidas. Es este enfoque global -pensar conjuntamente en la paz, el medio ambiente, la justicia social y la protección de la vida- lo que ha hecho ya de León XIV una **nueva voz distintiva** en la escena mundial.

León XIV también se mostró crítico con los responsables políticos y sociales. *"La Iglesia nunca puede sustraerse a su misión de decir la verdad sobre el hombre y el mundo",* subrayó, anunciando que nombraría los abusos con un lenguaje claro si fuera necesario. Sin embargo, esta verdad está siempre ligada al amor y tiene como objetivo el bienestar de todo ser humano. En otras palabras, el Papa no quiere andarse con rodeos diplomáticos cuando se trata de **crisis migratorias, explotación o belicismo**, pero lo hace con un corazón pastoral que tiene en mente la salvación de las personas. Esta combinación de franqueza y compasión caracteriza ya su imagen pública.

León XIV está, pues, en el proceso de **elevar el perfil de la Iglesia como autoridad moral mundial**. Está construyendo sobre los cimientos de sus predecesores: se puede sentir tanto el espíritu de Juan Pablo II, que gritó incansablemente *"¡Nunca más la guerra!"*, como el de Francisco, que se centró en la misericordia y la ecología. Pero León XIV está decidido a continuar esta misión *con su propia firma*. Como dijo un observador del Vaticano: "León quiere tender puentes, pero también clavar estacas". Puentes de diálogo -por ejemplo con otras religiones para expulsar conjuntamente la **"voluntad de conquista"** y el fanatismo- y estacas de claridad allí donde se violen los valores fundamentales. Su primer discurso a los diplomáticos terminó con una advertencia urgente al desarme, en línea con el último mensaje del difunto Francisco: *"¡No puede haber paz sin un verdadero desarme!"*, clamó León XIV, advirtiendo contra una nueva carrera armamentística mundial. Estas palabras resuenan tanto en los salones de la ONU como en los márgenes de la sociedad.

En resumen, León XIV demostró ser en las primeras semanas de su pontificado un Papa que reforzó la administración y la transparencia en la Iglesia, no rehuyó las preguntas incómodas y representó a la Iglesia católica en la escena mundial con nuevo vigor. Apostó por unas finanzas sólidas como base de la misión, por una Iglesia humilde que aprende de sus errores y por una postura decidida en materia de paz, clima y justicia. Al mismo tiempo, sigue siendo un pastor de corazón: el deseo de hacer más creíble a la Iglesia y de dar peso a su mensaje en el mundo moderno se trasluce en todo lo que hace. León XIV no está recorriendo un camino fácil, pero muchas voces, desde el cardenal de Munich hasta el presidente ucraniano, ya están expresando su **esperanza** de que este Papa abra nuevos caminos de fe y justicia. Los próximos años mostrarán hasta dónde llega León XIV con sus planes. Pero la partida es palpable: una *Iglesia en movimiento*, animada por la pretensión de hacer transparente la administración, compartir el poder y convertirse en defensora de la humanidad en las crisis del mundo.

🐾 Capítulo 13:
Sinodalidad y renovación estructural de la Iglesia

Cuando el Papa León XIV apareció en la logia de la Basílica de San Pedro por primera vez el 8 de mayo de 2025, prometió, visiblemente emocionado, continuar el despertar sinodal de su predecesor. En su **primer discurso**, dio las gracias al Papa Francisco e hizo un llamamiento a los fieles reunidos: Hermanos y hermanas "de Roma, de Italia, del mundo entero, seamos una Iglesia sinodal, una Iglesia en salida, una Iglesia que busca siempre la paz, que busca siempre la caridad, que busca siempre la cercanía sobre todo a los que sufren". León XIV se comprometía así directamente con la **sinodalidad** como leitmotiv: el concepto de una "Iglesia que se forma juntos". El Papa Francisco ya había descrito la sinodalidad como el "camino que Dios espera de la Iglesia del tercer milenio". Sinodalidad significa esencialmente caminar juntos por la senda de la fe: **La escucha, el diálogo, el discernimiento compartido y la responsabilidad compartida** caracterizan este estilo. La declaración final del Sínodo Mundial de 2023 lo definió como el avance conjunto de todos los creyentes, en reuniones a todos los niveles, escuchándose unos a otros, consultándose y llegando a consensos bajo la guía del Espíritu Santo. El Papa León XIV, que "sabe lo que significa la sinodalidad", retoma aquí y deja claro que no quiere **dar un paso atrás** -si se puede creer- sino continuar el curso reformador iniciado por Francisco. Para el presidente de la Conferencia Episcopal Alemana, Georg Bätzing, *es "alentador"* que León XIV haya apostado tan claramente por una "Iglesia sinodal que avanza y quiere estar ahí para todas las personas". El nuevo Papa se sitúa así en **continuidad** con su predecesor y "deja claro que lo que comenzó Francisco continuará", una señal importante, especialmente para Alemania con su trayectoria sinodal, para seguir avanzando en la renovación de las estructuras eclesiásticas y en una mayor codeterminación.

Cultura sinodal de debate de la parroquia a la curia

Con León XIV, la sinodalidad no debía ser sólo una palabra de moda en Roma, sino que debía impregnar toda la Iglesia como **mentalidad**. El Papa promovió una *cultura* sinodal *de debate*, desde la vida parroquial local hasta los más altos comités eclesiásticos. En concreto, esto significa que **la escucha y el diálogo** se convierten en la norma de la acción eclesial: En las parroquias, los sacerdotes y los laicos deben entablar un mayor intercambio, y las asambleas y consejos parroquiales deben implicarse seriamente. En las diócesis, León XIV animó a los obispos a celebrar **sínodos** locales o consejos pastorales para que los fieles pudieran expresar sus preocupaciones. E incluso en la Curia Romana, este estilo continuó - a través de consultas, comisiones internacionales y la participación de diversas voces (incluyendo religiosos y laicos) en la toma de decisiones. Los observadores describen cómo León XIV, como obispo y cardenal, siempre estuvo abierto al consejo *"y a la colaboración"*, por ejemplo con las mujeres en puestos de liderazgo. Sor Yvonne Reungoat, que fue una de las primeras mujeres en trabajar con el entonces cardenal Prevost en el Dicasterio para los Obispos, destaca su **atención y apertura**: escuchaba e implicaba activamente a las mujeres, por lo que está convencida de que continuará e incluso ampliará esta línea como Papa. Sin embargo, una verdadera cultura sinodal de debate también se **nutre de la escucha paciente** de todas las partes. El teólogo vienés Jan-Heiner Tück advierte que en el diálogo sinodal hay que "escuchar realmente al otro y no identificar precipitadamente los propios deseos con la obra del Espíritu Santo". Este principio debería contribuir a que los debates sigan siendo justos y espirituales, incluso cuando surjan temas controvertidos. León XIV aspiraba a una Iglesia *"atenta a la escucha, cercana a cada persona, [...] capaz de relaciones auténticas y acogedoras, casa y familia de Dios abierta a todos: una Iglesia sinodal misionera"*. León XIV aceptó esta visión de una carta de la Secretaría del Sínodo al nuevo Papa como una misión: Quería acercar la Iglesia a la gente, más capaz de dialogar, más dispuesta a servir y más abierta al mundo.

En términos prácticos, esto también supuso un **cambio de mentalidad** en la cúpula eclesiástica. León XIV es considerado un "constructor de puentes" y un *pragmático* que quiere conectar los diferentes mundos del catolicismo. Como primer Papa de los EE.UU. con amplia experiencia en Perú, es culturalmente diverso y conoce las preocupaciones de la *"gente pequeña"*, así como la dinámica de la Curia. Inmediatamente después de su elección, dejó claro que continuaría el proceso sinodal mundial de Francisco. Sin embargo, muchos esperan de él no solo que escuche, sino también que **tome decisiones**. *"Creo que el Papa León no solo escuchará, no solo incluirá, sino que también decidirá al final"*, dice el padre Mauritius Wilde, un monje benedictino nacido en Alemania en Estados Unidos. Los fieles esperan que el nuevo pontífice convierta ahora las numerosas consultas en acciones concretas: *"Los estadounidenses [...] quieren ver las cosas, son muy pragmáticos. Y eso [...] será bueno para la Iglesia"*. Esta imagen de sí mismo -escuchar, pero también **actuar** en función de los objetivos- fue demostrada en repetidas ocasiones por León XIV. Como cardenal, no sólo participó en el Sínodo Mundial, sino que incluso presidió uno de los grupos de trabajo y mostró dotes de liderazgo en la búsqueda de soluciones. En 2024, al margen del Sínodo de los Obispos en Roma, subrayó que *el Espíritu Santo estaba "urgiendo a la Iglesia a renovarse"*. La sinodalidad es **algo más** que un proceso o la celebración de reuniones adicionales: se trata de preguntar juntos qué quiere Dios de nosotros hoy. Como Papa, León XIV seguirá insistiendo en esta dimensión espiritual de la sinodalidad: No se trataba de "agendas políticas" ni de proyectos de prestigio personal, sino de **escuchar juntos al Espíritu de Dios**. Vinculaba así la renovación estructural y espiritual de la Iglesia.

Reforma de las estructuras de poder y mayor participación de los laicos

Estrechamente vinculada a la sinodalidad se encuentra una profunda **renovación estructural** de la Iglesia católica, tal y como la concibió León XIV. Para ello es fundamental *la cuestión de la distribución del poder*, es decir, quién decide en la Iglesia y cómo se toman las decisiones. El Papa Francisco ya ha comenzado a abrir nuevos caminos en este ámbito, pero muchas de estas reformas ya figuraban en la agenda de León XIV. Una de las principales preocupaciones es la **participación de los laicos** en las decisiones importantes. El Sínodo

Mundial 2021-2024 dejó claro que los fieles de todo el mundo reclaman una mayor participación. **En el documento final** del sínodo, los representantes de todo el mundo votaron a favor de reforzar la *corresponsabilidad* de las bases: el Sínodo de los Obispos votó a favor de una mayor descentralización en la Iglesia mundial y una mayor participación de los creyentes de a pie en las decisiones importantes. Esto también incluye **transparencia y la rendición de cuentas** de la jerarquía - demandas que recibieron amplias mayorías. El Papa Francisco había aprobado expresamente estas resoluciones de su último sínodo antes de su muerte en la primavera de 2025 y las publicó sin debilitarlas. Ahora le toca a León XIV ponerlas en práctica. Ya ha dado señales de que tiene la intención de continuar resueltamente por el camino de la reforma.

Las **medidas** concretas de reforma se refieren, entre otras cosas, a una mayor participación igualitaria de las mujeres en el liderazgo y los ministerios ordenados. El Sínodo Mundial recomendó expresamente que *se mantenga abierta la* cuestión de la *admisión de mujeres a los ministerios ordenados*. Esto significa, por ejemplo, que se seguirá examinando la cuestión del diaconado femenino, largamente debatida, que el Papa León XIV deberá abordar en un futuro próximo. Muchos católicos de todo el mundo esperan que las mujeres puedan al menos servir como diáconos en el futuro o recibir más asignaciones oficiales (por ejemplo, como asistentes de bautizos o bodas). El cardenal Reinhard Marx subrayó que ésta es *"sin duda una de las cuestiones centrales del futuro"* y que espera *"que avancemos"*. Aunque la Iglesia universal avanza a distintas velocidades en esta cuestión, es tanto más importante contar con un Papa *"que mantenga estas puertas abiertas y no retroceda"*. León XIV ya había promovido a las mujeres y probado **elementos sinodales** en su diócesis de Chiclayo, en Perú. Allí implicó a los laicos -hombres y mujeres- en las decisiones pastorales y se apoyó en *modelos* participativos *de Iglesia de base*. Ahora trae a Roma toda esta experiencia. Sus colegas ya han experimentado su estilo de liderazgo cooperativo como prefecto del Dicasterio para los Obispos: La monja francesa Reungoat cuenta que Prevost trabajaba con naturalidad con las mujeres a la hora de nombrar obispos y valoraba su perspectiva . En su opinión, *"no hay razón para pensar que no continuará en esta dirección"*; al contrario, podría **desarrollar aún más** la corresponsabilidad femenina en la Iglesia. León XIV ya ha dado los primeros pasos nombrando a más mujeres y miembros no clérigos en los órganos consultivos del Vaticano y permitiendo que sus voces sean escuchadas en asuntos de personal.

Pero la reforma de las estructuras de poder va más allá de la cuestión de las mujeres. En general, se trata de acabar con **los monopolios clericales de poder** y reestructurar la jerarquía hacia un **liderazgo de servicio.** Por ejemplo, el Consejo *Sinodal* previsto a nivel mundial -un nuevo órgano de obispos y laicos que podría reunirse entre sínodos- pretende reforzar el liderazgo colegial. En Alemania, dicho Consejo Sinodal fue objeto de polémicas discusiones; los tradicionalistas advirtieron de una especie de parlamento eclesiástico. León XIV tendrá que sopesar cuidadosamente cómo establece *elementos participativos* **sin** abandonar por completo el orden jerárquico. El cardenal Marx lo expresó así: la Iglesia debe permitir una mayor participación *"sin convertirse en una democracia parlamentaria"*. Aquí es precisamente donde reside el reto: la sinodalidad requiere **participación y codeterminación**, pero dentro de la comunión eclesial en la que los obispos siguen ejerciendo su oficio pastoral. Por ello, León XIV subrayó que la sinodalidad *no* significa *un debilitamiento*, sino una **revitalización** de la autoridad eclesial: los pastores escuchan al pueblo de Dios y luego deciden de acuerdo con el Evangelio. Esto significa también que los obispos **están sujetos a evaluación:** El Sínodo propuso procedimientos para revisar periódicamente la conducta de los obispos en ejercicio. Esta inusual rendición de cuentas pretende fomentar la confianza y dificultar el abuso de poder. El Papa León XIV apoyó este tipo de iniciativas porque era consciente de la crisis de confianza provocada por los escándalos.

Otro ámbito clave de la reforma es hacer frente al **escándalo de los abusos,** que ha provocado una dramática pérdida de credibilidad y el abandono de la Iglesia en muchos países, sobre todo en Europa. Muchos de los afectados ven la raíz del problema en estructuras de poder enquistadas y autoritarias. La asociación de víctimas *Eckiger Tisch*, por ejemplo, pide al nuevo Papa que realice "cambios estructurales" para que por fin se puedan extraer consecuencias del escándalo de los abusos. Matthias Katsch, portavoz de la iniciativa, advirtió poco después de la elección de León XIV que la *curva de* *aprendizaje* del Vaticano debía ser empinada: se había perdido demasiado tiempo, demasiadas palabras papales sin reformas radicales. De hecho, León XIV estaba bien situado para hacer una aparición creíble aquí: En Perú, el obispo Prevost era visto como alguien que respondía a las preocupaciones de las víctimas de abusos y promovía investigaciones independientes. Sin embargo, también se le mide por sus actos: **La transparencia**, la cooperación penal y el fortalecimiento del control independiente en la Iglesia son expectativas que ahora se depositan en él en todo el mundo. Por tanto, la reforma de la Iglesia en un espíritu sinodal incluye necesariamente la **aceptación de los abusos**: una "renovación de la Iglesia desde dentro" que sustituya las antiguas pretensiones de poder por la humildad y la justicia. León XIV dejó claro en repetidas ocasiones que la Iglesia *"busca la cercanía sobre todo de los que sufren"* - y aquí hay que mencionar en primer lugar a las víctimas de abusos.

Nuevas instituciones sinodales: Sínodo mundial y descentralización

Además de estos cambios personales y mentales, León XIV también se enfrentó a la tarea de establecer **innovaciones institucionales**. Una de las grandes innovaciones bajo Francisco fue la convocatoria de un *sínodo mundial permanente*, es decir, un proceso consultivo global de la Iglesia de varios años de duración. Este proceso sinodal mundial (iniciado en 2021) se prorrogó incluso hasta 2028, poco antes de la muerte de Francisco. El plan es concluir con una **Asamblea General de la Iglesia** en Roma en 2028, que reunirá de nuevo a obispos y laicos de todos los continentes. El Papa León XIV ha asumido de hecho la presidencia de este proceso histórico. Aunque no hubiera sido obligatorio según el derecho canónico, rápidamente dejó claro que el Sínodo Mundial continuaría *como estaba previsto*. Incluso en su primer mensaje desde la Logia, subrayó: *"Seamos una Iglesia sinodal"*. Muchos observadores vieron en este compromiso un indicio de que no se rompería con la cultura sinodal. El experto en derecho canónico de Friburgo Georg Bier señaló que, en teoría, un nuevo Papa **podría** revertir las reformas sinodales de su predecesor, pero lo consideró improbable: *"Ningún Papa vendrá y abolirá directamente todas las reformas sinodales de Francisco"*. León XIV confirmó esta expectativa anunciando expresamente que continuaría el camino de Francisco. La Secretaría General del Sínodo de los Obispos en Roma no tardó en dar la bienvenida al nuevo Papa con una inusual carta pública. En ella, el cardenal Mario Grech y sus colegas expresaban su alegría y prometían hacer todo lo posible para apoyar a León XIV en la continuación del camino sinodal. *"Ahora que el camino continúa bajo su liderazgo, esperamos con confianza las orientaciones que tomará para ayudar a la Iglesia a crecer como comunidad"*, escribieron esperanzados Grech, la hermana Becquart y el obispo Marín de San Martín. Con ello, señalaban que se centran en la **sinodalidad misionera**, una Iglesia que también irradia hacia el exterior a medida que avanza unida.

Bajo León XIV**, la sinodalidad** podría **establecerse como una institución permanente** en la Iglesia. Por ejemplo, se debatió la creación de un *consejo sinodal permanente* a nivel mundial, que se reuniría entre las grandes asambleas sinodales. Este órgano formado por representantes de la Iglesia mundial -obispos, religiosos y laicos- podría asesorar al Papa y tomar ciertas decisiones de forma descentralizada. **Esta descentralización** corresponde al principio de subsidiariedad, que ya reclamó el Concilio Vaticano II. El Sínodo recomendó incluso que se concediera a las conferencias episcopales y a las asambleas continentales más autoridad magisterial para que ellas mismas pudieran regular localmente las cuestiones pastorales. El Papa Francisco sugirió algo similar en *Evangelii Gaudium* y ya ha delegado algunas decisiones litúrgicas (como las traducciones) en las iglesias locales. León XIV podría ampliar esto aún más. Por ejemplo, se está debatiendo si en ciertas regiones -como las tierras bajas del Amazonas, donde hay escasez de sacerdotes- deberían permitirse soluciones especiales como la ordenación de personas casadas probadas (homines probati). También se están debatiendo a nivel regional distintas formas de pastoral matrimonial (por ejemplo, ocuparse de los divorciados vueltos a casar o ceremonias matrimoniales para todas las parejas). **Una toma de decisiones más descentralizada** tendría en cuenta la diversidad de la Iglesia mundial y daría más responsabilidad a los obispos locales. El Sínodo aboga por ello, pero al mismo tiempo subraya unos límites claros: no debe abandonarse la unidad en la fe y en el orden sacramental . León XIV tendrá, pues, que sondear hasta dónde puede llegar la *globalización de la codecisión* sin poner en peligro **la catolicidad** (lo que une al mundo).

Observa atentamente las experiencias de cada país. En *Alemania,* por ejemplo, el Camino Sinodal se esfuerza por conseguir un Concilio Sinodal nacional, que encuentra reservas en Roma. León XIV conoce bien esta controversia, ya que, como cardenal de la curia, discute con la Iglesia alemana. Por un lado, aprecia la preocupación de que laicos y obispos consulten juntos; por otro, comparte la preocupación de que una comunión permanente de laicos y obispos no socave la autoridad de los obispos individuales. Su tarea sería encontrar **soluciones creativas** que permitieran la consulta sinodal sin provocar un cisma o aberraciones nacionales. En general, León XIV parecía querer mantener el terreno **intermedio** : Hará posibles las reformas, pero en *comunión* con toda la Iglesia. El Frankfurter Allgemeine Zeitung comentó que León *"se presentaría como un papa en la línea de todos los papas y encontraría su propio estilo"*; en otras palabras, no sería un velocista revolucionario, sino un caminante persistente por la senda de la reforma.

Formas de salir de la crisis: disminución del número de miembros y nuevos enfoques de la fe

La urgencia de todas estas reformas se hace especialmente patente en la **pérdida de miembros** que está sufriendo la Iglesia, sobre todo en Europa. Cada año, decenas de miles de creyentes de países como Alemania, Suiza y Francia dan la espalda a la Iglesia. Hay muchas razones para ello: los escándalos de abusos y encubrimiento ya mencionados, pero también el sentimiento de muchos de que la Iglesia **ya no está a la altura de los tiempos**, demasiado jerárquica, demasiado alejada de la vida cotidiana de la gente. El Papa León XIV vio en la renovación sinodal un medio fundamental para contrarrestar esta erosión. La sinodalidad también significa **abrir nuevos caminos de fe**, formas de Iglesia cercanas a la gente y que se tomen en serio su búsqueda de sentido. En Europa, por ejemplo, algunas diócesis están experimentando con *foros de debate* abiertos, pastoral urbana en centros comerciales, pastoral online o celebraciones populares de la Palabra de Dios en parroquias sin sacerdotes. El nuevo Papa anima a ello. Quiere una *"Iglesia que no gire en torno a su propia torre"*, como dijo Bätzing, sino que llegue a la gente. También es apropiado que León XIV -en el espíritu de su homónimo León XIII- quiera abordar los problemas sociales de frente. Es consciente **de los signos de los tiempos**: pobreza, migración, crisis climática y digitalización. En uno de sus primeros discursos, incluso mencionó los retos de la *inteligencia artificial* y los vinculó a la *defensa de la dignidad humana y el trabajo*. Esto demuestra que quiere poner la fe en diálogo con los problemas modernos. Esta relevancia puede ayudar a recuperar la confianza de los alienados.

Especialmente en las regiones secularizadas de Europa, León XIV intentó recuperar la confianza perdida mediante la **transparencia y la humildad**. Sabía que las reformas de la estructura de poder (como un mayor control de las finanzas o una investigación independiente de los abusos) eran un requisito previo para que creciera la credibilidad. Al mismo tiempo, se apoya en **un** enfoque **pastoral**: una Iglesia que escucha, acompaña y no condena. La sinodalidad crea espacios en los que, por ejemplo, los católicos que han abandonado la Iglesia o los buscadores pueden hablar abiertamente. En algunos países europeos ya existen proyectos sinodales que buscan el diálogo con los alejados de la Iglesia, por ejemplo a través de plataformas de participación online durante el Sínodo Mundial. El Papa León XIV desea consolidar estos enfoques: En el futuro, deberían realizarse **consultas periódicas** a los fieles -por ejemplo, cada pocos años una especie de "ITV de la fe" mundial en las parroquias-. De este modo, los problemas pueden reconocerse a tiempo y pueden nacer nuevas ideas. También promueve *nuevos despertares espirituales*: los encuentros de jóvenes, las comunidades ecuménicas de base, los movimientos carismáticos y las nuevas iniciativas de evangelización reciben su apoyo, siempre que actúen con espíritu sinodal. El Papa apuesta también por la comunicación moderna para que la Iglesia abra el acceso a la fe sobre todo a los jóvenes: quiere estar presente en las redes sociales con un *mensaje auténtico* y tender puentes en lugar de polarizar. **Diálogo en lugar de dogmatismo**: este lema debería caracterizar el ambiente para que las personas alejadas de la Iglesia sientan curiosidad y quizá encuentren el camino de vuelta.

Expectativas globales y áreas de tensión

La sinodalidad puede ser un principio universal, pero **las expectativas al respecto varían** considerablemente **según las regiones del mundo.** León XIV, considerado un "Papa con tres pasaportes" cosmopolita (Estados Unidos, Perú, Vaticano), es consciente de esta diversidad. Une biográficamente el Norte y el Sur del planeta y conoce de primera mano las preocupaciones de los distintos continentes. Esto le ayuda a mediar entre expectativas muy diferentes - porque es aquí también donde se encuentran los potenciales focos **de tensión** del Sínodo Mundial.

En Europa, por ejemplo -especialmente en Europa Occidental-, muchos creyentes esperan que la sinodalidad traiga consigo reformas de gran alcance para que la Iglesia esté preparada para el futuro. Las exigencias van desde la **plena igualdad de la mujer** (incluida su ordenación) hasta una moral sexual más liberal (matrimonio para todas las parejas, una nueva valoración de la anticoncepción) y estructuras más democráticas. La impaciencia es palpable en la Iglesia alemana en particular: Tras años de debate, los reformadores esperan ahora cambios concretos . León XIV se mostró fundamentalmente abierto a estas preocupaciones - *"mantuvo las puertas abiertas"* y él mismo formó parte del proceso de reforma sinodal-, pero también tuvo que poner freno allí donde la unidad y la doctrina estaban en juego. **La sinodalidad alemana** había provocado a veces tensiones bajo Francisco; se recuerdan cartas romanas de admonición a la vía sinodal. León XIV es consciente de este problema y probablemente intentará dirigir la dinámica emergente en una dirección ordenada. Así lo demuestra esta evaluación: El Papa se asegurará de que los pasos hacia la reforma sigan siendo **comunicables** - especialmente a aquellas partes de la iglesia universal que tienden a ser reacias.

De hecho, las prioridades en África, Asia y gran parte de América suelen ser diferentes a las de Europa. **En África**, la Iglesia sigue creciendo, y muchos obispos hacen hincapié en la evangelización, el desarrollo social y la conservación de los valores morales tradicionales. La sinodalidad es bienvenida en la medida en que refuerza la comunión y la responsabilidad, pero se ve menos como un camino hacia el cambio liberal y más como un **refuerzo de la unidad**. Algunos líderes eclesiásticos africanos incluso advirtieron contra el celo occidental por la reforma: demasiado occidental, demasiado obsesionado con la moralidad sexual, suele ser la crítica. Un *obispo* africano lo expresó diplomáticamente: León XIV *"no respondería a ideas de reforma regionales"* que pudieran dividir a la Iglesia universal (el amenazador título de su entrevista). En otras palabras: de África se espera que el Papa promueva el compromiso de los laicos y combata los agravios, pero no que suavice **los dogmas**. Las conferencias episcopales africanas temen que las concesiones puedan adaptar la enseñanza bíblica y transformar la unidad interna. La tarea de León XIV será transmitir **la sinodalidad como un proceso espiritual** que no se limita a imponer los deseos de la mayoría, sino que escucha al Espíritu Santo y alinea a toda la Iglesia con Cristo.

En **América Latina**, la segunda patria de León, las expectativas se acentúan de manera diferente. Muchos allí están preocupados por la continuación de los impulsos de *la teología de la liberación de* Francisco: una Iglesia al lado de los pobres, decidida en su compromiso con la justicia, la paz y la integridad de la creación. Voces continentales piden que la sinodalidad se entienda *como misionera*: la Iglesia debe tener **un** impacto **hacia el exterior**, por ejemplo implicando a los pueblos indígenas (palabra clave Sínodo de la Amazonia) o denunciando la corrupción y la violencia en las sociedades. Se espera que el Papa León XIV, que él mismo trabajó en los barrios marginales de Perú, adopte una postura decisiva en cuestiones sociales. Al mismo tiempo, los fieles de América Latina esperan que su piedad y cultura locales sean respetadas en la Iglesia universal. Para ellos, la sinodalidad también significa **inculturación**: que se les permita dar a la Iglesia un rostro "amazónico" o "andino". En el Sínodo amazónico de 2019, por ejemplo, se pidió un sacerdocio adaptado a las necesidades locales (por ejemplo, ordenando diáconos casados como sacerdotes) - León XIV tendrá que considerar si da espacio a tales soluciones regionales. La descentralización puede ayudar en este sentido: Tal vez a los padres de familia experimentados se les permita finalmente oficiar como sacerdotes en comunidades amazónicas remotas si el Papa lo permite regionalmente. Sin embargo, León XIV sabe que tales pasos serían globalmente controvertidos. Por tanto, probablemente sopesará las cosas y permitirá inicialmente

proyectos piloto para poner patas arriba la Iglesia y volver a ponerla en forma en términos de personal y popularidad de sus miembros.

En **Asia**, en cambio, la sinodalidad se caracteriza por la situación de las minorías y el diálogo interreligioso. Muchas iglesias asiáticas -por ejemplo, en India, Pakistán e Indonesia- son pequeñas comunidades en medio de otras grandes religiones. Sobre todo, esperan del Papa **apoyo y libertad** para vivir su fe en entornos a menudo difíciles. La sinodalidad se ve aquí sobre todo como un refuerzo de la *unidad comunitaria*: Sacerdotes, religiosos y laicos se unen para dar testimonio juntos. Los católicos asiáticos también esperan que una Iglesia renovada sinodalmente **esté más abierta al diálogo** con otras religiones y culturas. Es probable que el Papa León XIV esté abierto a sus preocupaciones. Como religioso en regiones multirreligiosas de Perú y como estadounidense cosmopolita, ya ha aprendido a tender puentes. Sin embargo, también sabe que en **China** o Vietnam, por ejemplo, prevalecen las restricciones estatales: aquí se necesita unidad sinodal y diplomacia inteligente. El acuerdo con los dirigentes chinos sobre el nombramiento de obispos sigue siendo una cuestión delicada. Francisco ha buscado compromisos aquí; León XIV presumiblemente continuará este curso, pero al mismo tiempo querrá mantener la **unidad con las iglesias clandestinas oprimidas.** Un destacado amonestador asiático, el cardenal Joseph Zen de Hong Kong, llegó a advertir que la continuación del Sínodo Mundial era una cuestión de *"vida o muerte para la Iglesia fundada por Jesús"*. Tales tonos alarmistas muestran la desconfianza de algunos tradicionalistas asiáticos (y también americanos) hacia el curso sinodal. León XIV se esforzaría por disipar sus temores de que la sinodalidad significara abandonar la doctrina. Por el contrario, hizo hincapié en que una Iglesia sinodal debe ser **misionera**; en otras palabras, debe proclamar el Evangelio con claridad, pero *juntos y en unidad*.

En **Norteamérica** -especialmente en Estados Unidos- el Papa está viviendo un ambiente eclesiástico polarizado. Aquí, hay grupos conservadores que se han mostrado críticos con las reformas del Papa Francisco, mientras que otros católicos progresistas piden más cambios. Curiosamente, la elección de León XIV en los EE.UU. parece haber provocado inicialmente *una respuesta positiva de ambas partes*. Se le consideraba capaz de unir a la dividida Iglesia estadounidense. Un observador se mostró esperanzado de que León XIV pudiera ser capaz de unir a la sociedad **y a la** Iglesia. Sus orígenes americanos y su larga experiencia en el extranjero le convertían *en un constructor de puentes*. Por supuesto, existe el desafío particular de afirmarse contra la instrumentalización política. El presidente Donald Trump, que no es católico, acogió patrióticamente la elección papal como un *"gran honor para nuestro país"*. Sin embargo, León XIV ya ha dejado claro que **no quiere** ser una **marioneta política**. Al contrario: veía a la Iglesia del lado de los *débiles*, no de los poderosos. Frente a las tendencias nacionalistas (como las de J.D. Vance, Vicepresidente de EE.UU., que utiliza la religión para mensajes antimigrantes), pone el mensaje universal de la caridad*: "La caridad no conoce categorías"*, contradijo en una ocasión Prevost. En Norteamérica, por tanto, se espera que el Papa encuentre **palabras** claras **de unidad y humanidad** y supere la polarización. La sinodalidad podría ayudar en este sentido, *reuniendo a todas las voces* -progresistas y conservadoras- en torno a la mesa. León XIV ha dado señales de que escuchará, pero al final también quiere **dirigir con decisión**, guiado por el Evangelio, no por la política partidista.

Están surgiendo diferentes **prioridades**: *Europa* aboga por reformas internas de la Iglesia, *África* por la autenticidad y el crecimiento espiritual, *América Latina* por la justicia y las soluciones pastorales, *Asia* por el diálogo y la protección de los fieles, *Norteamérica* por la reconciliación de una Iglesia dividida. Esta diversidad encierra un potencial de conflicto: basta pensar en la cuestión de **la igualdad de derechos para las mujeres**: Mientras que católicos alemanes como la hermana Philippa Rath tienen grandes esperanzas en la ordenación femenina, los obispos africanos siguen rechazándola; o el **tratamiento de la sexualidad**: Los sinodales europeos, como Mara Klein, piden un pontificado *que "esté sin concesiones al lado"* de las personas LGBTQIA+, mientras que las iglesias africanas y asiáticas, por ejemplo , aún no están familiarizadas con este tema y prefieren reforzar la *familia de forma tradicional*. Estas tensiones se hicieron patentes en el **Sínodo Mundial** 2023/24: algunos delegados abogaron por una apertura valiente, mientras que otros advirtieron de la existencia de fisuras. León XIV se sitúa ahora en el centro de estas fuerzas. Su ventaja es que se le percibe como un *mediador entre los mundos*, sin pertenecer claramente a ninguno de los bandos. Se le veía como un *"hombre del medio y mediador"* que no atropellaba a los católicos conservadores, sino que facilitaba las reformas con cautela. Bajo su pontificado, el **proceso sinodal** debería, por tanto, continuar a un ritmo equilibrado: **con la suficiente rapidez** para no defraudar las expectativas de cambio, pero **con la suficiente cautela** para no dividir a la Iglesia universal.

El propio Papa León XIV formuló un *credo* a este respecto: Quería una Iglesia "en movimiento", es decir, ni parada ni precipitada. Para él, sinodalidad significa *compañía* en la diversidad. Su tarea ahora es mantener unida a esta comunidad para que no acabe yendo cada uno por su lado. Los próximos meses y años mostrarán hasta qué punto León XIV lo consigue. Las expectativas son enormes, casi *sobrehumanas*, como afirma un comentario. Pero el nuevo Papa puede recurrir a una gran experiencia: la espiritualidad de un religioso, la capacidad de negociación de un antiguo general de una orden religiosa, la práctica pastoral de un obispo de la *periferia*, la experiencia administrativa de un cardenal de la curia. Todo ello le capacita para convertir la sinodalidad en **estructuras** viables y permitir a la Iglesia un nuevo comienzo. Con León XIV al timón, la Iglesia se encuentra en un punto de inflexión histórico, en el que se decidirá si puede **renovarse** de forma creíble sin volverse infiel a sí misma. La sinodalidad y las reformas estructurales son las claves para ello. Si León XIV consigue llevar a los diversos continentes, culturas y posiciones de la Iglesia por un camino común, podría ayudar a su Iglesia a un nuevo *aggiornamento* (despertar acelerado). Los primeros signos -desde la Palabra de Logia a los llamamientos por la paz y la decisiva continuación del Sínodo Mundial- dan esperanzas a muchos. Sin embargo, la sinodalidad sigue siendo un **riesgo**: requiere paciencia, humildad y confianza en el Espíritu Santo. León XIV eligió este camino. La Iglesia universal avanza ahora con él, *juntos en el camino*, en la tensión entre tradición y reforma, llevada por la promesa de que el Espíritu de Dios la conducirá a un presente renovado.

🕊 *Capítulo 14:*
Competencia académica y canónica

Cuando León XIV sonrió a los fieles por primera vez, los observadores expertos supieron de inmediato que asumía el cargo un pontífice con una excepcional pericia académica y jurídica. León XIV reunía en su persona la erudición de un teólogo y abogado canónico con la experiencia eclesiástica mundial de un misionero. Esta inusual combinación caracterizó su estilo de liderazgo desde el principio: estratégicamente bien pensado, teológicamente sólido y al mismo tiempo práctico.

Su educación ya apunta a esta doble competencia. Prevost estudió inicialmente Matemáticas y Teología en Chicago, su ciudad natal, antes de cursar Derecho Canónico en Roma. En la Universidad Pontificia de Santo Tomás de Aquino (Angelicum) de Roma, obtuvo el doctorado en Derecho Canónico en 1985/87, con una disertación sobre *"El papel del prior local en la Orden Agustiniana"*. Este campo específico de investigación -la autoridad y las estructuras administrativas dentro de una orden- muestra ya el temprano interés de Prevost por el **gobierno eclesiástico**. En otras palabras, estudió de primera mano cómo funciona y puede organizarse eficazmente el liderazgo a nivel local. Este estudio académico de las estructuras organizativas de la Iglesia constituyó una base sólida para su posterior función de liderazgo en el Vaticano. Además de su título oficial en Derecho Canónico, León XIV también recibió, naturalmente, la sólida formación teológica de un sacerdote religioso: tras completar un máster en Teología (M.Div.) en Chicago y ser ordenado sacerdote en 1982, estaba perfectamente preparado tanto teológica como pastoralmente. Desde muy pronto, combinó la erudición con la práctica: tras sus estudios, fue enviado a Perú como formador de jóvenes religiosos y como misionero. Allí trabajó durante muchos años no sólo como pastor, sino también como conferenciante y profesor de derecho canónico en seminarios y universidades católicas. León XIV no era, por tanto, un simple teórico con títulos en su tarjeta de visita, sino un hombre que impartía conocimientos y los aplicaba en diferentes culturas. Su antiguo condiscípulo, el sacerdote Edward Beck, describe a Prevost como un hombre modesto y tranquilo con "un gran intelecto y una visión real de la Iglesia católica". Esta rara combinación de humildad y brillantez intelectual dio a León XIV una gran reputación en los círculos intelectuales y creó confianza entre sus compañeros.

Derecho eclesiástico y experiencia administrativa

La experiencia de León XIV en derecho canónico es inestimable para la dirección de la Iglesia universal. Como doctor en derecho canónico, conocía el sistema jurídico católico hasta el último detalle, desde el trasfondo teológico de los cánones hasta los entresijos de los reglamentos administrativos. Ha puesto a prueba estos conocimientos en diversas funciones de liderazgo: Prevost tenía ya unos 40 años cuando dirigió la Orden Agustiniana mundial como Prior General (2001-2007), demostrando capacidad organizativa y pericia jurídica en dos mandatos. Como superior provincial en Perú a finales de los 90 y más tarde como obispo de la diócesis norteña peruana de Chiclayo (desde 2015), también tuvo que conciliar constantemente las normas canónicas con la realidad pastoral. Su Regla de Orden y el Código de Derecho Canónico (CIC) no eran para él textos abstractos, sino directrices vivas que debían aplicarse con sabiduría. En Chiclayo, donde fue obispo durante casi una década, conoció la administración de una diócesis con todos sus desafíos legales, de personal y estructurales. Este tiempo le formó como *gestor en la viña del Señor*, además de como pastor.

La experiencia administrativa y jurídica de Prevost se hizo especialmente visible en la Curia Romana. A principios de 2023, el Papa Francisco lo nombró prefecto al frente del poderoso Dicasterio para los Obispos. En esta función, examinó durante dos años a candidatos al episcopado de todo el mundo y desempeñó un papel clave en su nombramiento. Al mismo tiempo, era responsable de las visitas ad limina de los obispos al Vaticano -informes periódicos de las diócesis al Papa-, lo que le permitió conocer a fondo la situación de las iglesias locales en todos los continentes. No es de extrañar, pues, que Prevost se convirtiera rápidamente en uno de los rostros más conocidos del Colegio Cardenalicio. Se le considera *diplomático* y *pragmático*, y es apreciado tanto por los representantes eclesiásticos progresistas como por los conservadores. Esta apreciación - transmitida por la agencia católica de noticias KNA - subraya el hecho de que puede sopesar las cuestiones controvertidas con imparcialidad y goza de la confianza de las distintas alas de la Iglesia.

Su experiencia jurídica también tuvo un uso muy concreto en Roma: El Papa Francisco confió a Prevost la aplicación de una de sus reformas "revolucionarias" más , a saber, la participación de las mujeres en la selección de nuevos obispos. Como prefecto, Prevost nombró a tres mujeres para el comité asesor que presenta las propuestas del Papa para los candidatos a los cargos de obispo. No se trataba sólo de un acto simbólico, sino de un cambio estructural legalmente bien establecido en el proceso de toma de decisiones, hasta entonces dominado por los hombres. Aquí León XIV (todavía cardenal) demostró ser alguien capaz de aplicar las ideas de reforma de forma estratégica y de acuerdo con el derecho canónico. A su dicasterio también se le encomendó la supervisión de las directrices contra los abusos sexuales, un ámbito que requiere conocimientos de derecho canónico y una actuación decisiva. El hecho de que Prevost continuara esta tarea en el espíritu de Francisco señala su capacidad para hacer cumplir eficazmente la ley y la justicia en la Iglesia. En resumen, León XIV reunía todos los requisitos no sólo para comprender las complejas cuestiones administrativas y jurídicas de la Iglesia, sino también para darles forma activamente.

Importancia para su cargo

¿Qué impacto tuvieron estas cualificaciones en la labor de León XIV como papa? En primer lugar, le dotaron de una especial visión estratégica. Gracias a su formación como catedrático, tendía a analizar a fondo los retos y a idear soluciones a largo plazo. Los observadores destacan que Prevost aporta una amplia gama de cualidades que la Iglesia mundial necesita en una época fracturada. Tiene experiencia en el Norte y en el Sur, conoce tanto la base de la iglesia como la sede romana - y es precisamente este amplio conocimiento lo que se demanda en una iglesia que tiene que encontrar su camino entre reformistas y tradicionalistas, entre un Sur dinámico y un Norte en búsqueda. Su formación académica le ayuda a abordar con fundamento temas complejos, como las cuestiones éticas de la biomedicina, el sistema fiscal de la Iglesia o los debates teológicos sobre la doctrina de los sacramentos. Puede leer textos originales de la Iglesia en su contexto, así como comprender los últimos estudios de las ciencias sociales. Esta capacidad le convierte en un interlocutor en pie de igualdad con teólogos, científicos y expertos eclesiásticos de todo el mundo. Cuando León XIV habla de temas controvertidos, se percibe que ha penetrado en la materia, ya sea en cartas magisteriales o en discursos a audiencias especializadas. Por ello, sus afirmaciones pueden ser escuchadas tanto en la teología académica como en la base eclesiástica, porque combinan la claridad con un lenguaje comprensible (en el sentido de un tono científico de divulgación , que él, al igual que el Papa Benedicto XVI, domina).

Al mismo tiempo, la experiencia de León XIV en derecho canónico y administrativo tuvo un impacto directo en su estilo de gobierno: sabía qué ajustes podían hacerse en la estructura eclesiástica sin ponerla en peligro. En el caso de reformas estructurales planificadas -como nuevos cambios en el sistema de la curia o el fortalecimiento de las conferencias episcopales locales- puede evaluar por sí mismo qué pasos son compatibles con el derecho vigente o dónde sería necesario modificar la legislación. Este conocimiento interno del Papa acelera los procesos de toma de decisiones, ya que no tiene que recabar opiniones de expertos en cada caso, sino que puede sopesar muchas implicaciones jurídicas a partir de su propia experiencia. Por ejemplo, podrá evaluar con competencia cuestiones de administración diocesana, jurisdicción eclesiástica o supervisión financiera. Algunos canonistas lo consideran una gran ventaja: ¡por fin un Papa canonista! La gente espera ver si León XIV simplificará aún más los procedimientos para las nulidades matrimoniales o ampliará la jurisdicción administrativa de la Iglesia, áreas en las que sus predecesores iniciaron reformas que ahora podrían continuar. En cualquier caso, León XIV era alguien que veía los *instrumentos* del derecho canónico no como un árido conjunto de párrafos, sino como una herramienta de liderazgo pastoral.

¿Estilo sinodal participativo o decisiones claras?

Una cuestión apasionante es cómo el Papa León XIV equilibra su experiencia en teología y derecho en su estilo de liderazgo: ¿confía más en los procesos participativos y sinodales para las reformas o tiende a tomar decisiones claras basadas en su propia experiencia? Los indicios apuntan a una **mezcla equilibrada**. Inmediatamente después de su elección, León XIV dejó claro que quería continuar por el camino sinodal marcado por el papa Francisco. Los observadores del Vaticano destacaron que León XIV *sabía lo que* significaba *la sinodalidad*; en otras palabras, comprendía la importancia de la consulta y del trabajo conjunto para encontrar soluciones en la Iglesia actual. De hecho, ya había adquirido experiencia sinodal en América Latina, por ejemplo en reuniones sobre cooperación sinodal en la Iglesia del continente. Como constructor de puentes entre culturas y regiones eclesiásticas -como lo describió con aprobación su antiguo condiscípulo Edward Beck- está probablemente predestinado a aunar diferentes voces en la Iglesia. León XIV ya está siendo destacado en los medios de comunicación como el "Papa del término medio y de la cooperación". Esta etiqueta conviene a un hombre que ni polariza ni quiere gobernar autoritariamente, sino que promueve un despertar comunitario. En su primer discurso ante el Colegio Cardenalicio, León XIV utilizó tonos sorprendentemente sinodales: "Sé que puedo contar con **cada uno de** vosotros, que caminaréis conmigo", aseguró a los cardenales. Esto resuena con una gran confianza en la cooperación de sus consejeros más cercanos, una clara indicación de que este Papa se toma en serio la colegialidad.

Sin embargo, un estilo sinodal no significa en absoluto arbitrariedad, y León XIV también sabe cuándo tiene que establecer directrices claras como Papa. Precisamente porque era tan versado en teología y derecho canónico, fue capaz de tomar decisiones claras en cuestiones de doctrina y derecho cuando era importante. En cuestiones "en blanco y negro" -es decir, cuestiones fundamentales que han sido claramente decididas en la doctrina católica- defiende la posición actual de la Iglesia sin vacilar. Al mismo tiempo, su postura hasta la fecha sugiere que dejará espacio para el debate y la participación en cuestiones de reforma abierta, como el fortalecimiento de los laicos en puestos de liderazgo, la igualdad de derechos para las mujeres en la Iglesia o el proceso sinodal en su conjunto. Su reputación de **personalidad centrista** le vendrá muy bien: León XIV no es un hombre de grandes recortes, sino que busca soluciones integradoras. Este equilibrio debería ser una gran ventaja para preservar la unidad de la Iglesia y abordar con valentía las reformas necesarias.

En definitiva, el Papa León XIV se presenta como un líder teológicamente competente en materia de derecho canónico que puede dar un nuevo impulso a la Iglesia en el siglo XXI. Sus amplios conocimientos le confieren autoridad, no en el sentido de un rigor consciente del poder, sino como un experto creíble que inspira respeto. Puede debatir con catedráticos y, al mismo tiempo, explicar complejas cuestiones de fe a los "pequeños". Esta capacidad para tender puentes entre la teoría y la práctica le convierte en un *Papa que combina mente y corazón*. Los observadores de la Iglesia ven en ello una gran oportunidad: un Papa intelectualmente al día **y que** conoce al dedillo las leyes de la Iglesia puede resolver cuestiones acuciantes de forma a la vez visionaria y jurídicamente sólida. El propio León XIV era probablemente consciente de que su cualificación implicaba responsabilidad. Ve su cargo como un servicio en el que pone en práctica todas sus habilidades, ya sea en las consultas sinodales o en decisiones en solitario en el escritorio del Papa. El arte consistirá en combinar ambos fructíferamente. Dado el reconocible equilibrio de León XIV entre escuchar y dirigir, podemos estar seguros de que está a la altura del desafío. Su brillantez académica y su experiencia en derecho canónico no son fines en sí mismos, sino herramientas para guiar a la Iglesia de una manera estratégicamente sabia, justa y sostenible. O, en palabras de un compañero: León XIV trae consigo un "gran intelecto" y una visión clara, exactamente lo que la Iglesia católica necesita en tiempos de cambio.

 Capítulo 15:
Retos y potencialidades de su pontificado: Perspectiva global y desafíos regionales

Durante su pontificado, León XIV tuvo que hacer frente a expectativas muy diversas. Las voces críticas se alzaron desde diversas direcciones, comentando su gestión y, en algunos casos, entablando acalorados debates. Los católicos de orientación reformista alaban su estilo abierto y su esperanza de cambio, mientras que los círculos conservadores recelan de algunas de las innovaciones previstas. Al igual que su predecesor, están surgiendo frentes: Algunos tradicionalistas temen que se venda la doctrina e incluso han lanzado acusaciones contra papas reformistas en el pasado. Al mismo tiempo, las fuerzas progresistas se quejan de que el programa de reformas es demasiado vacilante y presionan para que los cambios sean más rápidos. Esta tensión caracterizó las controversias internas de la Iglesia bajo León XIV.

Voces críticas y controversias en el seno de la Iglesia

Un punto central de las disputas son las cuestiones de reforma que se debaten en toda la Iglesia mundial. Cuestiones como el papel de la mujer en los ministerios eclesiásticos, el trato a las personas LGBTQIA+ o la suavización del celibato obligatorio dividen las opiniones. **Las conferencias** episcopales de los distintos países se encuentran a menudo en el punto de mira. Por ejemplo, la Conferencia Episcopal Alemana reclamó de forma proactiva un mayor **margen de decisión para las iglesias nacionales y una mayor igualdad para las mujeres** en puestos de liderazgo. Los defensores de la reforma acogen con satisfacción estos avances, que deberían haberse producido hace tiempo, mientras que en la cámara de eco vaticana de Roma se encuentran con reticencias o resistencia. León XIV tuvo que mediar en estos debates: Se situó entre los representantes progresistas de la Iglesia, que pedían pasos audaces, y las fuerzas conservadoras, que advertían contra una transformación y un mayor desarrollo de la tradición.

Se está formando una oposición conservadora dentro de la Iglesia, sobre todo cuando las reformas se consideran una amenaza para su identidad. Algunos prelados de alto rango expresan públicamente su descontento por los cambios e instan a preservar la "doctrina pura". Bajo Francisco, por ejemplo, cuatro cardenales ya habían expresado sus dudas sobre las reformas papales en las famosas cartas "Dubia", y críticas similares acompañan ahora también a León XIV cuando se plantea innovaciones. La resistencia local también provino de diócesis o iglesias regionales enteras en las que la piedad tradicional estaba fuertemente anclada. Hay aquí una **discrepancia regional**: mientras que muchos en Europa Occidental o Norteamérica, por ejemplo, presionan a favor de un nuevo punto de partida, los representantes de la Iglesia en partes de África, Asia o Europa Oriental tienden hacia un rumbo más conservador. **Las controversias en el seno de la** Iglesia bajo León XIV se encendieron a menudo en torno a la cuestión de cuánto cambio podía permitir la Iglesia sin poner en peligro su unidad. Estas controversias suponen un reto para el Papa, pero también una oportunidad para el diálogo entre los distintos bandos, siempre que León XIV sepa escuchar todas las voces y tomarlas en serio.

Exigencias de reforma y expectativas sociales

La llamada a la reforma no sólo procede de grupos internos de la Iglesia, sino también de la sociedad en general. **Los católicos reformistas** -desde los movimientos de base hasta los expertos en teología- formularon demandas claras a León XIV y a la cúpula eclesiástica. Entre otras cosas, exigían más **justicia de género** en la Iglesia, una revisión de las estructuras de poder y respuestas contemporáneas a cuestiones teológico-morales. Movimientos como *María 2.0* o *Somos Iglesia* apuestan **por la admisión de las mujeres en todos los ministerios** y la **abolición del celibato** obligatorio para que la Iglesia sea más sostenible. También se están formando iniciativas similares en otros países, que a menudo cuentan con el apoyo de católicos de toda la vida que aman a su Iglesia pero ven la necesidad de una reforma.

Las expectativas sociales de cambio se centran especialmente en cuestiones de igualdad y moral sexual. En un momento en que la igualdad de género y la aceptación de las personas LGBTQIA+ forman parte de la realidad social consensuada en muchos países, la Iglesia católica, con sus posturas tradicionalmente restrictivas, se encuentra bajo escrutinio. Tanto creyentes como no católicos se preguntan si la Iglesia se adaptará a estas realidades y cómo lo hará. Los católicos estadounidenses, por ejemplo, critican el trato desigual que siguen recibiendo las mujeres y han pedido un mayor liderazgo femenino en amplias consultas, incluidos debates sobre diáconos, sacerdotes y papas femeninos. Consideran que no se trata sólo de una cuestión de personal, sino también de justicia. También se denuncia el trato que la Iglesia da a las personas queer: muchos creyentes se quejan de que la Iglesia antepone enseñanzas y prohibiciones abstractas a la realidad vivida por las personas. Según las encuestas, las familias con miembros LGBTQIA+ a menudo se sienten divididas entre su afiliación a la iglesia y el amor y apoyo incondicionales de sus seres queridos. Estas voces -ya sea en los sínodos, en peticiones o en cartas abiertas- reflejan un **cambio en los valores sociales** que León XIV debe tener en cuenta en su programa de reformas si no quiere que la Iglesia siga perdiendo terreno.

Además de las cuestiones de moralidad sexual y derechos de la mujer, hay otras expectativas: **La transparencia y la responsabilidad** en las estructuras de poder ocupan un lugar destacado en la agenda, especialmente tras las revelaciones de escándalos de abusos en la Iglesia. Muchos creyentes reclaman una investigación independiente y una **cultura de la responsabilidad en** la que los responsables eclesiásticos rindan cuentas por su mala conducta. Esto demuestra una estrecha alianza entre las voces críticas con la Iglesia y las fuerzas reformistas dentro de ella: ambas partes reclaman cambios en la jerarquía, por ejemplo, una mayor participación de los laicos en los procesos de toma de decisiones para reducir el clericalismo. Acontecimientos como los ocurridos en Alemania, donde se ha buscado la creación de un **consejo sinodal** -órgano en el que obispos y laicos consulten juntos de forma vinculante- demuestran que no se trata de una cuestión marginal. Aunque en un principio el Vaticano trató de frenar este proyecto de reforma, la presión de los fieles para que se apliquen estas formas de participación sigue siendo alta.

Los actores sociales ajenos a la Iglesia -desde políticos a activistas de derechos humanos- también seguían de cerca el curso de León XIV. Esperaban que la Iglesia católica estuviera a la altura de su autoridad moral y diera buen ejemplo en cuestiones como **los derechos humanos, la justicia social y la igualdad.** En muchos países, la Iglesia influye con sus declaraciones en los debates sobre cuestiones como el aborto, el matrimonio para todos y la eutanasia. La sociedad - especialmente en las democracias liberales- exige a menudo un oído comprensivo y misericordia. León XIV se enfrenta por tanto a la tarea de moderar **la tensión entre la doctrina de la Iglesia y los valores contemporáneos de** . Si logra acomodar las legítimas preocupaciones de los católicos reformistas y de la sociedad sin traicionar el núcleo de la fe, su pontificado encierra un enorme potencial: podría reposicionar a la Iglesia como una fuerza moral creíble en el siglo XXI.

Perspectivas sobre las diferencias regionales

La Iglesia católica es una **Iglesia mundial,** y León XIV debe pensar siempre las reformas y decisiones en un contexto global. Lo que se percibe como una renovación urgente en una parte del mundo puede encontrar incomprensión o rechazo en otra. Diferentes influencias culturales, experiencias históricas y realidades sociales dan lugar a **perspectivas** a veces divergentes **sobre la Iglesia mundial**. Esta tensión entre unidad global y diversidad regional caracteriza los retos de su pontificado.

En Europa y Norteamérica, por ejemplo, la Iglesia y el Papa se enfrentan a la tarea de convencer a una sociedad cada vez más secular. Aquí, los bancos se han vaciado en muchos lugares, los escándalos han costado la confianza y las demandas de reforma son especialmente ruidosas. Muchos creyentes dan la espalda a la Iglesia: Sólo en Alemania, más de medio millón de personas abandonaron la Iglesia católica en 2022, más que nunca. Los obispos de este país califican esta evolución de "alarmante" y la enmarcan en el contexto de las esperanzas de reforma defraudadas y el escándalo de los abusos.

El presidente del Comité de los Católicos llegó a afirmar que la Iglesia había dilapidado masivamente la confianza y que "actualmente no está suficientemente decidida a poner en práctica visiones para el futuro del cristianismo". En este contexto, las Iglesias europeas presionan para que se produzcan cambios que les permitan recuperar la credibilidad. Las demandas de **desempoderamiento de las estructuras excesivamente centralizadas**, de mayor **participación de los laicos** y de **apertura pastoral** (por ejemplo, en el caso de los divorciados vueltos a casar o en el tratamiento de las sensibilidades hacia las personas del mismo sexo) ocupan un lugar central en este contexto. León XIV tuvo que tomarse en serio estas preocupaciones si quería frenar la erosión de la Iglesia en el mundo occidental.

La diversidad regional de los retos obliga al Papa a actuar de forma muy sensible y diferenciada. Lo que es un audaz paso adelante en un país puede ser percibido como una afrenta en otro. Afortunadamente, León XIV tiene mucha **experiencia internacional**. Es el primer Papa procedente de los Estados Unidos y, al mismo tiempo, está estrechamente familiarizado con la cultura del Sur gracias a sus muchos años de trabajo en América Latina. Este bagaje intercultural - sumado al multilingüismo y al trabajo en red a escala mundial- le confiere la sensibilidad necesaria para comprender a las distintas partes de la Iglesia universal. Al escuchar atentamente **a las conferencias episcopales** regionales y tomarlas en serio, envía la señal de que ninguna perspectiva será ignorada. El potencial de su pontificado reside aquí en la **unidad en la diversidad reconciliada**: si León XIV logra que las perspectivas de la Iglesia mundial dialoguen entre sí, las diferencias regionales podrían convertirse en una fortaleza. La Iglesia católica podría distinguirse como una comunidad verdaderamente global que permitiera y valorara las diferentes expresiones culturales de la única fe.

Estrategias para una reforma valiente y creíble

En vista de las numerosas demandas de reforma y de los controvertidos debates, León XIV está llamado a desarrollar **estrategias de cambio** que sean a la vez valientes y creíbles y que, sobre todo, sigan **siendo comunicables a la iglesia global.** Los pasos de la reforma deben diseñarse de tal manera que puedan ser entendidos y aceptados dentro de la iglesia global. Esto requiere una comunicación inteligente, solidez teológica y sentido de la oportunidad y las prioridades.

Una estrategia central consiste en **apoyar ampliamente** las reformas y no presentarlas como meras decisiones de arriba abajo. León XIV continuó el estilo sinodal de su predecesor: Puso mayor énfasis en las consultas en los sínodos y en el diálogo con los fieles a nivel popular. A través de consultas a nivel mundial -por ejemplo, en el marco del **Sínodo** Mundial- permitió que las voces de todos los continentes fluyeran en el proceso de toma de decisiones. Esto aumenta la aceptación de posibles innovaciones, ya que los fieles se sienten implicados y se tienen en cuenta las preocupaciones regionales.

Para dar pasos creíbles hacia la reforma también es necesario que el Papa dé buen ejemplo. León XIV utilizó el poder simbólico de su cargo para demostrar humildad y arrepentimiento. Por ejemplo, adoptó una postura decisiva en la investigación de los escándalos de abusos: Destituyó a los encubridores de sus cargos, reforzó los órganos de supervisión independientes y pidió perdón públicamente por los fallos de la Iglesia. Tales acciones respaldan sus palabras y crean confianza en que se toma en serio la renovación. también ha dado muestras personales de apertura, por ejemplo nombrando a mujeres y laicos para puestos de responsabilidad en la Curia, lo que ahora es canónicamente posible. Al permitir una mayor **diversidad en los puestos de liderazgo**, León XIV dio credibilidad a sus intenciones de reforma desde dentro.

Otro componente de su estrategia debe ser **comunicar** las reformas. Como es natural, al principio las medidas audaces suscitan incertidumbre o resistencia. León XIV, por tanto, se centró en la transparencia y explicó abiertamente sus motivos al público mundial y a la comunidad eclesiástica. En discursos, cartas pastorales y apariciones en los medios de comunicación, insistió repetidamente en que la reforma no era un fin en sí mismo, sino que debía servir para profundizar en el Evangelio. Describe casos concretos en los que la rigidez de las normas obstaculizaba la atención pastoral y muestra cómo la adaptación puede permitir que más personas experimenten el amor de Dios. Mediante esta comunicación narrativa -en tono de divulgación científica, por supuesto- consigue convertir temas abstractos de la reforma en **historias vívidas** que resuenan entre creyentes de todo el mundo. Por ejemplo, cuando se debate el matrimonio de parejas del mismo sexo, se refiere a parejas amorosas de congregaciones cuya fidelidad y creencia dejan claro por qué la Iglesia debe encontrar aquí una vía pastoral de reconocimiento. De este modo, disipa los temores al cambio situando en primer plano la preocupación central cristiana: el amor al prójimo.

Por último, pero no por ello menos importante, León XIV se preocupó de forjar **coaliciones para las reformas.** No tuvo que tomar decisiones audaces en solitario: Involucró al clero y a los asesores teológicos en una fase temprana para desarrollar soluciones conjuntas. Reunió en encuentros informales a líderes eclesiásticos de distintas regiones del mundo, ya fueran alemanes, indios, estadounidenses o brasileños, especialmente proclives a las reformas, para que aprendieran unos de otros y trabajaran juntos en **compromisos sostenibles para la Iglesia mundial.** Por ejemplo, los obispos africanos y europeos podrían consultar juntos sobre la inculturación de la liturgia para hacer justicia tanto a la dignidad de la celebración universal de la Eucaristía como a las formas locales de expresión. Este tipo de intercambios favorece la comprensión mutua y contribuye a desactivar las propuestas de reforma antes de su adopción oficial. León XIV actuó aquí como moderador y como un **Papa que miraba estrictamente al futuro**, pero que llevó a todos con él. Si logra este equilibrio, las reformas de su pontificado no sólo podrán ser valientes, sino también permanentemente eficaces, porque estarán respaldadas por un amplio consenso y una auténtica convicción.

Escenarios hipotéticos para un nuevo Concilio Vaticano

Un proyecto concreto que sería concebible durante el pontificado de León XIV es la **convocatoria de un nuevo Concilio Vaticano**, es decir, un gran concilio mundial de laicos y obispos, como el que se celebró por última vez en los años sesenta con el Concilio Vaticano II. Tal empresa sería enormemente ambiciosa e históricamente significativa. Pero, ¿qué tendría que hacer concretamente el Papa León XIV, si quisiera preparar un Concilio *Vaticano* III? A continuación se esbozan varios escenarios hipotéticos sobre cómo podría iniciarse un nuevo concilio, qué requisitos previos necesitaría, quién estaría implicado, en qué plazo podría celebrarse y qué temas figurarían en el orden del día.

1. **Escenario 1: Cuidadosa preparación a largo plazo y amplio consenso** - En este escenario, León XIV decide convocar un nuevo concilio sólo después de un minucioso trabajo preparatorio. Como requisito previo, el Papa sondearía primero el estado de ánimo de los obispos de todo el mundo. Podría crear una **comisión preparatoria** formada por representantes de todos los continentes para identificar las cuestiones más urgentes. Los posibles actores serían cardenales conocidos, pero también teólogos e incluso algunos laicos como asesores. Este comité trabajaría durante varios meses, consultaría a las iglesias locales y crearía un marco básico para el concilio. **Marco temporal:** Sería concebible que León XIV anunciara el concilio con tres años de antelación, por ejemplo. Estos años servirían para redactar los documentos de trabajo (los llamados *esquemas*), constituir las comisiones y aclarar las cuestiones organizativas (lugar -presumiblemente el Vaticano, pero quizá también cambiar de sede-, secuencia de las sesiones, traducciones, etc.). Desde el punto de vista organizativo, se podría partir del Concilio Vaticano II: varias sesiones al año repartidas a lo largo de 2-3 años para que los participantes puedan regresar a sus diócesis entre una y otra. **Los temas de** un concilio de este tipo serían muy variados, por ejemplo: la igualdad de la mujer en la Iglesia, la sinodalidad y la distribución del poder, la moral sexual de la Iglesia (por ejemplo, el tratamiento de los divorciados vueltos a casar, la anticoncepción, las cuestiones LGBTQIA+), el celibato, las relaciones ecuménicas con otros cristianos, el diálogo interreligioso, la crisis climática y la justicia social desde la perspectiva de la Iglesia, y por último, pero no por ello menos importante, las medidas contra los abusos y a favor de la transparencia. Todos estos temas se formularían en pasos preparatorios de tal manera que fueran *negociables para la Iglesia mundial*, sin

sobrecargar a unos ni infracargar a otros. León XIV demostraría una gran habilidad diplomática en este escenario: Al llegar cuidadosamente a un acuerdo por adelantado, podría garantizar que se alcanzara un consenso razonablemente viable en el propio Concilio. Los actores implicados -todos los obispos católicos del mundo, más asesores expertos y auditores (posiblemente también mujeres y jóvenes como oyentes, como fue el caso en el Vaticano II)- se reunirían con la conciencia de que este Concilio va a ser **un punto de partida histórico.** La ventaja de este escenario es que hay muchas posibilidades de que las decisiones sean finalmente apoyadas por una amplia mayoría, ya que nadie fue cogido por sorpresa. Desventaja: llevaría mucho tiempo y energía, y mientras tanto se pospondrían algunas reformas urgentes.

2. **Escenario 2: Convocatoria rápida en respuesta a una crisis** - En este caso, León XIV anunciaría un nuevo concilio de forma relativamente repentina, impulsado por una crisis aguda que no podría tolerar un retraso más prolongado. Tal crisis podría ser, por ejemplo, una **dramática pérdida de credibilidad de la Iglesia** en grandes partes del mundo - causada, por ejemplo, por un escándalo global, dimisiones masivas de la Iglesia o graves tensiones que amenazan con dividir a la Iglesia. Ante esta situación, el Papa podría convocar a los obispos a un concilio dentro de uno o dos años para encontrar juntos soluciones ante *la emergencia*. Los principales **requisitos para** ello serían la valentía y la determinación del Papa, así como la voluntad fundamental de los obispos de escuchar la llamada. Los actores implicados serían todos obispos, pero debido al corto plazo de tiempo, probablemente participarían en los preparativos menos observadores externos o teólogos. **Marco organizativo**: Sería concebible un concilio algo más compacto, quizá durante un único periodo de reunión más largo, de unos pocos meses, en el que las deliberaciones se desarrollaran día a día (más comparable al Concilio de

Trento en el siglo XVI, que tuvo lugar en unas pocas fases intensivas, aunque en su momento se alargaron durante varios años). **Los temas** se centrarían en las cuestiones más apremiantes, por ejemplo, medidas concretas contra la pérdida de miembros en determinados países, la reforma de la Curia, el tratamiento de los conflictos doctrinales y la aclaración de cuestiones controvertidas que ponen en peligro la unidad de la Iglesia (como: ¿Se permite a las iglesias nacionales seguir su propio camino? ¿Hasta qué punto son vinculantes las decisiones sinodales locales? etc.). En tal escenario, León XIV presumiblemente no podría dejar de lado cuestiones dogmáticas difíciles si estuvieran en el corazón de la crisis -como la actitud hacia las mujeres en el ministerio ordenado o la moral sexual- porque evitarlas prolongaría la crisis. La ventaja de este planteamiento es que la Iglesia demuestra capacidad de acción y valentía; un concilio causaría una conmoción mundial y tal vez despertaría un nuevo entusiasmo. Además, las resoluciones podrían aplicarse rápidamente para contrarrestar la crisis. Desventaja: la preparación precipitada alberga riesgos; sin una coordinación previa exhaustiva, los conflictos podrían estallar abiertamente en el propio concilio y dar lugar a la formación de bandos o incluso a escisiones. Un consejo mal preparado podría terminar sin resultados, o ser boicoteado por ciertos grupos. En este escenario, León XIV tendría por tanto que moderar con mucha decisión y, si fuera necesario, tomar decisiones duras para mantener el consejo en marcha.

3. **Escenario 3: Camino paso a paso a través de sínodos hasta un concilio** - Este modelo combina los dos enfoques anteriores: León XIV podría tomar un **camino de procedimiento** que eventualmente condujera a un concilio a través de varios sínodos. El requisito previo para ello sería la voluntad de adoptar una visión a largo plazo. El Papa convocaría primero **sínodos especiales** sobre temas específicos: por ejemplo, un sínodo mundial de obispos

sobre el tema "Igualdad de derechos para las mujeres en la Iglesia", más tarde otro sínodo sobre "La Iglesia y la sociedad moderna" (que podría tratar de la moral sexual, el celibato y la familia), y otro sobre "Sinodalidad y estructura de la Iglesia". Estos sínodos podrían celebrarse a lo largo de 2-4 años. Sus resultados -cada uno en forma de documentos de recomendación- se recogerían y podrían servir de **base para un gran concilio final.** Básicamente, dicho concilio constituiría la piedra angular de un largo proceso sinodal que ya ha realizado una gran labor preparatoria. Además de los obispos, **intervendrían** muchos expertos e incluso socios ecuménicos, algunos de los cuales participan en los sínodos como observadores. **El marco temporal** se extiende aquí a lo largo de casi una década o más: se trataría de un proyecto generacional que León XIV podría incluso tener que entregar a su sucesor si su mandato no dura tanto. **Desde el punto de vista organizativo**, esto tendría la ventaja de que la Iglesia se acercaría paso a paso y cada región, cada conferencia episcopal estaría ya implicada en el camino. Un Concilio Vaticano III así se reuniría quizá a finales de la década de 2020, con el máximo nivel de participación y preparado por montones de informes sinodales. **Los temas se tratarían** en orden y uno tras otro, culminando en un documento global. Este concilio podría entonces adoptar solemnemente todas las reformas y directrices que se hayan ido elaborando a lo largo del proceso, como un nuevo marco constitucional para la Iglesia que establezca la sinodalidad como vinculante, o declaraciones doctrinales actualizadas sobre el matrimonio y la familia basadas en un amplio consenso. La ventaja de este escenario es que combina la profundidad y el rigor con la autoridad de un concilio; es menos conflictivo, ya que muchas cosas se aclaran de antemano. Desventaja: requiere una enorme paciencia y alberga el riesgo de la fatiga: el mundo podría perder el hilo si los procesos se alargan tanto, y los opositores a la reforma tendrían tiempo de sobra para no hacer nada. Además, León XIV tendría que asegurarse de que **los resultados de los sínodos** condujeran **realmente a resoluciones conciliares** y no se quedaran a medio camino.

Independientemente del escenario, un nuevo Concilio Vaticano bajo León XIV tendría que estar *bien fundamentado*. La Iglesia no convoca un concilio a la ligera - necesita el sentimiento de que *"el momento es propicio"* y de que el Espíritu Santo impulsa a la Iglesia hacia una gran salida común. Si León XIV reconoce este momento y crea las condiciones -implicación de los obispos, oración de los fieles, clarificación de los objetivos-, entonces dicho concilio podría desplegar el mayor potencial de su pontificado: a saber, hacer que la Iglesia católica sea creíble, unida y sostenible para los años venideros.

Abandono de la Iglesia y secularización: el reto de la pérdida de credibilidad

El Papa León XIV se enfrentó no sólo a cuestiones de reforma dentro de la Iglesia, sino también a los **constantes cambios de la sociedad exterior**. En muchos países tradicionalmente cristianos, la Iglesia católica lleva años experimentando un descenso en el número de miembros y una pérdida de importancia en la vida pública. **Las dimisiones eclesiásticas** se han convertido en un indicador de hasta qué punto se están erosionando la confianza y el compromiso con la Iglesia. Las razones de estas oleadas de dimisiones son múltiples: la creciente **secularización** y la indiferencia hacia la religión desempeñan un papel, pero las decepciones concretas con la iglesia también expulsan a los creyentes.

Como ya se ha mencionado, el número de dimisiones en Alemania, por ejemplo, alcanzó máximos históricos: más de 500.000 católicos abandonaron el país en 2022. Las diócesis de otros países de Europa Occidental, Canadá y Australia también registran pérdidas alarmantes. Los que se van suelen citar como motivos la falta de voluntad de reforma de la Iglesia, su gestión de los escándalos morales y la sensación de que la institución ya no está al día. León XIV respondió a este fenómeno con preocupación pastoral. Era consciente de que detrás de cada dimisión había destinos humanos : Personas que pueden haber luchado durante mucho tiempo antes de dar la espalda a su Iglesia porque ya no confiaban en ella. Los escándalos de abusos de las últimas décadas, en particular, han contribuido enormemente a la pérdida de credibilidad. Cuando los obispos protegieron a los autores y la institución se situó por encima de la protección de los niños, el Evangelio fue traicionado a los ojos de muchos. Por ello, León XIV dio prioridad absoluta al saneamiento de estas ofensas. Sabía que **una renovación creíble** en este ámbito era un requisito básico para recuperar la confianza de los fieles.

Al mismo tiempo, León XIV analiza las tendencias subyacentes de la secularización. En las sociedades ilustradas y prósperas, muchas personas sencillamente ya no se ven a sí mismas como dependientes de la Iglesia: los lazos sociales que solían fortalecer la vida comunitaria se están disolviendo; la influencia moral de la Iglesia se está debilitando a medida que el Estado y otras instituciones han asumido sus funciones (educación, sanidad, bienestar social). La religión se está convirtiendo en un asunto privado, y la gran narrativa del cristianismo convence cada vez a menos gente. Ni siquiera un Papa puede contrarrestar por sí solo esta evolución. Pero León XIV intentó ganar nueva credibilidad a través de **un testimonio auténtico.** Insistió en la sencillez del mensaje cristiano, situó a Jesucristo en el centro de toda predicación e intentó acercar la Iglesia al pueblo. En términos prácticos, esto puede verse, por ejemplo, en el hecho de que anima a las parroquias a probar **nuevas formas de atención pastoral:** Misión de calle, proyectos digitales, oportunidades de debate de bajo umbral para quienes han abandonado la Iglesia. También invita a intelectuales y artistas a dialogar para hacer comprensible la fe en un lenguaje moderno. El propio Papa trata de estar cerca de la gente corriente: las imágenes de León XIV rezando en lugares de interés social o hablando con jóvenes que dudan pretenden ser una señal de ello: Esta Iglesia escucha y se preocupa.

Un problema particular lo plantean los países en los que la Iglesia era antiguamente una Iglesia de Estado (como en algunas partes de Europa) y ahora lucha contra un cierto **trauma social.** Allí, León XIV tuvo que hacer un gran esfuerzo para convencer de que fe y libertad no eran contradictorias y que la Iglesia había aprendido de sus errores. Para ello, también se toma en serio **las voces críticas con la Iglesia**: por ejemplo, se reúne con asociaciones de víctimas de abusos, escucha los consejos de expertos externos sobre cuestiones de gobierno y muestra humildad ante las autoridades laicas cuando procede. Esta apertura le granjea el respeto de parte de la sociedad. Sin embargo, está por ver si podrá frenar la oleada de dimisiones. Es posible que la Iglesia se reduzca aún más en algunos países antes de que sea posible un nuevo comienzo. Sin embargo, León XIV también ve potencial en ello: un "rebaño más pequeño" también podría ser una **comunidad más auténtica y convencida** si disminuye la tibieza . Con ello, se hace eco de los pensamientos de Benedicto XVI, que predijo una Iglesia reducida pero fuerte. En cualquier caso, hacer frente a la secularización y al abandono de la Iglesia es un gran reto de su pontificado. Su respuesta -una humilde renovación interior unida a un valiente acercamiento al mundo exterior- desempeñará un papel clave en la salida de la Iglesia de esta crisis.

Pluralismo religioso y diálogo interreligioso

La globalización y las migraciones han dado lugar hoy a un variopinto **pluralismo religioso**, incluso en zonas católicas antes homogéneas. Conviven diferentes religiones y confesiones, y también forman parte del panorama social movimientos espirituales completamente nuevos o un laicismo explícito. Para León XIV, esto significaba que la Iglesia tenía que posicionarse en un *mundo de diálogo*. **El diálogo interreligioso** se convirtió en un sello distintivo de su pontificado, en parte porque tenía una gran experiencia personal en este ámbito. Durante su época de obispo y cardenal, León XIV ya había trabajado con otras comunidades religiosas en diversos países y tendido puentes. Esta experiencia le será muy útil en la escena mundial.

Un aspecto importante es la relación con **el Islam**. En muchos países africanos y asiáticos, los católicos viven en minoría en sociedades predominantemente musulmanas. Al mismo tiempo, la población musulmana en Europa está creciendo. León XIV continuó la labor de sus predecesores -recordemos el documento fraternal de Francisco con el Gran Imán de Al-Azhar o las oraciones por la paz de Juan Pablo II en Asís- e intensificó el intercambio. Visita a destacados clérigos islámicos y no pierde ocasión de subrayar que cristianos y musulmanes creen esencialmente en *un solo* Dios y comparten valores comunes como la cohesión familiar, la misericordia y la justicia. Bajo su égida, surgieron nuevas plataformas de cooperación cristiano-musulmana, por ejemplo en la ayuda a los refugiados o la protección del medio ambiente, donde ambas religiones podrían aportar mucho. Por supuesto, León XIV no ocultó las diferencias -por ejemplo, en materia de libertad religiosa o igualdad de derechos-, pero siempre buscó puntos en común para reducir las tensiones. En regiones como Oriente Próximo, donde los conflictos políticos se superponen a menudo con la religión, el Papa intenta dar ejemplo de paz a través de la mediación y la oración. Su enfoque internacional -caracterizado por la **competencia intercultural** y el respeto genuino por tradiciones extranjeras- le vale el reconocimiento más allá de las fronteras de la Iglesia.

León XIV también se comprometió a **dialogar con otras confesiones cristianas** y religiones no cristianas. El ecumenismo, es decir, la unidad de los cristianos, le era muy querido. Mantuvo estrechas relaciones con las iglesias ortodoxas, las comunidades protestantes y las iglesias pentecostales. Sobre todo en países donde los cristianos son minoría o están bajo presión, promueve la cooperación en lugar de la competencia. Por ejemplo, bajo su influencia, las iglesias inician semanas conjuntas de oración y defienden juntas los derechos de los cristianos perseguidos en Oriente Próximo o el sur de Asia. León XIV compartió con los **patriarcas de la Iglesia de Oriente** su preocupación por los jóvenes, cada vez más secularizados, y juntos estudiaron cómo dar testimonio del cristianismo en el siglo XXI. Esta apertura ecuménica también irradia a la Iglesia católica: cuando los creyentes ven que el Papa mira más allá de sus propias narices, se fomenta una visión menos estrecha y más tolerancia dentro de la Iglesia.

En su trato con religiones **como el judaísmo**, el **budismo** y las religiones naturales tradicionales, León XIV dio ejemplo de respeto. Visitó sinagogas y monumentos conmemorativos para expresar el vínculo judeo-cristiano y prosiguió constantemente la lucha contra todas las formas de antisemitismo. Discute sobre meditación y ética global con monjes budistas con el fin de encontrar un terreno común para un ethos global. Tales gestos no son sólo política simbólica: reflejan la convicción de Leo de que hay un rayo de verdad en toda religiosidad sincera. Le gustaba citar la frase del documento conciliar

Nostra Aetate según la cual la Iglesia reconoce todo lo que hay de verdadero y santo en las demás religiones. Esto demuestra que León XIV no veía la diversidad de religiones como una amenaza, sino como una llamada al diálogo y a la acción conjunta por el bien de la humanidad.

Sin embargo, el **creciente pluralismo religioso** también alberga tensiones internas. Algunos católicos se muestran escépticos ante el celo interreligioso del Papa. Los círculos ultraconservadores temen una dilución de la verdad o se niegan a rendir tanto homenaje a otras religiones. León XIV tuvo que encontrar también aquí un equilibrio: subraya interiormente que diálogo no significa **relativismo**. Más bien, explica, un diálogo auténtico refuerza la propia identidad, porque sólo quien conoce y ama su propia fe puede encontrarse con otras sin miedo ni agresividad. Intenta transmitir este mensaje a través de la catequesis, especialmente en la formación y el perfeccionamiento de los candidatos al sacerdocio: La próxima generación de sacerdotes y laicos debe estar capacitada para **dar testimonio en un entorno multirreligioso**, sin imágenes enemigas, pero con una convicción clara.

Debido a su biografía internacional, León XIV tenía un profundo conocimiento de cómo se practica la religión de forma diferente en las distintas culturas. Como Papa, también promueve una **teología de las culturas** dentro de la Iglesia que toma en serio las tradiciones religiosas locales. Por ejemplo, apoya a los pueblos indígenas de la Amazonia o Canadá para que integren sus expresiones culturales en la liturgia (siempre que sean compatibles con la fe cristiana). Este es también un aspecto del pluralismo: la diversidad puede existir no sólo entre religiones, sino también dentro de la Iglesia global. El diálogo interreligioso y la apertura a contextos pluralistas se dirigen, pues, tanto hacia fuera -hacia la paz y el entendimiento- como hacia dentro, haciendo que la propia Iglesia sea más diversa y *más católica* (en el sentido de que lo abarca todo).

Un Papa entre retos y nuevos comienzos

León XIV se enfrentó a enormes desafíos durante su pontificado: desde conflictos internos por la reforma de la Iglesia hasta convulsiones sociales y diálogos globales. Sin embargo, todos estos retos esconden un potencial igualmente grande. Puede que su nombre recuerde a papas anteriores, pero su camino apunta al futuro: con apertura, experiencia internacional y profundidad espiritual, intenta navegar por la Iglesia católica a través de las tensiones del presente. Las voces críticas le obligan a crear claridad y a escuchar de verdad; las exigencias de reforma le impulsan a actuar con valentía pero con sabiduría; las diferencias regionales le recuerdan que debe tener siempre presente a toda la Iglesia universal.

Si León XIV tiene éxito en este acto de equilibrio, su pontificado podría convertirse en un punto de inflexión: La Iglesia del mañana se está formando hoy: en la confrontación con la crítica, en la lucha por el camino correcto y en la confianza en el espíritu de Dios, que puede dar unidad en la diversidad. Ya está claro que León XIV no da respuestas sencillas, sino que promueve el diálogo y se atreve a dar pasos hacia el cambio. Bajo su liderazgo, **la perspectiva global** y **los retos regionales** se están fundiendo en un amplio proceso de renovación. Los próximos años mostrarán a si los pasos de reforma y los diálogos que inició darán sus frutos. Pero una cosa es cierta: León XIV se atrevió a ponerse en marcha con el objetivo de liderar en el siglo XXI una **Iglesia valiente, creíble y global**, capaz de resistir las crisis y volver a ser un signo de esperanza para los hombres de hoy.

 Capítulo 16:
Perspectivas - Visión de una iglesia moderna e inclusiva

Un arco iris sobre la Basílica de San Pedro en Roma podría simbolizar la visión del Papa León XIV: una Iglesia que incluya a todos los colores de la humanidad y sea creíble y acogedora en todo el mundo en el siglo XXI. Desde el principio de su pontificado, León XIV se caracterizó por una clara postura a favor de **la inclusividad**. Soñaba con una Iglesia en la que *nadie* quedara excluido por motivos de origen, sexo, estilo de vida o condición social; una Iglesia que acogiera a todas las personas de buena voluntad **del mundo** y **diera** un testimonio creíble del Evangelio. León XIV quería recuperar esta credibilidad después de que los escándalos y las crisis de confianza hubieran sacudido la reputación de la Iglesia. Su modelo es una comunidad espiritual cercana a la gente (*"cercana a la fe"*), que escucha sus preocupaciones y ofrece respuestas sin permanecer dogmática o a la defensiva. En resumen: León XIV esboza la imagen de una Iglesia católica renovada y reconocible en el mundo moderno como una **casa para todos**.

León XIV se diferenció así notablemente de muchos de sus predecesores en el trono pontificio. Mientras que los pontificados anteriores habían dejado intactos ciertos temas tabú y rehuido los cambios, León XIV se atrevió a tratar abiertamente cuestiones delicadas. Por ejemplo, la Curia evitó durante mucho tiempo hablar siquiera de bodas eclesiásticas (sacramentales) para parejas del mismo sexo; hasta hace poco, este tipo de iniciativas se consideraban una "petición" inaudita a Roma. León XIV, en cambio, buscó **el diálogo con** esos impulsos reformistas, en lugar de oponerse a ellos. En general, actuó como un constructor de puentes: Se basa en las medidas de reforma adoptadas por el Papa Francisco, pero adopta un enfoque aún más decisivo. Su pontificado se caracteriza inequívocamente por *el estilo de la escucha*: León XIV escucha con especial atención las voces de las bases, las mujeres y los jóvenes de la Iglesia. En comparación con Benedicto XVI o Juan Pablo II, que enfatizaron fuertemente la doctrina tradicional, León XIV puso acentos diferentes: misericordia pastoral antes que reglas estrictas, participación antes que centralismo, valiente apertura antes que temeroso aislamiento. Este nuevo enfoque dio a su pontificado un perfil único en la historia reciente de la Iglesia.

Para hacer realidad su visión, León XIV recurrió tanto a decisiones personales como a procesos participativos de consulta. En los primeros años de su pontificado, utiliza los poderes que se le confieren para dar ejemplo: Por ejemplo, nombra a mujeres y no clérigos para los puestos directivos de la Curia y para su equipo de asesores, subrayando la igualdad de voz de todos los creyentes. No rehuyó tomar decisiones desagradables si estaba convencido de que redundaban en beneficio de la Iglesia, ya fuera la destitución de clérigos de alto rango en casos de mala administración o el nombramiento de comisiones independientes sobre cuestiones de reforma. Al mismo tiempo, León XIV estaba profundamente convencido de que un cambio duradero sólo podía lograrse junto con todo el pueblo de Dios. Por ello, inició un amplio proceso de consulta mundial con el clero y los laicos. En las diócesis de todo el mundo se celebran foros de diálogo y asambleas sinodales, en los que los movimientos de base y los obispos dan su opinión. Este enfoque participativo culmina finalmente en un paso histórico: León XIV prepara la convocatoria de un **nuevo Concilio Vaticano**. Este posible Concilio Vaticano III reuniría -por primera vez desde los años sesenta- a la Iglesia mundial en Roma para debatir el rumbo fundamental del siglo XXI. León XIV se basaba así en el legado del Concilio Vaticano II, cuyo espíritu de renovación quería trasladar al siglo actual. Al implicar en los preparativos a obispos de todos los continentes, así como a expertos y creyentes de a pie, prestó atención a la mediación de la Iglesia mundial: las reformas debían ser *católicas* -es decir, universales- y no corresponder únicamente a regiones culturales concretas. Esta reunión estratégica de las diversas voces de la Iglesia universal demuestra la preocupación fundamental de León XIV: crear unidad en la legítima diversidad.

La imagen muestra una impresionante toma de la Basílica de San Pedro en el Vaticano. En primer plano se aprecia claramente la llamativa fachada y la magnífica cúpula de la catedral, iluminada por una luz cálida y dorada. Llama la atención el arco iris de colores que atraviesa la cúpula en un arco perfecto y transmite el carácter simbólico de una iglesia y una teología inclusivas. El cielo del fondo aparece parcialmente nublado y dramático, lo que hace que el arco iris destaque aún más. La imagen tiene un fuerte poder simbólico y representa metafóricamente la esperanza, la renovación y la diversidad.

Un aspecto central de la visión de León XIV es el desarrollo ulterior de **la imagen de la Iglesia** hacia una Iglesia sinodal, inclusiva y popular. En concreto, esto significa pasar de un modelo puramente jerárquico y monológico a una **cultura sinodal** en la que *la comunidad* y la *participación* sean los principios rectores. El Papa subraya repetidamente que *todos los bautizados* comparten una dignidad y una misión comunes. Por tanto, las personas consagradas y no consagradas deben participar en las decisiones a todos los niveles de la Iglesia: debe existir "una cultura de auténtica codecisión", no de mera consulta. León XIV no sólo enfatizó esto con palabras, sino que también lo apuntaló institucionalmente: desde la parroquia hasta la Iglesia universal, promovió estructuras que permitieran una cogestión vinculante. Por ejemplo, los consejos parroquiales y diocesanos deben ser algo más que órganos consultivos: deben tener una influencia real en la planificación pastoral y en las decisiones financieras. En el ámbito de la Iglesia universal, León XIV refuerza el Sínodo de los Obispos dotándolo de un espíritu mucho más sinodal: los representantes del pueblo de Dios, incluso sin estar ordenados, tienen ahora derecho a votar y a contribuir a dar forma a las decisiones sinodales. El liderazgo responsable en una Iglesia sinodal, estaba convencido, **requería** transparencia, escucha e igualdad para todos los creyentes, independientemente de su sexo u origen. León XIV creó, por tanto, un marco en el que estos principios pudieran ponerse en práctica, por ejemplo, mediante procesos vinculantes de rendición de cuentas y toma de decisiones transparentes en la administración eclesiástica. Los resultados de los procesos sinodales en todo el mundo ya pusieron de relieve lo esenciales que son las estructuras transparentes y la autorregulación. El Papa se basa en esto: promueve una **cultura de responsabilidad** tanto interna como externa, en la que los líderes eclesiásticos informan regularmente y se dejan evaluar. Por supuesto, sigue existiendo una cierta *tensión entre la participación sinodal y la* *constitución jerárquica*, pero León XIV ve esta tensión bajo una luz positiva. A través de nuevas formas de colaboración, esta tensión puede hacerse fructífera llevando el liderazgo carismático y la participación comunitaria a un equilibrio constructivo. La visión de una Iglesia sinodal e inclusiva pretende, en última instancia, que los creyentes vuelvan a sentir a su Iglesia cercana a su vida de fe y a sus preguntas, una Iglesia que escucha y acompaña en lugar de sermonear desde arriba.

Otro escenario futuro que León XIV debía considerar se refería a **la igualdad sacramental** y, en particular, al tratamiento de las parejas del mismo sexo. La Iglesia católica siempre ha enseñado que el sacramento del matrimonio está reservado exclusivamente al hombre y a la mujer. Sin embargo, a la luz de los nuevos conocimientos sobre la sexualidad y el amor en pareja, crece en la Iglesia el deseo de desarrollar pastoralmente esta enseñanza. León XIV perteneció a la generación de dirigentes eclesiásticos dispuestos a reflexionar abiertamente *sobre la manera de* reconocer las uniones fieles entre personas del mismo sexo sin devaluar la profundidad sacramental del matrimonio. En primer lugar, apoya sin reservas los últimos pasos hacia un mayor reconocimiento: en diciembre de 2023, por ejemplo, el Vaticano permitió por primera vez que las parejas homosexuales fueran bendecidas en la iglesia. Aunque este permiso está sujeto a condiciones -no debe confundirse con una ceremonia litúrgica de matrimonio-, representa un hito. León XIV amplió las posibilidades pastorales. Bajo su pontificado, una comisión teológica elaboró hipótesis sobre cómo la Iglesia podría ofrecer un apoyo aún más amplio a las parejas del mismo sexo. Por ejemplo, es concebible una forma especial de servicio de bendición que proporcione textos litúrgicos y signos globalmente válidos para estas parejas. Incluso la cuestión de una *boda* eclesiástica para parejas homosexuales se planteó abiertamente bajo León XIV, un paso que antes de él parecía impensable. Por supuesto, esto supondría una revolución en el orden sacramental anterior y requeriría una profunda reflexión teológica, así como un amplio consenso en la Iglesia universal. Pero el mismo hecho de que León XIV permitiera y alentara este debate marcó una diferencia: donde antes las autoridades oficiales habían bloqueado cualquier discusión, él alentó un discurso respetuoso que tomaba en serio la realidad vivida por muchos creyentes. Subrayó que la Iglesia no quiere alejar de los sacramentos a nadie que viva en el amor sincero y la responsabilidad. León XIV muestra así la valentía de seguir desarrollando doctrinas, a sabiendas de que esto lleva tiempo y debe comunicarse a nivel de la Iglesia mundial. En algunas partes de la Iglesia mundial, la idea de la igualdad sacramental para las parejas del mismo sexo todavía puede encontrar resistencia, pero en otras se espera desde hace tiempo. León XIV modera este proceso de tensión con cautela. Es posible que al principio permita soluciones regionales o reconozca oficialmente *las celebraciones* para ganar experiencia. A largo plazo, incluso podría discutirse una apertura formal del sacramento del matrimonio -por ejemplo, en el concilio previsto- si no tomara una decisión independiente. Tal decisión no tendría precedentes históricos y haría inconfundible el pontificado de León XIV. En cualquier caso, ya está claro que lo que comenzó como un paso valiente de obispos individuales en el camino sinodal en Alemania en 2023 (más del 80% del clero alemán votó a favor de bendecir a las parejas del mismo sexo en ese momento) se está convirtiendo en un movimiento mundial bajo León XIV que está confrontando a la Iglesia con la cuestión de hasta dónde puede extenderse su inclusividad sin perder su identidad.

Además de la apertura en cuestiones de estilo de vida, León XIV también promovió enérgicamente la **transformación digital de la labor eclesiástica.** Sabía que la Iglesia tenía que estar presente en la era digital, en la que la gente ahora se comunica y busca la comunidad. La pandemia de coronavirus ya ha desencadenado una oleada de innovación: los servicios eclesiásticos en línea, los círculos de oración virtuales y los servicios pastorales a través de videochat se han convertido en algo habitual en muchos lugares. León XIV no quiere dejar que este impulso decaiga, sino utilizarlo estratégicamente. Su visión es una *iglesia orientada a la red* en la que la congregación local tradicional esté interconectada con espacios digitales y redes suprarregionales. En concreto, promueve proyectos que conecten mejor digitalmente a las congregaciones, tanto entre sí como con los creyentes que comparten su fe a través de los medios sociales y las plataformas en línea. León XIV considera un enriquecimiento las asociaciones, movimientos y federaciones eclesiales, que a menudo actúan entre parroquias o a escala internacional. No deben competir con la parroquia territorial, sino **complementarla**, de modo que puedan coexistir diferentes *formas sociales de Iglesia*: Desde la celebración local de la misa hasta el grupo internacional de estudio bíblico Zoom. Para apoyar este desarrollo de la iglesia digital, León XIV también se está ampliando en términos de personal y estructura: Por ejemplo, podrían crearse comisarios especiales para la pastoral digital en todas las diócesis o se creará una plataforma central en el Vaticano que aglutine ideas ya probadas. Para León XIV es importante que los formatos digitales no se queden en meras copias de los formatos analógicos. La Iglesia debe hacer un uso creativo de las peculiaridades de Internet para llegar a la gente con un umbral bajo. Los expertos subrayan que no debemos limitarnos a volver a la "antigua normalidad", sino que debemos *"conservar lo bueno y desarrollarlo aún más"* a partir de lo que se ha probado y comprobado en la pastoral en línea. Con esto en mente, León XIV invita a las personas comprometidas a probar nuevos enfoques: Ya sea el uso de plataformas de juegos como Minecraft para la pastoral juvenil, el desarrollo de aplicaciones parroquiales o cursos interactivos en línea en materia de fe. La Iglesia digital de León XIV siempre se centra en las personas: considera la tecnología como una herramienta para forjar relaciones y hacer tangible la fe. En el futuro, una parroquia en el sentido tradicional dejará de ser una mera entidad geográfica para convertirse en un centro de una red viva de fe que traspasará fronteras. Esto creará una **iglesia flexible y en red** en la que la comunidad pueda vivirse tanto localmente como en línea, una iglesia que mantenga el pulso de los tiempos sin cortar sus raíces espirituales.

Por últImo, León XIV puso gran énfasis en **unas estructuras de liderazgo participativas y globales** que impidieran el abuso de poder y reforzaran la participación de los *laicos*. Las conmociones provocadas por el escándalo de los abusos -ya fueran de carácter sexual, espiritual o financiero- hicieron ver al Papa que una auténtica reforma sólo puede tener éxito si se *reequilibra el poder en la Iglesia*. Consideraba que el "clericalismo" era la raíz de muchos males: si el poder de decisión se concentra demasiado en manos de unos pocos funcionarios varones, aumenta el riesgo de intransparencia y de abusos. León XIV abordó este problema reforzando al mismo tiempo

los mecanismos de control y **el reparto del poder**. Por un lado, como se ha descrito anteriormente, implicó a un número significativamente mayor de no clérigos en funciones de liderazgo. Por ejemplo, mujeres y hombres competentes sin ordenación recibieron puestos de liderazgo en las autoridades vaticanas, lo que sólo fue posible gracias a los recientes cambios en el derecho canónico. Por otro lado, León XIV debe crear órganos de supervisión independientes: Es de esperar que anime a las conferencias episcopales de todo el mundo a establecer comisiones externas de expertos en el tratamiento de los abusos, con una mayoría de miembros laicos y profesionales. Estas comisiones deberían supervisar las medidas diocesanas y dar voz a los afectados. También podría crearse en el propio Vaticano, bajo León XIV, un órgano consultivo internacional de laicos que informara directamente al Papa y denunciara los abusos, ya se tratara de violencia sexualizada, irregularidades financieras o abuso de poder. León XIV respondía así a las exigencias que también planteaban partidos independientes: Kerstin Claus, comisionada alemana para los abusos, por ejemplo, advierte de que *los laicos* deben "hacerse visibles en el debate sobre la reevaluación" y actuar con expectativas claras hacia la cúpula eclesiástica. León XIV se toma en serio estas voces y consagra el principio de la **responsabilidad compartida** en la Iglesia. El Papa Francisco ya había marcado el rumbo con su motu proprio *"Vos estis lux mundi"* (2019/2023) y decretó, por ejemplo, que los laicos en funciones de liderazgo también serían considerados responsables de encubrir abusos y estarían obligados a denunciar los casos en todo el mundo. León XIV se basó en estos fundamentos y los llevó más lejos: apoyó la modificación de las leyes eclesiásticas para que se estableciera un derecho claro a asumir los abusos y normas de calidad vinculantes. **La transparencia** se convirtió en la máxima prioridad, ya fuera en materia de finanzas o de gestión de personal. Por ejemplo, León XIV podía hacer que se publicaran las medidas disciplinarias adoptadas contra los autores de abusos en la Iglesia, o podía crear una oficina central de denuncias en el Vaticano a la que pudieran dirigirse las víctimas de todo el mundo. Todas estas medidas tenían como objetivo prevenir los abusos de poder por parte de clérigos varones - pero también de laicos en puestos de responsabilidad- y, en caso de duda, castigarlos de forma consecuente. Al distribuir y controlar el poder, León XIV promovió una nueva cultura de la confianza: ya nadie estaba por encima de la ley de la Iglesia y, al mismo tiempo, cada vez más personas tenían responsabilidades *dentro* de la Iglesia. Esta reorganización global del liderazgo eclesiástico, con "controles y equilibrios" incorporados, pretendía garantizar que el Evangelio se proclamara de forma creíble, libre de la sombra del encubrimiento y la desconfianza.

En resumen, el Papa León XIV esboza su visión de una **iglesia moderna e inclusiva** que cura sus viejas heridas y encuentra nueva vitalidad. Su agenda es ambiciosa: desde la transformación sinodal de las estructuras eclesiásticas hasta la apertura de cuestiones morales controvertidas y la digitalización de la atención pastoral, pasando por el establecimiento de una cultura de liderazgo participativo. Especialmente cuando León XIV inicia cambios en tantas áreas, cosechará tanto admiración como resistencia. Pero el rasgo inconfundible de su pontificado es que se ha atrevido a dar un paso que otros sólo habían anunciado. León XIV puede y debe **combinar realismo y visión de futuro para lograr resultados eficaces y cambios necesarios**: Conoce los límites de lo posible y la diversidad de las mentalidades eclesiásticas mundiales, pero desde luego no deja que esto le desanime. Paso a paso - personalmente a través de decisiones valientes, junto con la Iglesia universal a través de consultas y quizás un futuro Sínodo-Concilio - está dando forma a una Iglesia que llegará al presente. Esta Iglesia debe mantenerse firme sobre los fundamentos de su fe y, al mismo tiempo, abrir sus puertas de par en par. León XIV tiene ciertamente la voluntad y el potencial para marcar la diferencia: hacia una Iglesia creíble en la que la palabra *"católica"* vuelva a significar literalmente "que todo lo abarca" - **una Iglesia que incluya a todas las personas de buena voluntad y cuyo testimonio se escuche en todo el** mundo.

Anexo

La fe es como bailar: teología en movimiento

La fe y el baile: a primera vista, dos mundos que tienen poco en común. Sin embargo, la nueva publicación *"La fe es como el baile - Movidos por la fe para crecer como cristianos"* de Eureka Circe muestra de forma impresionante lo estrechamente relacionados que están ambos. En este *libro de formación de competencias religiosas*, el proyecto teológico de la serie de libros *DEUS EX MACHINA* despliega una visión dinámica del ser cristiano: *"La fe no significa seguir ciegamente las normas, sino comprometerse con el corazón, la mano y la mente: con uno mismo, con los demás y con el mundo"*.

Ilustración: Portada del libro "Glauben ist wie Tanzen" (Hamburgo, 2025).

Esta obra invita a comprender, practicar y vivir la fe a través de la danza:

"La fe es como bailar, ¡y tú determinas el camino y el ritmo!".

La fe no significa seguir ciegamente las normas, sino comprometerse con el corazón, las manos y la mente: con uno mismo, con los demás y con el mundo.

Este libro de formación para el desarrollo de las competencias religiosas de los cristianos, así como de los profesores y alumnos de educación religiosa y de los servicios a la infancia y la juventud, invita a la reflexión:

Anima y acompaña en el camino hacia las decisivas competencias personales y sociales que todo el mundo necesita para poder vivir con autenticidad la fe y la caridad. Doce campos concretos de aprendizaje muestran: La capacidad de diálogo, la empatía, el pensamiento crítico y la reflexión, la sensibilidad de género, la autoaceptación, la acción ética y otras pueden y deben aprenderse: en las clases de educación religiosa, en el autoestudio, en las prácticas de teología, en la comunidad y en la vida cotidiana. Un libro para todos aquellos que no sólo quieren aprender su fe, sino que quieren vivirla: con flexibilidad, con valentía y con alegría al amar a los demás. Porque quien vive de verdad su fe no se limita a bailar al son de reglas extrañas y dogmáticas, sino que se mueve en sintonía y con confianza en sí mismo, en armonía con el ritmo de su propia vida: ¡la fe es como la alegría de bailar! - y este "trabajo de afinación" se puede aprender.

Aquí, la fe es un proceso activo y vivo, comparable a una danza en la que cada persona co-determina la manera y el ritmo de su vida de fe.

Esta reseña teológicamente informada retoma las ideas centrales del libro y las combina con voces inspiradoras de la filosofía, la Biblia y la práctica eclesiástica . Muestra por qué es *bueno* que los creyentes bailen (en sentido figurado *y* literal), cómo se entrelazan la fe, la teología y la expresión física, y cómo incluso los dirigentes de la Iglesia -es decir, *"la Roma de hoy"*- deberían redescubrir la danza como expresión de la fe.

Porque sí: *"La fe es como bailar"* es una frase que transmite la idea de la fe como una experiencia dinámica, viva y personal. Sugiere que la fe no es sólo un estado estático, sino un proceso de compromiso, exploración y descubrimiento, de ser feliz, en el que uno participa activamente. Es una metáfora que describe la fe como una especie de danza en la que uno encuentra su propio ritmo y estilo al comprometerse con el mundo, consigo mismo y con los demás.

La frase "La fe es como bailar" puede interpretarse en diferentes contextos:

Contexto religioso: En este contexto, puede indicar que la fe no es sólo una aceptación dogmática de normas, sino una experiencia personal y una relación dinámica con un poder superior. La danza simboliza el movimiento, la implicación y la búsqueda de la propia expresión en la fe.

Contexto filosófico: Aquí puede transmitir la idea de que la fe es una elección personal y un proceso activo de reconocimiento y confianza. La danza simboliza el movimiento y la inmersión en la vida, en lugar de limitarse a creer en un concepto estático.

Contexto general: En un sentido general, la frase puede significar que la vida, la fe y la acción son como una danza en la que uno se involucra con la música, el movimiento y el ritmo de la vida y encuentra su propio estilo.

Nietzsche y el dios danzante - alegría en lugar de una religión de amenaza y muerte

Para empezar, merece la pena echar un vistazo filosófico: En una ocasión, Friedrich Nietzsche hizo que la gente se sentara y tomara nota con unas palabras que invitaban a la reflexión. *"Sólo creería en un Dios que supiera bailar"*, escribió entonces. Esta célebre frase del filósofo del siglo XIX era mucho más que un chascarrillo. Nietzsche, que percibía el cristianismo de su época como una "religión de muerte" sin alegría, reclamaba un Dios lleno de vida, ligereza y exuberancia - un Dios "danzante" "que fuera digno de nuestra fe en absoluto". Para Nietzsche, la danza simbolizaba la alegría de vivir, la creatividad y la liberación de una moral demasiado osificada. Su Zaratustra ficticio proclama un Dios que incluso puede reír durante los actos sagrados, una afrenta a la imagen del dogma sombrío e inamovible. En consecuencia, el movimiento eclesiástico *"Somos Iglesia"* pide que se proclame una *"buena noticia en lugar de un mensaje amenazador"*. En sentido figurado, esto incluye gente que baila, incluido un Dios que baila y una Iglesia que baila y se adapta.

¿Qué aprendemos teológicamente de esto? En primer lugar, la fe que pierde su alegría se vuelve inverosímil. Un cristianismo sin danza, sin risa, sin ligereza viva amenaza con hundirse en el "nihilismo y la desesperación". Por otra parte, debemos tomarnos en serio el anhelo de Nietzsche: Detrás de su crítica a Dios está la profunda intuición de que la auténtica fe necesita una libertad lúdica, una chispa de arte de vivir celestial que nos convierta en *"poetas:dentro de nuestras vidas"*. Es precisamente esta alegría de la fe, este paso de baile del alma, lo que hay que (re)descubrir.

Curiosamente, los cristianos modernos retoman el impulso de Nietzsche sin compartir su amargura. El clérigo *Wolf-Dieter Steinmann*, por ejemplo, eligió el lema *"La fe significa bailar"* para un servicio matutino en 2014 y también situó al Dios alegre en el centro.

Y, en efecto, la tradición bíblica conoce a ese Dios en acción: en Jesucristo, como se canta en el himno *"Señor de la danza"*, Dios mismo danza a través de la vida e incluso a través de la muerte. El compositor *Sydney Carter* escribió esta canción en 1961, "en una época en la que la Iglesia seguía siendo rígida e inmóvil". En respuesta a ello, imaginó a Cristo como un bailarín amante de la vida al que nada ni nadie puede derribar permanentemente. *"Me derribaron, pero me vuelvo a levantar... porque soy el Dios danzante"*, dice, y: *"Vivo en ti, pero vive también en mí"*. Es exactamente lo que Nietzsche echaba de menos: un Dios que celebra la vida y hace bailar a los creyentes. A los que creen en un Dios así les resulta más fácil encontrar la alegría.

"Bailando en los brazos de Dios" - Madeleine Delbrêls

No sólo los filósofos, sino también los buscadores cristianos han trazado la analogía entre la fe y la danza. *La francesa Madeleine Delbrêl* (1904-1964) acuñó la frase: *"La fe es como la danza"*. Delbrêl, que pasó del ateísmo a ser una cristiana comprometida, entendía la vida con Dios como una danza estimulante llena de devoción. En uno de sus textos de oración, describe su relación con Dios con bellas imágenes de danza. Se percibe la experiencia de una mujer que vivía su fe en medio de la vida cotidiana y conservaba una tremenda ligereza. *"Depende de nosotros [...] ser personas felices que bailan su vida contigo"*, escribe Delbrêl; para ser un buen bailarín, no siempre hay que saber cuál es el siguiente paso, sino estar dispuesto a seguirlo: *"Hay que seguir, ser feliz, ser ligero y, sobre todo, no ser rígido"*. Estas palabras pintan el cuadro de un creyente que se deja llevar por el ritmo de Dios con confianza. Quien baila con Dios no *pregunta ansiosamente "adónde llevan los pasos"* después de cada explicación, sino que *"gira a derecha e izquierda"*, abierto a las sorpresas. Como en la danza, se trata de comprometerse con el momento y con la pareja, en este caso la contraparte divina. Delbrêl resume: Todos nuestros pasos en la vida carecerían de sentido *"si la música [de Dios] no hiciera de ellos una armonía"*. En otras palabras, Dios mismo es la música que da sentido a nuestras vidas y reúne los pasos de baile dispersos -altibajos, éxitos y reveses- para formar un todo significativo.

Esta *metáfora de la danza* expresa una profunda verdad espiritual: la fe es un acontecimiento entre Dios y el hombre, un compromiso constante del uno con el otro. Al igual que los bailarines prestan atención a los movimientos de sus parejas, los creyentes escuchan la guía silenciosa de Dios. Delbrêl habla de *"bailar en los brazos de tu amor", en los* que se encuentra como en un salón de baile, completamente inmersa en la música y el ritmo. Su fe no es una adhesión árida a las doctrinas, sino una vida en relación rítmica con Dios.

Esta perspectiva visionaria se reconoce con detalle en el libro *"La fe es como bailar"*: los pensamientos citados de Delbrêls son un ejemplo de cómo la fe atrapa el corazón y los sentidos. Así queda claro que quien cree puede saberse llevado por Dios como una pareja de baile: seguro y a la vez libre, guiado y a la vez exuberante.

Todo el mundo lleva la danza y la fe en la sangre

El baile y la fe, ¿son realmente rasgos humanos universales? El clérigo *Matthias Lüskow* cree que sí. En su sermón de confirmación de 2023 con el tema *"La fe es como bailar"*, afirmó: *"Todo el mundo lleva el baile en la sangre"*. Lo que parece sugerente, él lo explica así: incluso los bebés experimentan su "primer baile" cuando los padres los acunan en sus brazos, un antiguo e instintivo consuelo. *"Bailar es innato en nosotros, la danza forma parte de nuestra alma",* dice Lüskow. Más adelante en la vida, algunas personas pueden "desaprender" o rehuir el baile, pero está arraigado originalmente en nosotros. Y según Lüskow, esto también se aplica a la fe: *"Como con el baile, también diría de la fe: todo el mundo lleva la fe en la sangre".* Desde el principio, vivimos con una confianza básica -de niños, confiamos naturalmente en que alguien nos cuidará y nos consolará- y *"más tarde transferimos esta confianza básica a Dios".* Cuando la gente afirma que "no tiene fe", a menudo se ha interpuesto algo que la ha alejado de Dios. Pero, en el fondo, la semilla de la confianza permanece latente en nosotros. Este paralelismo -la danza innata y la fe innata- es un gran consuelo: significa que nadie es completamente incapaz de tener fe. Al igual que todo el mundo tiene un sentido del ritmo y un impulso de moverse, todo el mundo también lleva dentro la capacidad de comprometerse con lo divino. ¡Y bailar fuera de la línea también es un arte!

Si en una pequeña discoteca ninguno de los clientes se atreve a salir a la pista de baile, a menudo sólo quedan algunas personas de pie junto a la barra aferradas a su bebida. Nadie se atreve a bailar. Todos permanecen en la seguridad del grupo. Hasta que por fin alguien se anima, mirado boquiabierto, sonreído y quizás secretamente envidiado por todos.

Lo que ella o él se atreve a hacer. Se hace el nudo. Más tarde, por la noche, la pista de baile está llena. Los cuerpos rebotan, se balancean rítmicamente a izquierda y derecha. En realidad, bailar es bastante fácil cuando alguien lleva la batuta.

A veces ocurre algo parecido en la fe: a menudo preferimos aferrarnos a un café. Hablamos del tiempo o de deportes en lugar de abordar con valentía lo que es necesario: cuando los cristianos nos opusimos al nacionalsocialismo y alzamos la voz; cuando abordamos cosas en la familia que tuvimos que arreglar para mejorar; cuando por fin exigimos y quisimos poner en práctica en la comunidad lo que era necesario y liberador para los individuos y para todos.

Sí, a veces nos atrevemos a salir, con nuestra fe. La fe es como bailar, simplemente cuando otros se unen a ella. Necesitamos compañeros de baile que crean en nuestros valores. Entonces es bueno no tener que quedarse al margen. *"Así que súbete a la pista de baile... y practica"*, subraya el clérigo *Sebastian Sievers* en un podcast.

Esta constatación tiene consecuencias prácticas: Si la fe, como la danza, es algo originalmente humano y bueno, podemos construir sobre ella.

Esto es exactamente lo que hace el libro *"Deus Ex Machina - Parte III"* al invitarnos a despertar y desarrollar *"habilidades religiosas"* dormidas. La fe no se presenta como un dogma rígido, sino como algo innato en cada persona, pero que necesita ser estimulado y entrenado. Los textos, ejercicios y sugerencias nos permiten pasar de nuestro anhelo espiritual innato a habilidades concretas que podemos desarrollar, de forma similar a la práctica de los pasos de baile.

Practicar, dejarse llevar, atreverse: aprender los pasos de baile de la fe

Si quieres bailar, tienes que *practicar*. Este tópico también se aplica a la fe. Un baile parece ligero y libre, pero detrás de esta ligereza suele haber disciplina y entrenamiento. Al igual que los clérigos hacen hincapié en el servicio de evangelización, la fe requiere orientación y práctica conjunta.

Nadie nace siendo un bailarín perfecto; aprendes pasos, los pruebas, te corrigen... hasta que en algún momento *"bailas tu propia danza"*. Algo parecido ocurre con la fe: sin orientación y enseñanza (por ejemplo, de padres, compañeros, pastores, educación religiosa), muchas personas perderían el acceso a Dios. Aquí es exactamente donde entra en juego el libro de ejercicios de habilidades religiosas: Se concibe a sí mismo como un libro de formación que utiliza preguntas de reflexión y campos de aprendizaje para guiar a los lectores en la práctica de la fe. En doce *"campos de aprendizaje"* -desde la capacidad de diálogo y la empatía hasta la autoaceptación y la acción ética- se describen las habilidades que pueden desarrollarse para vivir mejor la fe.

He aquí algunas posibles aplicaciones:

- *Educación religiosa:* Los profesores pueden utilizar los campos de aprendizaje para animar a los alumnos a reflexionar sobre su fe y a vivirla activamente.
- *Autoaprendizaje:* Los particulares pueden utilizar el libro como guía para profundizar en su propia cultura religiosa.
- *Trabajo comunitario:* Puede servir de base para talleres o grupos de discusión para entender la fe como un proceso dinámico.
- *Prácticas de teología:* Los estudiantes de Teología pueden utilizar los contenidos para desarrollar enfoques prácticos de la educación religiosa.

Figura: Dios como DJ.

Una figura femenina espiritualmente luminosa, con largos cabellos blancos y un halo, lleva unos grandes auriculares negros. Delante de ella hay un tocadiscos con una maqueta del sistema solar: El Sol en el centro, los planetas dispuestos en órbitas concéntricas a su alrededor. Toca suavemente la Tierra y los demás planetas con los dedos, como si interpretara la música de un cosmos que anima a bailar. Al fondo se ve un cielo estrellado oscuro con estrellas brillantes y otros planetas. La escena de Dios como DJ irradia calma, sabiduría y una conexión espiritual con el universo.

Junto con otros materiales didácticos, el volumen puede utilizarse como material complementario de los libros de texto tradicionales, con el fin de ofrecer nuevas perspectivas y enfoques.

Y: las citas sueltas o las preguntas del libro pueden servir de impulso para debates o trabajos en grupo.

Con sus diversas sugerencias y la metáfora realista del baile, *"La fe es como bailar"* puede suponer una valiosa contribución a la educación religiosa contemporánea y orientada a la adquisición de destrezas. Anima a los alumnos a configurar activamente y con confianza su propio itinerario de fe.

Además de práctica, hace falta valor para aventurarse en la pista de baile.

El libro fomenta un enfoque flexible, valiente y alegre de la fe que va más allá de las reglas dogmáticas: la fe, como la danza, requiere compromiso y práctica. Monseñor Josef Hernoga subraya también en su aportación desde una perspectiva católica: *"La fe también requiere compromiso, dedicación personal y creatividad. Sólo quien está entusiasmado con Dios y fascinado por Jesucristo tiene 'alegría en la fe'"*. El entusiasmo ("enthusiasm" - literalmente un Dios en nosotros) es el motor que vence la timidez inicial.

El baile y la valentía siempre van de la mano: Revelas algo de ti mismo, cada movimiento te hace vulnerable. Si bailas delante de otros, corres el riesgo de que te miren con recelo - *"¿Qué hace ahí?"*- y, sin embargo, la alegría de bailar te permite superar esa vergüenza. Del mismo modo, la fe requiere valentía. En un entorno laico, a menudo hace falta valor civil para profesar tu fe: es fácil sentirse ridiculizado, *"como si hubieras hecho una danza expresiva de la escuela Waldorf"*. Pero quien *baila* su fe se libera interiormente de las opiniones de los burlones. El mensaje es: no dejes que el miedo te paralice. *Practica* tu fe y *atrévete* a mostrarla al mundo exterior. Del mismo modo que un bailarín sólo sube con confianza al escenario después de muchos ensayos, un cristiano adquiere el valor suficiente para defender sus valores en la vida cotidiana practicándolos.

Esto demuestra una de las grandes ventajas de la *fe es como bailar*: La formación puede combinar la reflexión teológica con orientaciones prácticas sobre el desarrollo del carácter . Esto anima a las personas a dar forma y practicar activamente su fe, *"no sólo [a bailar] según reglas extranjeras y dogmáticas, sino [...] con confianza en sí mismas en armonía con el ritmo de [su] propia vida"*. Esta autodeterminación en la fe -sin arbitrariedad, pero con una convicción interiorizada personalmente- es el objetivo del "trabajo de sintonía". En el contexto del volumen anterior de Deus Ex Machina, se podría decir: *cada uno debe encontrar su propia danza personal de la fe que también esté en armonía con la gran melodía de Dios.*

Danza de la alegría - creer con cuerpo y alma

Pero, ¿por qué bailar? ¿Qué gana la fe con la danza? La respuesta es sencilla: alegría y plenitud. *"Bailar te hace feliz"*, exclaman muchos jóvenes. Desde el primer hasta el último compás, el baile es pura emoción y felicidad, algo que incluso las personas ajenas pueden sentir. Esta experiencia puede trasladarse directamente a la fe: *"La fe también te hace feliz"*, dice Lüskow. Vivir la fe es lo que da un sentido más profundo a la vida, un "hilo conductor" en la danza de la vida. Quienes creen se encuentran -metafóricamente hablando- sujetos en una coreografía que mide todas las emociones de la vida, pero que en última instancia conduce a una meta plena. La fe da dirección y esperanza a la danza de la vida.

La metáfora de la danza subraya sobre todo el carácter físico de la fe. La fe cristiana no sólo quiere tener lugar en la cabeza, sino impregnar a toda la persona: corazón, alma y cuerpo. En la Biblia, el rey David baila con devoción ante el arca de Dios, a pesar de su dignidad real (2 Sam 6). Su famosa confesión: *"Danzaré ante Yahveh"*, a pesar de la mirada de quienes le rodeaban, es paradigmática de que Dios merece la expresión física de la alegría. Donde la fe está viva, inspira a la gente a cantar, hacer música y danzar *"llenos de devoción"*. El pueblo de Israel lo hizo hace miles de años, y la gente de todo el mundo lo sigue experimentando hoy en día en los cultos y festivales de las iglesias. Especialmente en las iglesias carismáticas o africanas, el baile es una parte más natural de la alabanza a Dios que en las iglesias centroeuropeas. Sin embargo, en este país también se está redescubriendo la danza litúrgica y meditativa. Hildegard Linn, profesora de danza desde hace muchos años, ha desarrollado sus propias coreografías para la celebración de la Misa y la Navidad -desde el Kyrie y el Gloria hasta el Sanctus- y se refiere al simbolismo bíblico de los gestos en cada caso. Danzas con música sacra como la *Misa Criolla* de Sudamérica demuestran que se pueden combinar la oración y el movimiento: *Los ritmos palpitantes son un reto para la danza*, y quienes los bailan rezan con el cuerpo.

La danza también se valora como experiencia de oración fuera de la liturgia oficial. En una contribución a la serie católica *SWR4 Abendgedanken*, Marianne Krämer-Birsens relata de forma impresionante cómo un grupo de señoras mayores se dedican juntas *a bailar meditativamente* al ritmo de la música. *"Bailar es como rezar"* es el título. Para estas mujeres -muchas de las cuales tienen más de 60 años- el círculo de baile semanal se convierte en un oasis, un lugar de la presencia de Dios en el aquí y ahora. Durante 90 minutos, no importa nada más que la armonía con las demás; cada paso en el círculo se convierte en una concentración en lo esencial. *"Perderse en la danza puede ser como una oración. Estar completamente contigo mismo, estar completamente en el momento, hacerlo con devoción... eso es rezar para mí"*, escribe Krämer-Birsens. Esta experiencia coincide con la visión de Delbrêl: se trata de devoción, de desprenderse de todos los pensamientos perturbadores y experimentar una profunda alegría. Una danza así *"elimina todas las limitaciones temporales y físicas"*: uno se siente joven y libre. Al mismo tiempo, los participantes sacan nuevas fuerzas para la vida cotidiana; la ira y las preocupaciones se relativizan en estos momentos. Al parecer, aquí no sólo se liberan endorfinas, sino también energía espiritual. Cuando las personas rezan con el cuerpo y el alma -ya sea con palabras, silencio o danza-, les atrae de un modo más holístico que si la fe fuera sólo cuestión de cabeza. Esto es exactamente lo que señala monseñor Hernoga: La fe siempre implica sentidos y sentimientos; vivir la fe tiene incluso un efecto curativo en las personas. La danza puede ser una forma de terapia -tanto física como emocional- y la fe auténtica también tiene un efecto curativo y significativo. *La fe es como la danza* subraya, por tanto, que habilidades como la empatía, el diálogo y la autoaceptación requieren que cuerpo, mente y alma trabajen juntos. La fe debe vivirse *"con flexibilidad, valentía y alegría"*, lo que se corresponde más con el paso vivo de la danza que con la rígida genuflexión.

Iglesia en movimiento - la danza como expresión de la fe vivida

Si la fe es como bailar, surge la pregunta: *¿dónde baila la Iglesia?* Durante demasiado tiempo ha existido una norma no escrita de inmovilidad en algunos sectores de la Iglesia: los cuerpos piadosos deben estar quietos, las manos cruzadas y los rostros serios. Pero esta actitud está cambiando. El Papa Francisco, por ejemplo, nos recuerda incansablemente *la alegría del Evangelio* y que los cristianos no deben ser *"amargados"*. Aunque Francisco no habla literalmente de bailar, su visión de una Iglesia rebosante de alegría se le acerca. De hecho, la "Roma de hoy", es decir, los dirigentes eclesiásticos, harían bien en promover más conscientemente la danza como expresión de la fe. La liturgia puede ser solemne y reverente, pero la reverencia no excluye la alegría. Pensemos en el rey David: su procesión extática ante el arca era tanto un servicio de adoración como el culto al sacrificio en el templo, sólo que más espontáneo. Así pues, ¿por qué no dar cabida a la danza litúrgica allí donde convenga a la cultura? En muchas comunidades africanas y oceánicas, es habitual bailar durante el ofertorio o el Gloria. La Iglesia romana podría aprender de estas "iglesias jóvenes" y permitir también la alegría del movimiento en los oficios europeos sin temor a perder el control. Por supuesto, es necesario tener tacto en este sentido -bailar en el presbiterio no se entiende en todas partes-, pero las procesiones, los cantos rítmicos con movimiento corporal o las danzas meditativas en círculo durante la oración podrían ser un enriquecimiento en lugar de una amenaza.

También sería deseable una apertura al cuerpo en la formación de pastores y teólogos. Los que se hacen sacerdotes o pastores aprenden mucho sobre dogmática y liturgia, pero poco sobre formas corporales de oración. Un taller *sobre "Oración y movimiento"* en el seminario para sacerdotes, un seminario sobre "Danza como oración" en los estudios de teología - tales impulsos podrían ayudar a los futuros clérigos a superar su miedo a abrir nuevos caminos con sus congregaciones. La monja francesa Sor Geneviève Médevielle dijo una vez: *"Cuando el espíritu sopla, también hay que dejar que el cuerpo resuene.* Aquí es donde la pneumatología (la doctrina del Espíritu Santo) y la kinesiología se combinan para formar una espiritualidad holística. La Iglesia debe comprender que los jóvenes de hoy buscan otros enfoques: quienes ofrecen una danza Taizé o una velada de oración con movimientos de hip-hop como parte de su trabajo con los jóvenes pueden llegar a los corazones de forma más directa que simplemente sentándose y escuchando.

Ya hay nuevos comienzos alentadores en la práctica eclesiástica. Los grupos de baile, las reuniones de danza meditativa (según Krämer-Birsens) o incluso las sencillas canciones de movimiento en el culto familiar relajan el ambiente y hacen sentir que aquí se puede ser *feliz*. La rígida disposición de los bancos de la iglesia se convierte en un escenario en el que todos están invitados a participar. Donde los creyentes *aprenden a bailar*, literal y figuradamente, la congregación cobra vida. Se crea un sentimiento de comunidad: la gente se mueve al mismo ritmo, ríe y pierde el miedo a los demás. Muchos prejuicios de que la fe es aburrida podrían desmentirse si se viera desde fuera lo animada que puede ser con los cristianos.

La teóloga y bailarina Hildegard Don Bosco comentó una vez con un guiño que el primer acto oficial de Jesús tras la resurrección debió de ser una danza de alegría, pero ninguno de los evangelistas se atrevió a escribirlo. Aunque esto quede en el terreno de la leyenda, lo esencial es cierto: la *alegría de la resurrección* quiere expresarse en movimiento. Entonces, ¿por qué no celebrar la Pascua con danzas litúrgicas en lugar de limitarnos a cantar "Cristo ha resucitado"? La Iglesia del futuro puede ser más audaz y atreverse *a dar nuevos pasos (de danza)*.

¡Baila tu fe!

Al final, nos quedamos con la invitación que ya nos han hecho el citado libro de formación y todas las voces citadas: ¡Ven a la pista de baile de la fe! Cualquiera que se comprometa con esta comparación descubrirá que la fe es realmente como bailar: un juego de guiar y seguir, de ritmo e improvisación, de seriedad y alegría. Así lo demuestra la reseña de *"La fe es como bailar"*: El libro combina inspiradoras reflexiones teológicas con una ayuda muy práctica para poner la fe en *movimiento*. Pone de relieve que sólo podemos vivir nuestra fe con autenticidad si nos encontramos en ella, en armonía con el ritmo de nuestras vidas y, sin embargo, abiertos al ritmo que marca Dios.

La fe gana cuando los creyentes *bailan* y aprenden a bailar: simbólicamente, dejando que su fe se "balancee" llena de confianza y alegría, y también prácticamente, entendiendo su cuerpo como un don de Dios. Un creyente que baila es lo contrario de un fanático obstinado: entonces irradiamos ligereza, amor y valentía para afrontar la vida. Este es exactamente el tipo de testimonio que el mundo necesita. Cuando la melodía de Dios resuena en nuestros corazones, no debemos tener miedo de responder a ella con nuestros pies. Los salmistas ya estaban convencidos de que Dios baila con nosotros: *"Alabadle con pandereta y danza circular"*. (Salmo 150,4). *"Porque Dios baila, nosotros también bailamos"*, dicen muchos clérigos. Sí, el *"Dios danzante"* está a nuestro lado - ahora nos toca a nosotros involucrarnos en la música celestial. Con esto en mente: *"¡Baila tu vida, baila tu fe!"*. Porque el que cree puede alegrarse como el que danza ante Dios y a la luz del Santo (GN - W/D/M). Ante el amor de Dios que nos sostiene, tengamos el valor de expresar esta alegría: en nuestras congregaciones, en nuestras oraciones, en toda nuestra vida. La fe es como la danza: un riesgo, un don y una alegría celestial. **Amén** - o deberíamos decir: *Àmen* (en compás de 3/4).

Recursos complementarios en línea

- **ABC News** - abcnews.go.com - Portal de noticias de la cadena de televisión estadounidense ABC con noticias de actualidad y reportajes de fondo.

- **Aleteia** - aleteia.org - Portal católico internacional en línea que cubre noticias, espiritualidad, fe y temas de la vida desde una perspectiva católica.

- **ARD Tagesschau** - tagesschau.de - El portal público de noticias de ARD con noticias e información de fondo sobre Alemania y el mundo.

- **Berliner Morgenpost** - morgenpost.de - Diario nacional centrado en la actualidad de Berlín, Alemania y el mundo.

- **Bertelsmann Religion Monitor** - bertelsmann-stiftung.de - Estudio periódico de la fundación Bertelsmann Stiftung sobre actitudes religiosas, prácticas y cambios sociales.

- **Catholic Answers** - catholic.com - Portal católico apologético que explica y defiende cuestiones de fe y doctrina de la Iglesia.

- **Catholic News Agency (CNA)** - catholicnewsagency.com - Agencia católica de noticias en inglés especializada en informar sobre el Vaticano y la Iglesia mundial.

- **CBS News** - cbsnews.com - Sitio de noticias de Estados Unidos de la cadena de televisión CBS con noticias de actualidad sobre acontecimientos internacionales.

- **CIDSE** - cidse.org - Alianza internacional de organizaciones católicas de desarrollo comprometidas con la justicia social, la sostenibilidad y la reducción de la pobreza.

- **CNA German** - de.catholicnewsagency.com - Portal en alemán de CNA para noticias católicas en los países de habla alemana.

- **Crux** - cruxnow.com - Portal independiente de noticias católicas de Estados Unidos centrado en los acontecimientos eclesiásticos mundiales y el Vaticano.

- **Conferencia Episcopal Alemana (DBK)** - dbk.de - Página oficial de los obispos católicos de Alemania, con documentos, declaraciones y noticias de actualidad.

- **Die Presse** - diepresse.com - Diario austriaco con reportajes detallados y comentarios sobre política, sociedad e Iglesia.

- **Domradio** - domradio.de - Portal católico en línea y emisora de radio de Colonia, ofrece noticias completas e información de fondo sobre la Iglesia católica.

- **FAZ (Frankfurter Allgemeine Zeitung)** - faz.net - Principal diario alemán con amplia cobertura de política, economía, sociedad y religión.

- **Famvin** - famvin.org - Red internacional de la familia vicenciana, ofrece información sobre proyectos y noticias de la comunidad vicenciana.

- **Frankfurter Rundschau** - fr.de - Diario nacional alemán con artículos de crítica social y noticias sobre temas de actualidad.

- **Greenpeace** - greenpeace.de - Organización ecologista internacional comprometida con la protección del clima mundial, la protección del medio ambiente y la sostenibilidad.

- **Heute** - heute.at - Portal austriaco de noticias con reportajes de actualidad sobre política, sociedad y medio ambiente.

- **Kath-Kirche Kärnten** - kath-kirche-kaernten.at - Portal oficial de información católica de la diócesis de Gurk-Klagenfurt con noticias eclesiásticas regionales y mundiales.

- **Katholisch.**de - katholisch.de - Portal oficial de noticias de la Iglesia católica en Alemania, ofrece noticias, información de fondo y debates.

- **Kathpress (Katholische Presseagentur Österreich)** - kathpress.at - Agencia de noticias católica austriaca con amplios reportajes sobre Iglesia y religión.

- **Kirche+Leben** - kirche-und-leben.de - Portal católico en línea del semanario de la diócesis de Münster con noticias, reportajes y comentarios sobre la Iglesia y la sociedad.

- **Misereor** - misereor.de - Organización católica de ayuda para la cooperación al desarrollo, comprometida en la lucha contra la pobreza y la injusticia social en todo el mundo.

- **National Catholic Reporter** - ncronline.org - Portal de noticias católico estadounidense crítico e independiente sobre temas eclesiásticos y sociales.

- **n-tv** - n-tv.de - Canal privado alemán de noticias, informa sobre la actualidad nacional e internacional.

- **ORF Religion** - religion.orf.at - Portal austriaco de noticias sobre temas religiosos, actualidad eclesiástica y diálogos interreligiosos.

- **PBS News** - pbs.org - Canal público de noticias estadounidense con información de fondo y reportajes sobre temas internacionales.

- **Sonntagsblatt** - sonntagsblatt.de - Portal de noticias protestante, ofrece amplia información sobre Iglesia, religión y sociedad.

- **Süddeutsche Zeitung (SZ)** - sueddeutsche.de - Diario alemán líder con amplia información sobre temas nacionales e internacionales, política y sociedad.

- **Noticias del Vaticano** - vaticannews.va - Portal oficial de noticias del Vaticano, informes sobre el Papa, el Vaticano y temas católicos mundiales.

- **Watson** - watson.de - Portal de noticias en línea con un público joven, informa sobre temas políticos y sociales en lenguaje contemporáneo.

- **Wikipedia** - wikipedia.org - Enciclopedia online gratuita, ofrece artículos completos sobre casi todas las áreas del conocimiento, incluidos temas religiosos y eclesiásticos.

- **Zeit Online** - zeit.de - Portal en línea del semanario alemán DIE ZEIT, ofrece artículos y análisis detallados sobre temas sociales, políticos y culturales.

Otros portales católicos y eclesiásticos en línea más específicos:

- **Herder Korrespondenz** - herder.de/hk - Revista católica mensual que examina críticamente la evolución eclesiástica, política y cultural.

- **Katholische Nachrichten-Agentur (KNA)** - kna.de - Agencia católica alemana de noticias, ofrece informes actualizados e independientes sobre temas relacionados con la Iglesia, la religión y la sociedad.

- **The Tablet** - thetablet.co.uk - Semanario católico británico, que ofrece reportajes y análisis en profundidad sobre la Iglesia y la actualidad internacional.

- **Zenit** - zenit.org - Agencia católica internacional de noticias centrada en los acontecimientos relacionados con el Vaticano y la Iglesia mundial.

Lista de ilustraciones

Este volumen es una *obra de arte de algoritmos* de inteligencia artificial: las ilustraciones están generadas íntegramente por IA: la imagen del comisario en el pie de imprenta se procesó con filtros y algoritmos de IA.

Asignación de trabajo en las prácticas anuales con glosario

Tarea de trabajo en las prácticas anuales:
Reflexión diaria sobre un término del glosario

En el marco de unas prácticas anuales, recibirás cada día un nuevo **término del glosario**, que tratarás de forma intensiva. Tu tarea consistirá en llevar a cabo los siguientes pasos de forma independiente o en diálogo con otras personas:

1. **Comprensión y contextualización**: Reflexionar sobre el contenido del término, buscar información y fuentes adicionales si es necesario, y aclarar el significado central del término en el contexto de la Iglesia católica.

2. **Reflexión y evaluación personales**: Analiza qué significado, preguntas e impulsos tiene el término para ti personalmente. Analiza críticamente qué pensamientos e impulsos internos te provoca el término.

3. **Consideración crítica en relación con la Iglesia católica**: Evaluar cómo puede clasificarse este término en relación con los retos actuales, la evolución y las reformas necesarias dentro de la Iglesia católica. Identificar enfoques de reforma claros y posibles necesidades de cambio.

4. **Viabilidad local y desarrollo de medidas**: Piense específicamente en qué medidas, acciones o iniciativas puede derivar, debatir y poner en práctica localmente (por ejemplo, en una parroquia, en grupos eclesiales o redes locales) a partir del tratamiento de este concepto. Describa los primeros pasos o sugerencias para la aplicación local o la tematización.

El procesamiento diario debe documentarse por escrito para obtener una recopilación exhaustiva de sus conclusiones, sugerencias e impulsos de reforma reflejados al final de las prácticas anuales.

(1) **#OutInChurch:** Una iniciativa de empleados queer (LGBTQIA+) de la Iglesia católica que reconocieron públicamente su identidad y denunciaron la discriminación para iniciar los cambios necesarios.

(2) **Abandonantes:** personas que han dejado oficialmente de pertenecer a la Iglesia, a menudo por protesta o decepción.

(3) **Aborto:** La interrupción de un embarazo. Es rechazado fundamentalmente por la Iglesia Católica.

(4) **Abuso de poder:** El uso indebido de una posición de poder o superioridad jerárquica, que en el contexto eclesiástico se identifica como un factor clave para permitir la violencia sexualizada y su encubrimiento.

(5) **Actitud ascética / frugalidad:** Estilo de vida que persigue la renuncia voluntaria, la moderación y la reducción del consumo en favor del reparto y la responsabilidad por la creación.

(6) **Adelphopoiesis (vínculo fraternal):** Rituales de la Alta Edad Media para la bendición litúrgica de relaciones afectivas estrechas entre personas del mismo sexo, conocidas como "vínculo fraternal".

(7) **Adoctrinamiento:** La inculcación sistemática de una visión unilateral del mundo o de determinados dogmas, a menudo utilizando técnicas de manipulación y presión para suprimir el pensamiento crítico.

(8) **Agacharse y cubrirse (en un contexto eclesiástico):** Metáfora irónica del comportamiento reflexivo, pasivo o defensivo del clero ante las crisis o las cuestiones de reforma, una evitación del conflicto o de las discusiones incómodas.

(9) **Aislamiento:** Sentimiento o estado de estar aislado de los vínculos sociales o afectivos. El texto menciona el aislamiento en relación con el celibato como un factor de riesgo que puede conducir a la soledad y a una búsqueda problemática de cercanía.

(10) **Alegría en lugar de una religión de muerte:** una implicación teológica desde el punto de vista de Nietzsche de que una fe sin alegría se vuelve inverosímil y puede hundirse en el nihilismo.

(11) **Alfred Delp SJ:** jesuita alemán y luchador de la resistencia contra el régimen nazi, cuya cita "Un cristiano nunca puede ser nacionalista" se cita en el texto como expresión de la incompatibilidad del nacionalismo radical y la fe cristiana.

(12) **Aplicación de la política de igualdad:** La aplicación práctica de medidas para garantizar la igualdad de trato y la no discriminación de un grupo.

(13) **Áreas pastorales:** Unidades pastorales más grandes que se crean mediante la fusión de estructuras parroquiales más pequeñas, a menudo como parte de reformas estructurales.

(14) **Asamblea General:** Máxima autoridad del Camino Sinodal, donde se toman las decisiones.

(15) **Asesoramiento sobre el conflicto del embarazo:** Asesoramiento obligatorio en Alemania para las mujeres que deseen interrumpir un embarazo. Voces progresistas piden que sea de carácter abierto.

(16) **Asesoramiento y mediación en conflictos:** Apoyo profesional para aclarar y resolver conflictos entre individuos o grupos, especialmente entre obispos o diferentes bandos dentro de la Iglesia.

(17) **Asociación de Diócesis Alemanas (VDD):** Organismo que representa los intereses comunes de las diócesis alemanas y dispone de presupuesto propio.

(18) **Atención pastoral con sensibilidad queer:** Atención pastoral y actitudes en la iglesia que reconocen, valoran e incluyen las necesidades, identidades y experiencias de las personas queer.

(19) **Atención pastoral:** La atención y el apoyo a los creyentes por parte del clero u otros empleados de la Iglesia en cuestiones de fe y vida.

(20) **Atraso en las reformas:** Situación en la que no se aplican los cambios estructurales o sustantivos necesarios, lo que conduce al estancamiento o al declive.

(21) **Autodefensa:** Derecho de un individuo o Estado a defenderse por medios apropiados contra un ataque ilícito.

(22) **Autodeterminación (sexual):** El derecho y la capacidad de las personas para tomar decisiones libres y responsables sobre su sexualidad.

(23) **Autodeterminación de la mujer**: El derecho de las mujeres a tomar decisiones independientes sobre sus cuerpos y sus vidas, un punto que las voces progresistas aportan al debate sobre el aborto.

(24) **Aversión al riesgo:** Actitud que pretende evitar a toda costa posibles consecuencias negativas, aunque ello bloquee cambios o innovaciones necesarios.

(25) **Bailar en los brazos de Dios:** Una metáfora de Madeleine Delbrêl que describe la relación con Dios como una danza estimulante y llena de devoción, en la que uno se deja llevar por el ritmo de Dios.

(26) **Balance del bien común:** Un instrumento para medir la contribución de una empresa al bien común más allá de los indicadores puramente financieros.

(27) **Bautizados distanciados**: Personas que fueron bautizadas pero posteriormente se alejaron de la iglesia, aunque formalmente siguen perteneciendo a ella.

(28) **Bendición:** Acto eclesiástico en el que se invoca la bendición de Dios sobre personas, cosas o situaciones; suele referirse a la bendición de parejas.

(29) **Bien común:** El bien de todos los miembros de una sociedad, que se sitúa por encima de los intereses individuales. La Iglesia está comprometida con el bien común.

(30) **Bienestar holístico:** Desarrollo que abarca no sólo el crecimiento económico, sino también los aspectos sociales, medioambientales y culturales de la vida humana y comunitaria.

(31) **Buena noticia:** Término evangélico que subraya que el mensaje central de la fe cristiana es un mensaje de alegría.

(32) **Bundesarbeitsgemeinschaft Kirche und Rechtsextremismus (BAG K+R):** Red ecuménica que lucha contra el populismo de derechas, el extremismo de derechas y la enemistad entre grupos, y asesora y apoya a los actores eclesiásticos.

(33) **Cabildo catedralicio**: Cuerpo de sacerdotes que asesora a los obispos y realiza ciertas tareas dentro de la diócesis, a menudo con sus propias finanzas.

(34) **Cambio climático**: El cambio global y a largo plazo del clima de la Tierra, en particular debido al aumento de la temperatura media como consecuencia de la actividad humana.

(35) **Cambio de paradigma**: Cambio fundamental en la forma de pensar o en un sistema (aquí: la moral sexual católica) que conduce a una nueva perspectiva y a prácticas diferentes.

(36) **Cambio de rumbo en la política de igualdad de género**: Un cambio fundamental en la política y la práctica hacia la igualdad de trato de todas las personas independientemente de su orientación sexual.

(37) **Camino sinodal**: Proceso de debate y reforma de la Iglesia católica en Alemania a lo largo de varios años, en el que participan obispos y laicos.

(38) **Carácter físico de la fe**: El énfasis en que la fe cristiana no sólo tiene lugar en la cabeza, sino que debe impregnar a toda la persona: corazón, alma y cuerpo.

(39) **Carismas**: Dones y capacidades otorgados por el Espíritu Santo a creyentes individuales para el servicio a la comunidad.

(40) **Cáritas**: Asociación internacional de organizaciones católicas de ayuda que es uno de los principales empleadores en muchos países y está sujeta a la legislación laboral eclesiástica.

(41) **Catecismo de la Iglesia Católica**: El resumen oficial de las enseñanzas de la Iglesia católica.

(42) **Católicos Queer / Católicos LGBTIQIA+**: Personas cuya orientación sexual o identidad de género es no heterosexual o no cisgénero y que forman parte de la Iglesia católica.

(43) **Causas sistémicas**: Problemas que no se limitan a personas individuales, sino que están arraigados en las estructuras, normas, culturas y relaciones de poder de una institución (aquí: la iglesia) y promueven la mala conducta.

(44) **CEAMA (Conferencia Eclesial de la Amazonía)**: Conferencia eclesial para la región amazónica que reúne a clérigos y laicos y se considera un modelo de liderazgo sinodal.

(45) **Ceguera operativa**: Incapacidad de reconocer los propios errores, problemas o estructuras obsoletas por estar demasiado implicado en la rutina diaria.

(46) **Celibato** obligatorio: La obligación canónica de los sacerdotes de la Iglesia latina de vivir solteros.

(47) **Celibato**: Celibato voluntario por el reino de los cielos, que sigue siendo obligatorio para los sacerdotes de rito latino en la Iglesia Católica Romana.

(48) **Centralismo**: Principio de organización según el cual las decisiones y el poder se concentran principalmente en un órgano o autoridad central, en este contexto en Roma/Vaticano.

(49) **Centro de Competencia para la Democracia y la Dignidad Humana**: Institución creada por la Iglesia Católica para apoyar la exigencia de que los extremistas de derechas se mantengan alejados de los cargos laicos en la Iglesia.

(50) **CIC (Código de Derecho Canónico):** Conjunto de leyes y normas por las que se rige la Iglesia Católica.

(51) **Ciencias humanas:** Disciplinas que estudian el comportamiento humano y las sociedades humanas (por ejemplo, psicología, sociología).

(52) **Circo del conflicto de lealtades:** Situación en la que los actores eclesiásticos se ven atrapados en un conflicto constante debido a expectativas contradictorias (por ejemplo, entre Roma y la Iglesia local).

(53) **Clericalismo:** Actitud o estructura que sitúa al clero por encima de los laicos y sobredimensiona su papel y autoridad.

(54) **Clérigos:** Clero de la iglesia (por ejemplo, sacerdotes, obispos).

(55) **Clero creativo**: Un miembro del clero dispuesto y capaz de desarrollar activamente la iglesia y su comunidad, caracterizado por su apertura, espíritu innovador, liderazgo participativo y valentía.

(56) **Colectivo Borg:** Especie ficticia de Star Trek, representada como una conciencia colectiva cibernética en la que los individuos pierden su independencia y son controlados por una "mente colmena" central. Se utiliza en el texto como metáfora de la deseada adaptación de los participantes en el seminario a una estructura ideológica monolítica.

(57) **Colegialidad:** Principio según el cual los obispos (o, en un sentido más amplio, otros grupos de la Iglesia) asumen responsabilidades y toman decisiones de forma colegiada.

(58) **Comisario de abusos de la DBK**: Comisario designado por la Conferencia Episcopal Alemana que se ocupa de los temas de los abusos y su superación.

(59) **Comisión estatal de la verdad:** Comisión independiente creada por el Estado para llevar a cabo investigaciones exhaustivas sobre casos de abusos en instituciones (aquí: la Iglesia) con el fin de sacar a la luz la verdad y hacer recomendaciones para el futuro.

(60) **Comisionado Independiente para los Malos Tratos del Gobierno Federal:** Organismo gubernamental de Alemania que defiende los intereses de los afectados por malos tratos y acompaña de forma crítica el proceso de reevaluación en diversas instituciones.

(61) **Comité Central de los Católicos Alemanes (ZdK):** La representación oficial del laicado católico en Alemania.

(62) **Communio:** Comunidad, concepto central en la comprensión de la Iglesia como comunidad de creyentes.

(63) **Competencia relacional:** La capacidad de entablar y dar forma a relaciones interpersonales sanas, sostenibles y reflexivas. Se considera esencial para una atención pastoral eficaz, especialmente en temas de relaciones.

(64) **Competencias religiosas:** Habilidades y disposiciones en las personas que hacen posible la fe y que pueden fomentarse y entrenarse, de forma similar a la práctica de los pasos al bailar.

(65) **Comprender el matrimonio:** La definición teológica y jurídica del matrimonio por la Iglesia.

(66) **Comunidad queer:** Término que engloba a las personas que no son heterosexuales y/o cisgénero (LGBTQIA+).

(67) **Comunidades Eclesiales de Base (CEBs):** Comunidades de base en América Latina, pequeñas comunidades de creyentes que se reúnen para orar, estudiar la Biblia y participar en actividades sociales.

(68) **Comunidades Eclesiales de Base:** Pequeñas comunidades cristianas, a menudo arraigadas en América Latina, en las que los creyentes se reúnen a simple vista y conforman juntos la iglesia local.

(69) **Comunión eclesial:** La plena comunión entre iglesias basada en el acuerdo en cuestiones de fe, sacramentos y estructura eclesiástica.

(70) **Con ardiente preocupación:** Una encíclica del Papa Pío XI de 1937, escrita en alemán y crítica con el nacionalsocialismo y su ideología racial.

(71) **Concepción inclusiva de la Iglesia:** Una visión de la iglesia que ve la diversidad como un enriquecimiento e incluye a todos los bautizados independientemente de su afiliación confesional u orientación sexual.

(72) **Concepto de ministerio:** La comprensión teológica del ministerio eclesiástico (por ejemplo, sacerdotes, pastores, obispos) y su legitimidad.

(73) **Concepto de protección del clima:** Plan que contiene medidas para reducir las emisiones de gases de efecto invernadero y adaptarse a las consecuencias del cambio climático.

(74) **Concilio Vaticano II:** Importante concilio de la Iglesia católica (1962-1965) que dio lugar a importantes reformas y a una reorientación de la Iglesia.

(75) **Concilio Vaticano II:** Importante concilio de la Iglesia católica (1962-1965), cuyos documentos (como Gaudium et Spes) se citan a menudo, por ejemplo, en relación con la Iglesia como "signo e instrumento" de alegría y esperanza.

(76) **Condiciones marco sociales:** Factores sociales y económicos que influyen en la situación de vida de las familias y de las mujeres embarazadas y que son considerados por las voces progresistas como relevantes para la protección de la vida.

(77) **Conferencia Episcopal Alemana (DBK):** La asociación de obispos católicos de Alemania.

(78) **Conflicto generacional:** Tensión y conflicto entre distintos grupos de edad con valores, actitudes y expectativas diferentes.

(79) **Congregación para la Doctrina de la Fe:** Una de las congregaciones más antiguas de la Curia Romana, encargada de salvaguardar y defender la doctrina católica de la fe y la moral.

(80) **Consejo diocesano:** Órgano consultivo a nivel de una diócesis, a menudo con participación de laicos.

(81) **Consejo Fiscal de la Iglesia:** Órgano de una diócesis que asesora al obispo en materia financiera y examina y aprueba el presupuesto.

(82) **Consejo sinodal:** Órgano consultivo y de gobierno conjunto de obispos y laicos a nivel nacional, cuya creación fue paralizada por el Vaticano.

(83) **Consejos pastorales:** órganos consultivos de las parroquias, decanatos o diócesis que se ocupan de cuestiones pastorales.

(84) **Consumo ético:** decisiones de consumo que tienen en cuenta factores sociales, ecológicos y éticos, por ejemplo comprando productos de comercio justo.

(85) **Conversión ecológica:** Cambio de mentalidad y acciones que conduce a un enfoque más responsable del medio ambiente.

(86) **Conversión humanista y ecológica:** exigencia de apartarse de la "idolatría del dinero" y centrarse en la vida humana, la dignidad y el medio ambiente.

(87) **Conversión y reforma auténticas:** Un cambio y una renovación profundos y sinceros en el seno de la Iglesia, que afectan tanto a las actitudes personales como a los aspectos estructurales.

(88) **Corporación pública:** Forma jurídica que otorga a determinadas organizaciones derechos y obligaciones especiales en el sector público, como es el caso de las principales iglesias de Alemania.

(89) **Corredor estrecho:** Campo de acción limitado dentro del cual deben actuar las fuerzas progresistas de la Iglesia.

(90) **Corresponsabilidad (responsabilidad conjunta):** Principio teológico según el cual todos los bautizados son corresponsables del ser y actuar de la Iglesia.

(91) **Credibilidad:** La capacidad de la Iglesia para ser auténtica y digna de confianza en sus enseñanzas y prácticas, especialmente en lo que se refiere a su coherencia con los principios básicos del Evangelio y los valores sociales.

(92) **Crisis de confianza:** Situación en la que la confianza de los fieles y de la opinión pública en la institución eclesiástica se ha visto masivamente sacudida como consecuencia del escándalo de abusos y de la forma en que se ha gestionado.

(93) **Cristología Queer:** Un enfoque teológico que reinterpreta a Jesucristo desde la perspectiva de las personas LGBTQIA+ -entendidas como queer u homosexuales, entre otras cosas- y cuestiona críticamente qué significado puede tener esa imagen de Jesús para la fe y la identidad espiritual de las personas queer.

(94) **Crítica del capitalismo:** Examen crítico de los principios básicos y los efectos del capitalismo, a menudo desde una perspectiva ética, social o ecológica.

(95) **Cultura abierta de debate:** Una cultura de debate en la que se puedan discutir con transparencia las distintas posturas, aunque sean controvertidas.

(96) **Cultura clerical del silencio:** La tendencia dentro de la Iglesia a no hablar abiertamente de temas difíciles o desagradables, especialmente la sexualidad y la mala conducta, sino a convertirlos en tabú, reprimirlos o encubrirlos.

(97) **Cultura de la vergüenza y la culpa:** Cultura en la que los sentimientos, necesidades o experiencias humanas naturales (como el deseo, el anhelo o la sexualidad) se consideran sospechosos, pecaminosos o vergonzosos, lo que puede llevar a la represión y a la falta de integración.

(98) **Cultura de liderazgo:** La forma en que se practican el liderazgo y la toma de decisiones en la iglesia, incluida la distribución del poder y la responsabilidad.

(99) **Cultura del error:** Actitud que permite a las personas cometer errores y aprender de ellos sin temor a un castigo excesivo.

(100) **Cumplimiento legal:** Cumplimiento de las normas y procedimientos legales.

(101) **Curia (Curia Romana):** Autoridad administrativa central de la Santa Sede, que asiste al jefe de la Iglesia en el gobierno de la Iglesia universal.

(102) **Danza de la alegría:** La idea de que la danza (y por tanto también la fe vivida) transmite alegría y felicidad y hace de la fe una experiencia holística.

(103) **Danza litúrgica y meditativa:** formas de danza que se utilizan conscientemente en los servicios religiosos o como experiencia de oración para combinar fe y movimiento.

(104) **Democratización (en la iglesia):** No la transferencia de la democracia política, sino la expansión de una auténtica codeterminación y participación en la responsabilidad de todos los bautizados en los procesos de toma de decisiones de la iglesia.

(105) **Derecho canónico:** El sistema jurídico interno de la Iglesia católica, que regula la estructura, la organización y las normas de los cargos eclesiásticos, la pertenencia a la Iglesia, etc.

(106) **Derecho diocesano:** disposiciones de derecho eclesiástico que se aplican a una diócesis específica (diócesis).

(107) **Derecho laboral eclesiástico:** Las regulaciones y normas específicas de derecho laboral que se aplican a los empleados de la Iglesia católica.

(108) **Derechos fundamentales de los empleados:** Derechos fundamentales de los empleados protegidos por la legislación estatal (por ejemplo, protección contra la discriminación, protección contra el despido).

(109) **Desarrollo auténtico:** Desarrollo que no sólo persigue el crecimiento económico, sino que también tiene en cuenta el bienestar integral de las personas y la inclusión de todos.

(110) **Desinversión:** La decisión de retirar inversiones o dinero de determinadas empresas, sectores o fondos, a menudo por motivos éticos o morales (por ejemplo, de empresas que invierten en combustibles fósiles).

(111) **Despatologización:** Proceso por el que determinados comportamientos, condiciones o identidades (como la orientación sexual) dejan de considerarse patológicos o necesitados de tratamiento.

(112) **Diaconado:** El primer nivel del ministerio ordenado en la Iglesia católica. Los diáconos asisten a los sacerdotes y obispos y pueden realizar ciertos servicios litúrgicos.

(113) **Diáconos permanentes:** Un nivel de ministerio ordenado que también está abierto a hombres casados. También: la posible ordenación de mujeres como diáconos permanentes.

(114) **Diálogo interreligioso:** El intercambio y encuentro entre personas de distintas religiones.

(115) **Diálogo pastoral:** Enfoque de la atención pastoral que pretende mantener una conversación con las personas, aunque tengan opiniones políticas que difieran de la doctrina de la Iglesia. El objetivo suele ser fomentar la reflexión y facilitar un posible retorno a la línea eclesiástica.

(116) **Dicasterios:** Las autoridades o ministerios más importantes del Vaticano que asisten al Papa en el gobierno de la Iglesia universal (por ejemplo, Congregación para la Doctrina de la Fe, Dicasterio para los Obispos).

(117) **Dignidad humana:** La idea, central en la doctrina social y ética católicas, del valor intrínseco e inalienable de todo ser humano.

(118) **Diócesis**: Circunscripción administrativa de la Iglesia católica bajo la dirección de obispos.

(119) **Diócesis:** Otro término para diócesis.

(120) **Director espiritual:** Persona que acompaña a seminaristas o creyentes en su camino espiritual, a menudo a través de conversaciones sobre cuestiones de fe, conflictos interiores y conciencia.

(121) **Discípulos de Emaús (Lucas 24):** Relato bíblico de dos discípulos que se alejan decepcionados de Jerusalén, son acompañados por Jesús sin ser reconocidos y finalmente le reconocen, lo que les da una nueva esperanza y alegría. Sirve de imagen para la búsqueda común de la felicidad.

(122) **Disuasión nuclear:** Estrategia de política de seguridad en la que se disuade a un atacante potencial de lanzar un ataque porque teme un contraataque nuclear devastador.

(123) **Diversidad reconciliada:** Concepto ecuménico que ve la unidad de los cristianos no en la uniformidad, sino en el reconocimiento y aprecio de las diferentes tradiciones.

(124) **Divorciados vueltos a casar:** Católicos que se han vuelto a casar civilmente después de un divorcio.

(125) **Divulgación de archivos:** La puesta a disposición de las investigaciones independientes y de los afectados de los archivos y documentos eclesiásticos relativos a casos de abusos y su tratamiento.

(126) **Doble moral:** La coexistencia de una enseñanza moral pública (por ejemplo, sobre sexualidad) y un comportamiento secreto y desviado (por ejemplo, relaciones secretas, amoríos). Se cita como problema en el contexto de la cultura del celibato.

(127) **Doctrina Social Católica**: Conjunto de documentos doctrinales de la Iglesia Católica sobre cuestiones sociales, económicas y políticas, a partir de la Rerum Novarum (1891).

(128) **Ecclesia semper reformanda:** Expresión latina que significa "la Iglesia que siempre se renueva", que subraya la necesidad de una reforma continua en la Iglesia.

(129) **Ecología integral:** Concepto que subraya el vínculo inseparable entre los problemas medioambientales y los sociales y exige una visión holística de ambos.

(130) **Economía para el bien común:** Un modelo económico alternativo que no se basa en la maximización del beneficio, sino en valores como la dignidad humana, la solidaridad, la justicia y la sostenibilidad.

(131) **Economía social de mercado:** Modelo económico que combina la economía de mercado con un sólido sistema de seguridad social y regulación estatal.

(132) **Ecumenismo:** Movimiento y lucha por la unidad entre diferentes confesiones cristianas.

(133) **Electricidad verde:** Electricidad generada a partir de fuentes de energía renovables como el viento, el sol o el agua.

(134) **Empleados queer:** Empleados de la Iglesia que se identifican como lesbianas, gais, bisexuales, transexuales, intersexuales o queer.

(135) **Empobrecimiento teológico:** Estado en el que el discurso teológico y el desarrollo de doctrinas dentro de la iglesia se estancan o marchitan, a menudo por evitar temas controvertidos.

(136) **Encíclica Laudato si':** Circular papal publicada por el Papa Francisco en 2015 que trata ampliamente cuestiones medioambientales y climáticas, así como de justicia social.

(137) **Encubrimiento:** La ocultación o encubrimiento deliberado de casos de abusos por parte de funcionarios eclesiásticos con el fin de proteger a la institución o a las personas en lugar de apoyar a las víctimas y esclarecer los delitos.

(138) **Ensayos pastorales:** Experimentos limitados temporal o localmente con nuevos enfoques pastorales que se supervisan y evalúan.

(139) **Enseñanza social cristiana:** Conjunto de principios y enseñanzas de la Iglesia católica sobre cuestiones sociales, económicas y políticas basados en el Evangelio y en la tradición de la Iglesia.

(140) **Episcopado:** El oficio de los obispos.

(141) **Esfuerzos de reforma:** Esfuerzos dentro de una institución para introducir cambios en las normas, doctrinas o prácticas existentes.

(142) **Espacio seguro colectivo:** Espacio seguro creado por la actitud y las acciones comunes de un grupo (por ejemplo, una conferencia episcopal).

(143) **Espacios seguros para la innovación:** Contextos protegidos (lugares, proyectos, iniciativas) en los que se pueden probar nuevos enfoques pastorales, formas litúrgicas o modelos de participación sin temor inmediato a sanciones.

(144) **Estado de derecho:** La aplicación de principios como transparencia, consulta, normas claras y control independiente también dentro de los procedimientos y decisiones eclesiásticas.

(145) **Estrés de las minorías:** Estrés crónico causado por la estigmatización y la discriminación de los miembros de grupos minoritarios.

(146) **Estructuras eclesiásticas:** La jerarquía organizativa y la forma en que se toman las decisiones en la iglesia.

(147) **Estudio del MHG:** Estudio científico de 2018 sobre los abusos sexuales a menores por parte del clero católico. El texto hace referencia a sus conclusiones sobre los perfiles de los autores y los factores sistémicos.

(148) **Ética de la paz:** Reflexión teológica y moral sobre la guerra y la paz, la violencia y la no violencia, basada en principios cristianos.

(149) **Ética de la responsabilidad:** Enfoque ético que se centra en la responsabilidad del individuo por las consecuencias de sus actos y por el bienestar de los demás, en contraposición a normas o mandamientos rígidos.

(150) **Ética sexual:** La enseñanza de la Iglesia sobre la sexualidad humana y las relaciones sexuales.

(151) **Ética social cristiana:** Área de la teología que trata de la aplicación de los valores y principios cristianos a las cuestiones sociales, económicas y políticas.

(152) **Eucaristía / Cena del Señor:** El sacramento de la Cena del Señor en la Iglesia protestante y la Eucaristía en la Iglesia católica; participación conjunta en este sacramento como signo de comunión eclesial.

(153) **Evangelii Gaudium:** Carta magisterial del Papa Francisco que parte de la "alegría del Evangelio" y lo describe como fuente de gozo para quienes se encuentran con Jesús.

(154) **Evangelium Praedicate:** La constitución apostólica del Papa Francisco sobre la reforma de la Curia Romana, que permite una mayor participación de los laicos, especialmente de las mujeres, en funciones de liderazgo.

(155) **Exclusión estructural:** Barreras sistémicas y prácticas discriminatorias dentro de una institución que perjudican a determinados grupos.

(156) **Explotación de materias primas:** El uso excesivo o injusto de los recursos naturales, a menudo con consecuencias sociales y medioambientales negativas.

(157) **Formación de la conciencia:** Proceso de desarrollo y perfeccionamiento del propio juicio moral, a menudo en comparación con las enseñanzas, las tradiciones y las experiencias personales.

(158) **Foro Económico Mundial de Davos:** Reunión anual de líderes empresariales, políticos, científicos y de otros ámbitos para debatir problemas globales.

(159) **Fratelli tutti:** Encíclica social del Papa Francisco de 2020 sobre la fraternidad y la amistad social, que aborda, entre otros temas, la globalización, el populismo y el nacionalismo, y contrapone la "cultura del encuentro" a la "cultura de los muros".

(160) **Gaudium et Spes:** Documento del Concilio Vaticano II, que trata de la dignidad del hombre y su papel en el mundo moderno y describe la conciencia como el "centro oculto del hombre".

(161) **Gen Z (Generación Z):** El grupo de edad nacido aproximadamente entre mediados de la década de 1990 y mediados de la década de 2010.

(162) **Gestión financiera:** El modo en que se gestionan y utilizan los recursos financieros.

(163) **Glücklichsein:** El significado más profundo de la palabra alemana "Glück", que describe un estado de plenitud interior, armonía y satisfacción.

(164) **Guerra justa (Ius ad bellum/Ius in bello):** Concepto tradicional de la ética cristiana que formula las condiciones en las que la guerra puede ser moralmente permisible (Ius ad bellum) y establece normas de comportamiento durante la guerra (Ius in bello).

(165) **Hoja de parra:** Algo que sólo sirve de tapadera o coartada, pero que carece de sustancia o efecto real.

(166) **Homines Probati:** Personas probadas, como grupo de personas en general, sin distinción de sexo, que pueden trabajar prácticamente como sacerdotes.

(167) **Homofobia institucional:** Discriminación y prejuicios contra las personas homosexuales anclados en las estructuras, normas y prácticas de una institución.

(168) **Homosexualidad:** Orientación sexual en la que una persona se siente atraída emocional, romántica y/o sexualmente por personas del mismo sexo.

(169) **HuK (grupo de trabajo ecuménico "Los homosexuales y la Iglesia"):** Grupo de trabajo que analiza críticamente la moral sexual de la Iglesia y aboga por el reconocimiento de las relaciones entre personas del mismo sexo.

(170) **Idolatría (o idolatría):** La adoración o deificación de algo que no es Dios. En el contexto, el nacionalismo excesivo se denomina idolatría de la propia nación o pueblo.

(171) **Iglesia Católica Romana Mundial:** La totalidad de la Iglesia católica mundial, con Roma como sede central del liderazgo.

(172) **Iglesia de confianza:** un ambiente eclesiástico caracterizado por el aprecio, la responsabilidad compartida y el valor de explorar nuevos caminos.

(173) **Iglesia de muchos:** Un objetivo de renovación sinodal en el que sacerdotes, obispos y laicos trabajan juntos a todos los niveles.

(174) **Iglesia del miedo:** Un ambiente eclesiástico caracterizado por la desconfianza, el control y el miedo a la desviación.

(175) **Iglesia en movimiento:** La visión de una Iglesia más abierta a las expresiones físicas de la fe y que permite la danza como parte de la liturgia y la espiritualidad.

(176) **Iglesia inclusiva:** Una iglesia que acoge e incluye a todas las personas, independientemente de sus características o procedencia.

(177) **Iglesia mundial:** La Iglesia católica como comunidad global.

(178) **Iglesias locales:** Las partes locales o regionales de la Iglesia católica, normalmente diócesis.

(179) **Igualdad de género:** Principio según el cual hombres y mujeres deben recibir el mismo trato y tener las mismas oportunidades y derechos.

(180) **Igualdad y no discriminación:** Principios que exigen que todas las personas reciban el mismo trato y no se vean desfavorecidas, independientemente de su sexo, orientación sexual o estilo de vida.

(181) **in persona Christi:** Término teológico que significa que un ministro ordenado actúa en la persona de Cristo cuando celebra ciertos sacramentos (especialmente la Eucaristía).

(182) **Inclusión LGBTQIA+:** La inclusión y aceptación de personas lesbianas, gays, bisexuales, transexuales, queer, intersexuales, asexuales o con otras orientaciones sexuales e identidades de género.

(183) **Inculturación:** Adaptación de la doctrina y la práctica eclesiástica a la cultura de un lugar o grupo concreto.

(184) **Indisponibilidad de la vida:** Opinión teológica según la cual la vida humana es un don de Dios y no está sujeta al libre albedrío o al control del individuo.

(185) **Informe John Jay:** Varios estudios realizados a principios de la década de 2000 en EE.UU. para la Conferencia Episcopal de EE.UU. por el John Jay College of Criminal Justice en los que se investigaban los abusos sexuales a menores por parte del clero católico.

(186) **Iniciativa Pfarrer:innen:** Asociación de sacerdotes y creyentes de Austria que aboga por reformas en la Iglesia católica.

(187) **Inmadurez psicosexual:** La falta de un desarrollo sano, integrado y maduro en el manejo de la propia sexualidad, las relaciones y las emociones. Citado como factor de riesgo asociado al celibato y al abuso.

(188) **Integridad de la creación:** Término teológico que describe la protección y el cuidado del entorno natural como un deber humano hacia Dios y el mundo.

(189) **Inteligencia artificial (IA):** Sistemas informáticos que pueden realizar tareas que normalmente requieren inteligencia humana, como el aprendizaje, la resolución de problemas y la toma de decisiones.

(190) **Intercelebración:** Realización conjunta de una celebración litúrgica (por ejemplo, la Eucaristía o la Sagrada Comunión) por clérigos de distintas confesiones.

(191) **Juntos en lugar de solos:** Un tema de superación del aislamiento mediante la comunidad y el apoyo mutuo entre obispos.

(192) **Justicia climática:** Concepto que afirma que el cambio climático tiene un impacto desproporcionado en los países y poblaciones más pobres, y reclama una acción global para hacer frente a esta injusticia.

(193) **La caridad:** Mandamiento central del cristianismo que insta al amor y la solidaridad con todas las personas, independientemente de su origen o filiación. Se menciona como lo contrario del odio y la exclusión.

(194) **La ceremonia del matrimonio:** El matrimonio sacramental en la Iglesia católica.

(195) **La diversidad:** Descrita en el texto como una riqueza dentro de la iglesia y la sociedad que aporta diferentes perspectivas sobre la felicidad.

(196) **La fe es como bailar:** La metáfora central que describe la fe como un proceso dinámico, vivo y activo, comparable a una danza que requiere compromiso, práctica y dedicación.

(197) **La imagen de Dios:** La doctrina cristiana de que los seres humanos han sido creados a imagen de Dios, que constituye la base de la dignidad inviolable de todo ser humano.

(198) **La realidad pastoral sobre el terreno:** las necesidades concretas, los retos y las realidades de la vida de las personas en las parroquias y diócesis.

(199) **Laici Probati:** Laicos probados, laicos (mujeres y hombres) que son ordenados en base a su experiencia y pueden ser equiparados al clero por su respectivo nivel de actividad en el lugar, también para la realización litúrgica de sacramentos.

(200) **Laicos:** Miembros bautizados de la Iglesia que no son clérigos.

(201) **Laudato Si' (2015):** Encíclica del Papa Francisco que aborda cuestiones medioambientales y sociales e introduce el concepto de ecología integral.

(202) **Lealtades desgarradas:** El conflicto interior que experimentan los líderes eclesiásticos progresistas cuando tienen que mediar entre las normas oficiales y la realidad pastoral sobre el terreno.

(203) **Ley de la cadena de suministro de la UE:** Ley que obliga a las empresas a identificar, prevenir y mitigar los riesgos para los derechos humanos y el medio ambiente en sus cadenas mundiales de suministro.

(204) **LGBTQIA+:** Abreviatura de lesbiana, gay, bisexual, transexual, queer, intersexual, asexual y otras identidades de género y orientaciones sexuales.

(205) **Libertad de conciencia:** El derecho y la obligación moral del individuo de seguir su propia conciencia cuidadosamente formada, incluso si ésta puede contradecir la enseñanza oficial (basada en el Concilio Vaticano II).

(206) **Libertad lúdica:** Cualidad necesaria de la verdadera fe que permite cierta ligereza, creatividad y valentía de expresión, similar a la libertad en la danza.

(207) **Libro de entrenamiento de habilidades religiosas:** Un cuaderno de trabajo que te guía para practicar y desarrollar la fe a través de preguntas de reflexión y áreas de aprendizaje (como el diálogo, la empatía, la autoaceptación).

(208) **Liderazgo participativo:** Estilo de dirección en el que los empleados o miembros participan en los procesos de toma de decisiones.

(209) **Límite de velocidad 130:** Límite máximo de velocidad de 130 kilómetros por hora en las autopistas.

(210) **Límites dogmáticos:** Creencias y disposiciones doctrinales que se consideran vinculantes y pueden constituir la base teológica de las demarcaciones entre denominaciones.

(211) **Liturgia:** Conjunto de actos y formas de culto en la Iglesia.

(212) **Llamamiento a la desobediencia:** Declaración pública de la Iniciativa de Pastores llamando a la desobediencia civil contra determinadas normas eclesiásticas.

(213) **Lobos solitarios:** Obispos que intentan llevar a cabo reformas o cambios por su cuenta, sin un amplio apoyo o sin trabajar en red dentro del colegio.

(214) **Los alejados:** Personas que tienen poco o ningún contacto con la Iglesia o que pertenecen a otras religiones/concepciones del mundo.

(215) **Lumen Gentium:** La constitución dogmática sobre la Iglesia del Concilio Vaticano II, que, entre otras cosas, reforzó el concepto de "pueblo de Dios".

(216) **Magisterio eclesiástico:** La autoridad oficial de la enseñanza y la doctrina de la Iglesia católica, en particular por el Papa y los obispos.

(217) **Magisterio:** La autoridad de la Iglesia católica para proclamar e interpretar las enseñanzas.

(218) **Mandamiento de respeto a la vida ("No matarás"):** Mandamiento bíblico fundamental que subraya la inviolabilidad de la vida humana y sirve de base ética para la protección de la vida humana en el tráfico rodado.

(219) **María 2.0:** Movimiento católico de reforma que comenzó en 2019 y que apuesta por la plena igualdad de la mujer en la Iglesia, incluido el acceso a todos los ministerios.

(220) **Matrimonio sacramental:** El matrimonio entre un hombre y una mujer reconocido por la Iglesia católica y confirmado por un sacramento.

(221) **Matrimonio:** Unión vitalicia e indisoluble entre un hombre y una mujer, reconocida por la Iglesia como sacramento (en la enseñanza tradicional de la Iglesia católica).

(222) **Ministerio sacerdotal:** El segundo nivel del ministerio ordenado, que autoriza la celebración de la Eucaristía y la administración de otros sacramentos.

(223) **Ministerios ordenados:** Los cargos eclesiásticos conferidos por los sacramentos de la ordenación (diácono, sacerdote, obispo).

(224) **Ministros:** Personas que desempeñan un cargo eclesiástico (por ejemplo, obispos, pastores).

(225) **Monocrático:** Administración o gobierno en el que una sola persona tiene la autoridad exclusiva para tomar decisiones.

(226) **Moral sexual:** la enseñanza de la Iglesia sobre la sexualidad y las relaciones sexuales.

(227) **Movimiento de los Focolares:** Movimiento internacional de la Iglesia católica que busca la comunión y el diálogo entre cristianos de distintas confesiones y personas de diferentes credos.

(228) **Movimiento Popular de la Iglesia "Somos Iglesia":** Movimiento católico de reforma que aboga por más democracia e igualdad de derechos en la Iglesia.

(229) **Nacionalismo étnico:** Forma de nacionalismo que se basa en la idea de una nación étnica o culturalmente homogénea y que suele ir acompañada de la devaluación o exclusión de otros grupos.

(230) **Nativo digital:** Persona que ha crecido en la era digital y está familiarizada con la tecnología e Internet desde su infancia.

(231) **Necesidad de dar forma:** La necesidad urgente de cambiar y desarrollar activamente las estructuras, prácticas o enseñanzas de la iglesia para seguir siendo relevante y vibrante.

(232) **Necesidad de reformas:** La necesidad de cambios fundamentales en las estructuras, normas y cultura de la Iglesia en respuesta al escándalo de los abusos.

(233) **Neoliberalismo:** Sistema económico basado en el pensamiento desenfrenado del mercado, la maximización del beneficio y la mínima interferencia del Estado.

(234) **Neumatología y kinesiología:** Combinación de la doctrina del Espíritu Santo (pneumatología) con la doctrina del movimiento (kinesiología) para describir una espiritualidad holística en la que el cuerpo sigue el movimiento del espíritu.

(235) **Nietzsche y el Dios bailarín:** referencia a la afirmación de Friedrich Nietzsche de que sólo podemos creer en un Dios que sepa bailar, interpretada como el anhelo de un Dios alegre y expresivo frente a una religión sin alegría.

(236) **Normas básicas del servicio eclesiástico:** El conjunto básico de normas que define las condiciones de empleo y las obligaciones de lealtad de los empleados de la Iglesia católica y que ha sido reformado.

(237) **Normas romanas:** Reglas, instrucciones y declaraciones doctrinales emitidas por el Vaticano o el jefe de la Iglesia.

(238) **Obispos dispuestos a dar forma a las cosas:** Clérigos a nivel episcopal que estén abiertos al cambio y la reforma dentro de la Iglesia católica y quieran desempeñar un papel activo en ello.

(239) **Opción por los pobres:** Principio central de la doctrina social cristiana, que establece que los cristianos tienen la obligación especial de cuidar de los pobres y vulnerables y de defender sus derechos.

(240) **Opción prioritaria por los pobres:** Principio central de la doctrina social católica, según el cual las necesidades de los pobres y marginados deben tener prioridad en las decisiones políticas y económicas.

(241) **Oportunidades de discriminación:** Prácticas de la legislación laboral que discriminan o excluyen a determinados grupos de personas (por ejemplo, empleados queer, personas que se han vuelto a casar) en función de su estilo de vida.

(242) **Ordenación de mujeres:** La admisión de mujeres a cargos eclesiásticos, en particular al sacerdocio o al episcopado.

(243) **Ordinariatos:** unidades administrativas de la Iglesia católica dirigidas por un ordinarius (por ejemplo, un obispo).

(244) **Organización litúrgica:** Forma en que se desarrollan los servicios y rituales en la iglesia.

(245) **Organización que aprende:** Una organización que se adapta continuamente, experimenta y aprende de sus experiencias.

(246) **Ovejas orientadas a la comunidad y perros guardianes del rebaño:** Metáfora de los laicos activos, seguros de sí mismos y cooperativos que no son "ovejas" pasivas, sino que protegen y conforman la comunidad eclesial bajo su propia responsabilidad y colaboran con el clero.

(247) **Pacem in terris:** Encíclica del Papa Juan XXIII de 1963 sobre la paz en la tierra, que se considera un importante punto de referencia para la doctrina católica de la paz.

(248) **Palaver:** Formas tradicionales de consulta en las culturas africanas que se basan en el diálogo intensivo y la búsqueda de consenso.

(249) **Parálisis institucional:** Estado en el que las reformas o cambios necesarios dentro de una institución (en este caso la Iglesia) se bloquean y no avanzan.

(250) **Pareja del mismo sexo/matrimonio:** Relación basada en el amor, la fidelidad y la responsabilidad entre dos personas del mismo sexo reconocida por el Estado o la Iglesia (en algunos contextos).

(251) **Párrafo 218:** El párrafo del Código Penal alemán que regula el aborto.

(252) **Parrhesía (audacia):** Término que significa hablar con valentía y franqueza para poder expresar todo lo que se siente.

(253) **Participación equitativa:** La oportunidad de que todos los miembros de la sociedad participen en la vida económica, social y cultural y se beneficien de sus frutos.

(254) **Participación:** Implicación activa de las personas en los procesos de toma de decisiones.

(255) **Pasajes clobber:** término utilizado en la teología queer para referirse a los pasajes bíblicos que suelen citarse de forma aislada y sin contexto histórico para condenar la homosexualidad.

(256) **Pastoral:** se refiere al cuidado pastoral y al trabajo práctico de la Iglesia con los fieles.

(257) **Patriotismo:** amor a la propia patria, que según la enseñanza de la Iglesia incluye el respeto a otras naciones y culturas y es distinto del nacionalismo excesivo.

(258) **Pax Christi Alemania:** La sección alemana del movimiento católico internacional por la paz Pax Christi.

(259) **Paz a esta casa:** El título del nuevo texto básico de ética de la paz de la Conferencia Episcopal Alemana a partir de 2024.

(260) **Paz justa:** Concepto de la ética cristiana de la paz que entiende la paz no sólo como la ausencia de guerra, sino como un estado de justicia, reconciliación y bienestar para todos.

(261) **Pecado:** En la teología cristiana, acción o actitud que se considera una separación de Dios o una violación de sus mandamientos.

(262) **Pérdida de credibilidad:** La pérdida de confianza y reputación ante la opinión pública, en este caso en relación con la iglesia, si no aborda los problemas evidentes.

(263) **Peritaje externo:** Una investigación, por ejemplo sobre casos de abusos o su tratamiento, realizada por un organismo no eclesiástico e independiente (por ejemplo, un bufete de abogados) para permitir una evaluación más objetiva.

(264) **Personal a tiempo completo / voluntarios:** Personas que trabajan profesionalmente (a tiempo completo) o voluntariamente (honorarios) en la iglesia y que se denominan "espíritus ministradores" de la iglesia.

(265) **Política de armamento:** Medidas y decisiones políticas relacionadas con la fabricación, el comercio y el uso de armas y equipos militares.

(266) **Populismo de derechas**: Postura o estrategia política que suele caracterizarse por el énfasis en la "gente corriente" frente a las "élites", el nacionalismo, la crítica a la inmigración y, a menudo, las tendencias antidemocráticas.

(267) **Práctica de la comunión abierta:** Práctica que permite a los no católicos o a los divorciados vueltos a casar recibir la Eucaristía en determinadas circunstancias.

(268) **Practicar, dejarse llevar, atreverse:** pasos de la fe que se comparan con aprender a bailar: La fe exige practicar (instruir, enseñar), soltar (los miedos, la rigidez) y atreverse (el valor de mostrar y vivir la fe).

(269) **Predicación doctrinal:** Comunicación e interpretación oficial de la doctrina de la Iglesia.

(270) **Prevención de la violencia sexualizada:** Medidas a distintos niveles (prevención primaria, secundaria y terciaria) para prevenir los abusos, por ejemplo, mediante formación, normas de conducta, evaluación de riesgos e intervención.

(271) **Prevención primaria:** Medidas destinadas a prevenir los abusos en primer lugar, por ejemplo creando entornos seguros, formando al personal y estableciendo una cultura de atención plena.

(272) **Prevención secundaria:** Medidas dirigidas a identificar el comportamiento límite en una fase temprana e intervenir para evitar que se agrave.

(273) **Prevención terciaria:** Medidas adoptadas tras conocerse un delito cuyo objetivo es tratar los casos profesionalmente, prevenir nuevos delitos por parte del delincuente y apoyar a las víctimas.

(274) **Primacía de la conciencia:** Doctrina teológica según la cual la conciencia del individuo desempeña un papel primordial en la toma de decisiones morales.

(275) **Primum non nocere:** Principio latino que significa "primero no hacer daño", especialmente pertinente en un contexto médico y ético.

(276) **Principios de derecho mercantil:** Principios de contabilidad e información financiera habituales en la economía (por ejemplo, según el HGB en Alemania).

(277) **Profético:** En el contexto de la Iglesia, se refiere a la tarea de denunciar la injusticia y proclamar una visión de un mundo más justo.

(278) **Profundidad espiritual:** Un anclaje en la fe y la espiritualidad que sirve de fuente de fuerza e inspiración para configurar la vida de la iglesia.

(279) **Protección de la vida:** Principio fundamental de la Iglesia católica que subraya el valor y la santidad de la vida humana desde la concepción hasta la muerte natural.

(280) **Protección del clima:** Medidas para reducir las emisiones de gases de efecto invernadero y limitar el calentamiento global, a menudo consideradas parte de la responsabilidad de la creación.

(281) **Proyectos piloto:** Iniciativas experimentales o ensayos de reforma llevados a cabo a escala limitada para probar su eficacia.

(282) **Pueblo de Dios:** La totalidad de los fieles de la Iglesia católica, tal como la describió el Concilio Vaticano II como un todo peregrino.

(283) **Queer:** Término colectivo para las personas cuya orientación sexual, identidad de género o expresión de género se desvía de las normas sociales; en un sentido más amplio también para LGBTQIA+.

(284) **Realismo pastoral:** La capacidad de los líderes eclesiásticos para reconocer y responder a las necesidades y circunstancias concretas de los fieles y de la sociedad.

(285) **Redes interdiocesanas de homólogos**: Asociaciones informales de obispos de distintas diócesis o países que se reúnen periódicamente para intercambiar ideas y apoyarse mutuamente.

(286) **Reevaluación doctrinal:** La revisión y, si es necesario, la modificación de las enseñanzas eclesiásticas existentes.

(287) **Reevaluación:** Proceso de investigar, documentar y comprender exhaustivamente los casos pasados de abusos sexuales en la Iglesia Católica y sus antecedentes, incluidos los fallos institucionales, con el fin de extraer lecciones para el presente y el futuro.

(288) **Reforma de la moral sexual católica:** El proceso y los esfuerzos para renovar la enseñanza y la práctica tradicionales de la Iglesia católica en materia de sexualidad, pareja y familia y adaptarla a los conocimientos actuales y a la realidad de la vida de las personas.

(289) **Regens:** La dirección de un seminario.

(290) **Regla de oro:** Principio ético que existe en muchas religiones y culturas ("Trata a los demás como te gustaría que te trataran a ti") y que se cita como denominador común en el diálogo interreligioso.

(291) **Reglamento básico del servicio eclesiástico:** La normativa básica que regula las condiciones de trabajo y las obligaciones de lealtad de los empleados de la Iglesia católica.

(292) **Reglamento disciplinario del clero:** Disposición del derecho canónico que establece sanciones claras contra el clero masculino por mala conducta, especialmente en relación con abusos o encubrimiento.

(293) **Reino de Dios:** Tema central del Nuevo Testamento que describe el estado del mundo en el que se realiza el reinado de Dios y prevalecen la justicia y la paz.

(294) **Relator general:** Cargo importante en un sínodo, encargado de resumir los debates.

(295) **Rendición de cuentas:** La obligación de las partes responsables de rendir cuentas por sus acciones (o inacciones), especialmente en el contexto de abusos y encubrimientos.

(296) **Representantes de las víctimas:** Organizaciones y grupos de personas que han sufrido violencia sexualizada en la Iglesia católica y que hacen campaña por los derechos, el apoyo y la tramitación adecuada de los casos. A menudo exigen un papel central en la tramitación de estos casos.

(297) **Represión:** Supresión o castigo de personas o iniciativas que se desvían de la línea oficial.

(298) **Rerum Novarum (1891):** La primera gran encíclica de la doctrina social católica que aborda las condiciones de la clase obrera.

(299) **Resiliencia:** La resistencia psicológica o la capacidad de sobrevivir a situaciones difíciles de la vida y a contratiempos sin un deterioro duradero.

(300) **Resonancia:** La capacidad de establecer una conexión y ser comprendido; en el contexto del texto, la capacidad de conectar con el mundo en el que viven los jóvenes.

(301) **Responsabilidad institucional:** La responsabilidad de la Iglesia como organización de reconocer los problemas sistémicos, trabajar en ellos, enmendar y cambiar las estructuras de tal manera que se eviten futuros abusos, por encima de la culpa individual de los autores individuales.

(302) **Responsabilidad por la creación:** deber o misión teológica del hombre de proteger y preservar el mundo creado por Dios.

(303) **Responsabilidad social:** La obligación de las empresas y los políticos de responsabilizarse del bienestar de la sociedad y el medio ambiente más allá de la mera generación de beneficios.

(304) **Retiros con intercambio colegial:** Tiempos muertos o retiros planificados que ofrecen un espacio específico para el diálogo abierto, la reflexión espiritual y el fortalecimiento mutuo.

(305) **Roma/Vaticano:** Se refiere a la Santa Sede y a la administración central de la Iglesia católica, a menudo sinónimo del cargo de Papa.

(306) **Sacramento del matrimonio:** El sacramento del matrimonio, entendido como vínculo sagrado entre un hombre y una mujer.

(307) **Sacramento:** Signos y actos sagrados en la Iglesia cristiana a través de los cuales se imparte la gracia según las enseñanzas de la Iglesia (por ejemplo, bautismo, matrimonio, Eucaristía).

(308) **Sacramentos:** Actos sagrados de la Iglesia que se consideran signo de la gracia de Dios (por ejemplo, bautismo, eucaristía, matrimonio).

(309) **Salario básico universal (renta básica):** Ingreso regular e incondicional pagado a cada ciudadano o residente de un país.

(310) **Salir del armario:** El proceso de reconocer la propia orientación sexual o identidad de género y comunicárselo a los demás.

(311) **Sector informal:** La parte de la economía que no está regulada ni gravada por el gobierno y que suele caracterizarse por unas condiciones de trabajo inseguras.

(312) **Seminarista:** Persona que se forma para ser sacerdote en un seminario.

(313) **Señor de la danza:** Un himno de Sydney Carter que canta a Jesucristo como el Dios danzante que baila a través de la vida y la muerte e invita a los fieles a su danza.

(314) **Sensación homosexual:** Orientación sexual dirigida hacia personas del mismo sexo.

(315) **Sensible al género:** Consideración de la igualdad de género en las estructuras y prácticas eclesiásticas.

(316) **Separación de poderes (en el contexto eclesial):** El principio de introducir mecanismos de control y responsabilidades compartidas dentro de las estructuras eclesiásticas (frenos y contrapesos) para limitar la concentración de poder en individuos y garantizar la rendición de cuentas.

(317) **Sermón de la Montaña:** Discurso central de Jesús en el Nuevo Testamento que contiene enseñanzas éticas, entre ellas los mandamientos sobre la no violencia y el amor a los enemigos.

(318) **Shalom:** Palabra hebrea que no sólo significa paz, sino también plenitud, bienestar y paz interior.

(319) **Silla episcopal:** patrimonio especial de los obispos que se gestiona por separado de las finanzas diocesanas generales.

(320) **Sínodo Amazónico:** Una reunión especial de obispos en el Vaticano (2019) que abordó los desafíos y las necesidades pastorales de la región amazónica.

(321) **Solución temporal permanente:** Situación que existe pero que no está asegurada de forma permanente ni regulada oficialmente.

(322) **Soluciones pastorales:** Respuestas pastorales prácticas a las necesidades de las personas que a veces se desvían de las normas oficiales.

(323) **Sostenibilidad:** Principio según el cual los recursos se utilizan de forma que satisfagan las necesidades del presente sin comprometer las oportunidades de las generaciones futuras. En la Iglesia católica, a menudo en el sentido de preservar la creación.

(324) **Subsidiariedad:** Principio de la doctrina social que establece que las tareas y decisiones deben tomarse al nivel más bajo, pequeño o local que sea capaz de hacerlo.

(325) **Suerte fortuita:** acepción de la palabra alemana "Glück", que hace referencia a sucesos aleatorios e inasequibles, como una victoria o la evasión de un peligro.

(326) **Suicidio asistido:** El suicidio asistido. Es fundamentalmente rechazado por la Iglesia Católica.

(327) **Teología de la gracia:** Desde la perspectiva de la doctrina de la gracia de Dios.

(328) **Teología de la liberación:** Orientación teológica que refleja la fe desde la perspectiva de los pobres y oprimidos y hace hincapié en la justicia social.

(329) **Teología feminista:** Enfoque teológico que examina críticamente y reinterpreta la Biblia, la tradición y la enseñanza de la Iglesia desde una perspectiva feminista para abordar las desigualdades y la discriminación de las mujeres en la Iglesia.

(330) **Teología moral:** Área de la teología que se ocupa de la moralidad del comportamiento humano y desarrolla criterios para el comportamiento moralmente bueno y malo.

(331) **Teología queer**: Un enfoque teológico que reinterpreta y cuestiona la Biblia y las tradiciones teológicas desde la perspectiva de las personas LGBTQIA+.

(332) **Teólogos progresistas:** Teólogos comprometidos con un mayor desarrollo de la doctrina y la práctica católicas, a menudo teniendo más en cuenta los cambios sociales y las realidades individuales de la vida.

(333) **Teólogos:** Científicos y estudiosos de la teología (la doctrina de Dios y la religión) que se mencionan en el texto como voces importantes para la reforma y un examen crítico de los problemas sistémicos de la iglesia.

(334) **Tomás de Aquino:** Importante Doctor de la Iglesia que reconoció la natural búsqueda humana de la felicidad.

(335) **Trabajo de afinación:** El proceso de encontrar la propia fe en armonía con el ritmo de la propia vida y al mismo tiempo en armonía con la gran melodía de Dios.

(336) **Transhumanismo**: Movimiento que pretende mejorar y trascender la existencia humana mediante el uso de la tecnología.

(337) **Transparencia:** La apertura y accesibilidad de la información sobre casos de abuso, procesos para tratar el abuso y decisiones institucionales para los afectados, el público y los auditores externos.

(338) **Tratado sobre la Prohibición de las Armas Nucleares (TPNW):** Tratado de derecho internacional que prohíbe la posesión, el desarrollo, la producción, el despliegue, la transferencia y el empleo de armas nucleares.

(339) **Tutoría:** Proceso en el que una persona con más experiencia (mentor) aconseja y apoya a otra con menos experiencia (alumno).

(340) **Último recurso:** El último recurso; un medio al que sólo se recurre cuando se han agotado todas las demás opciones.

(341) **Unidad en la diversidad reconciliada (comunión):** Un ideal de Iglesia en el que la unidad no se impone por la uniformidad, sino soportando e integrando las diferencias en un clima de reconciliación y comunión.

(342) **Vicario General:** principal representante de los obispos en la administración de la diócesis.

(343) **Víctimas de abusos:** Personas que han sufrido violencia y abusos sexualizados en la Iglesia por parte de funcionarios eclesiásticos.

(344) **Viernes Santo y Pascua:** Días cristianos de recuerdo de la muerte de Jesús (Viernes Santo) y de su resurrección (Pascua), que simbolizan la transformación del sufrimiento en esperanza y vida nueva.

(345) **Viernes sin carne:** Práctica católica tradicional de abstenerse de comer carne los viernes, a menudo como penitencia o recordatorio del sufrimiento de Cristo. Reinterpretada aquí como una posible contribución a la protección del clima.

(346) **Violencia estructural:** Violencia que no procede directamente de los individuos, sino que está anclada en las estructuras de la sociedad, la economía o la política y causa injusticia, sufrimiento o desventaja (por ejemplo, a través de condiciones comerciales injustas, exportación de armas a zonas de conflicto).

(347) **Violencia sexualizada:** Actos de abuso de naturaleza sexual cometidos en el seno de la Iglesia católica por clérigos u otros empleados eclesiásticos, a menudo aprovechándose de posiciones de poder.

(348) **Viri Probati:** Hombres probados, normalmente casados, que pueden ser nombrados sacerdotes (paradigma más antiguo).

(349) **Visión cristiana de la humanidad:** La convicción teológica de que todo ser humano ha sido creado a imagen de Dios y, por tanto, tiene una dignidad inviolable, independientemente de su origen, religión, orientación sexual, etc.

(350) **Visión dinámica de ser cristiano:** Una idea de ser cristiano que va más allá del simple cumplimiento de las normas y hace hincapié en un compromiso activo con uno mismo, con los demás y con el mundo con el corazón, la mano y la mente.

(351) **Visita ad limina:** La visita obligatoria de los obispos de una conferencia episcopal al Papa en Roma, que normalmente tiene lugar cada cinco años.

(352) **Visita apostólica:** Examen oficial de una diócesis, comunidad religiosa u otra institución eclesiástica en nombre del Papa.

(353) **Zonas grises:** Zonas de la Iglesia en las que se toleran determinadas prácticas o enfoques, pero que no están reconocidas oficialmente.